AF449757

**Composición:** Laura Bono

**Edición:** Primera. Julio de 2020

**ISBN:** 978-84-18095-45-0
**Depósito legal:** M-14049-2020

**Código Thema:** JHMC [Antropología social y cultural, etnografía]
JNM [Educación superior]
J [Sociedad y Ciencias Sociales]

**Lugar de edición:** Buenos Aires, Argentina

**Dirección postal:** Tacuarí 540
(C1071AAL) Buenos Aires, Argentina
Tel: (54 011) 4331-1565

**e-mail producción:** produccion@minoydavila.com
**e-mail administración:** info@minoydavila.com
**web:** www.minoydavila.com

# Cecilia Carrera

# Aprendiendo a ser sociologxs

Prácticas de lenguaje, militancia
y formas de sociabilidad en la universidad

# Índice

# Agradecimientos

Este libro es una reelaboración de mi tesis de Maestría en Ciencias Sociales, defendida en octubre de 2014 en la Facultad de Humanidades y Ciencias de la Educación de la Universidad Nacional de La Plata (FAHCE-UNLP)*. Agradezco a esa institución, que es desde hace décadas espacio de formación y trabajo para mí. También al CONICET, que me otorgó una beca sin la cual hubiera sido muy difícil realizar esta investigación.

Desde las primeras escrituras y actividades "de campo", allá por 2011, hasta la preparación de este libro, el trabajo está constituido por la participación, las marcas y los aportes de muchas personas que, desde diversos lugares, fueron parte de la elaboración de esta etnografía. Por ello en estas líneas quiero expresarles mi profundo reconocimiento y agradecimiento.

En primer lugar, agradezco a quienes eran estudiantes, docentes y graduadxs de la carrera de sociología de la FAHCE-UNLP cuando realicé el trabajo de campo, por permitirme compartir espacios, discusiones, risas, preguntas y preocupaciones, y mostrarme así las contradicciones y placeres de vivir "entre sociólogxs". De manera especial, me gustaría agradecer a Andrea González, Martín Urtazun, Ariel Lede, Aníbal Viguera, Mateo Compagnucci, Santiago Cueto Rúa, Anabel Beliera, Sabrina Calandrón, Agustina Sutil, Lucía Reartes y a todxs lxs estudiantes que militaban en la *comisión de sociología*. Todxs ellxs me ayudaron con solidaridad, entusiasmo y curiosidad; sin eso no hubiera podido realizar este trabajo.

A mi maestra Diana Milstein, quien me acompaña en el proceso de hacer y aprender a hacer etnografía enseñándome y ofreciendo espacios de formación y trabajo colectivo que valoro profundamente.

Al Instituto de Desarrollo Económico y Social (IDES) y al Centro de Investigaciones Sociales (CIS-IDES/CONICET) por brindarme un espacio de trabajo en el que me sentí bienvenida desde el primer día. Quiero agradecer allí principalmente a quienes forman parte del Centro de Antropo-

---

* La tesis tal como fue presentada, evaluada y defendida se encuentra publicada en el repositorio institucional Memoria Académica, de la Facultad de Humanidades y Ciencias de la Educación de la UNLP. [http://www.memoria.fahce.unlp.edu.ar].

logía Social y en especial a Rosana Guber. En la etapa final de redacción de la tesis que da origen a este libro, cuando parecía que algunas cosas se estancaban, Rosana me ofreció su experiencia y su historia que me ayudaron a seguir avanzando.

Al Grupo de Estudio y Trabajo Antropología y Educación del CAS-IDES, y primordialmente a mis compañerxs y amigxs del grupo de tesistas. Las discusiones y lecturas mutuas, las preguntas, las ideas, el humor, son un sol que me acompaña cálidamente a transitar lo que por momentos parece muy difícil. Gracias a María Laura Requena, Jesús Jaramillo, Alejandra Otaso, Andrea Tammarazio, Paula Buontempo, Linda Khord, Laura Celia, Silvina Fernández, Verónica Solari Paz, que en el proceso de escritura de esta etnografía fueron indispensables interlocutorxs. Un agradecimiento particular a Jesús por compartir conmigo, con su alegría de compañero, los primeros momentos de reelaboración de la tesis para convertirla en libro.

Algunxs de mis primerxs interlocutores, cuando comenzaba a formular las primeras preguntas y a interesarme por la etnografía, fueron profesoras y profesores que tuve durante mi estancia en la Maestría en Pedagogía de la Universidad Nacional Autónoma de México, en 2008. Agradezco particularmente a Martha Corenstein por sus lecturas y su aliento para que continuara con mi trabajo, y por presentarme algunos primeros materiales de etnografía educativa.

Agradezco a Héctor Mendes, por charlar conmigo, contarme sus experiencias y recuerdos de *Humanidades* de los años sesenta; también por leer y comentar partes del texto preliminar a la tesis.

A quienes en el proceso de investigación me dieron información, materiales y contactos, dialogaron conmigo y me ayudaron; gracias a Nahuel Ferreyra, Paula Macario, Gabriela Hernando, Pedro Blois, Diego Pereyra y Germán Soprano.

Durante el proceso de escritura de la tesis algunxs colegas y amigxs leyeron borradores y partes de este texto; a ellxs mi agradecimiento por el tiempo dedicado, por las ideas, sugerencias y preguntas que me ayudaron a continuar pensando y escribiendo. Deseo agradecer especialmente a Luciana Garatte, por estar dispuesta siempre a escucharme, leer mis textos rigurosamente y ofrecerme su opinión. También por compartir conmigo materiales que fueron de gran importancia para el primer capítulo, materiales a los que pudimos acceder gracias al completísimo archivo que durante años construyó nuestra maestra Julia Silber, con un profundo compromiso por el cuidado de la memoria y la reflexión crítica sobre nuestra carrera y nuestra facultad y una enorme generosidad para ofrecerlo a quienes mostráramos interés.

El texto original de la tesis fue evaluado por Lucas Rubinich, Marcelo Prati y Sandra Carli, a quienes agradezco por sus lecturas respetuosas, atentas y los comentarios y sugerencias que intenté incorporar a la hora de convertirlo en libro.

La primera versión del libro recibió las evaluaciones de María Pozzio y Elena Achilli, quienes ofrecieron sugerencias sumamente valiosas para mejorar las características del texto.

La familia no estuvo afuera de esta red de colaboraciones y por ello agradezco infinitamente a Iñaki, mi hermano, siempre conmigo enseñándome nuevas cosas. En esta etnografía tuvo un papel especial e inesperado y una vez más me mostró, desde el compromiso con que siempre encaró todo lo que hace, situaciones e ideas que abrieron nuevas perspectivas sobre este trabajo.

En el proceso de revisar esta etnografía para un libro, conté con la mirada de una lectora de lujo. Julia Monat compartió conmigo interpretaciones, preguntas y asombros con seriedad, lectura atenta y orgullo de tía.

Mis viejos, Ana y Jorge, que siempre estimularon mis preguntas y mis proyectos, ayudando de todas las formas posibles a que los concrete.

Fede y Julia estuvieron y están conmigo con el amor y alegría cotidianos que hacen que todo lo que hago tenga sentido.

# Prólogo

## Voces que interpelan:
## lxs sociólogxs en *Humanidades*

La Etnografía Educativa ha tenido un crecimiento sostenido en el contexto latinoamericano de las últimas décadas. Sus modos particulares de indagación, han permitido conocer las experiencias formativas de las personas dentro y fuera de los contextos escolares. No obstante, en Argentina particularmente, son pocas aún las etnografías que dan cuenta de cómo se vive y se construyen los conocimientos, las pertenencias y las identidades en el ámbito de la educación superior. Este libro nos ofrece una etnografía acabada –y comprometida– con las múltiples maneras que existen de *participar*, *aprender* y *formar parte* de las comunidades de práctica universitarias.

Simultáneamente riguroso (en la presentación de los datos) y accesible (en relación con su lectura), el libro de Cecilia Carrera destaca por tres aspectos: la centralidad brindada a la etnografía, la potencia que adquiere el concepto de participación periférica legítima y la descripción detallada de los modos de *ser miembro* y *participar* de una disciplina universitaria: la sociología.

En relación al primer aspecto, la autora nos propone explorar las posibilidades de la etnografía cuando es aplicada a la educación superior universitaria. Cabe señalar que la etnografía surgió como una forma de hacer inteligible (o traducir) la vida de los "otros" (exóticos, alejados) a la sociedad industrializada de principios de siglo XIX. Es decir, se definió a partir de la inmersión del etnógrafo en una sociedad tribal, en la cual debía observar sus pautas y costumbres, para luego realizar un informe de lo allí acontecido. Con el paso de los años, esta forma de generar conocimiento se fue aplicando a otros ámbitos, manteniendo como requisito la estancia prolongada del investigador junto a sus interlocutores, y retomando las voces de las y los involucrados con el estudio.

En este libro, la autora nos relata algunos sucesos de lo que aconteció durante su trabajo de campo en *Humanidades*, haciéndonos partícipes de sus modos particulares de realizar contactos y de entrelazar historias, pertenencias y aspiraciones. Vale destacar que su etnografía es rica en descripciones, relacionadas tanto a los lugares como a las personas, y a los modos particulares en que estas últimas se apropian y hacen sentido de los primeros.

Quisiera destacar particularmente dos aportes del libro en su carácter de etnografía. En primer lugar, la explicitación que la autora realiza de sus (in)definiciones identitarias al recorrer el campo de estudio (la Facultad de Humanidades y Ciencias de la Educación de la Universidad Nacional de La Plata). Durante su trabajo de campo, Carrera fue simultáneamente "nativa" (es egresada y docente de esa facultad) y a la vez "extranjera" (realizó su licenciatura en ciencias de la educación, no en sociología). Estas pertenencias le permitieron sentirse parte y a la vez observadora de diferentes procesos de generación de conocimientos, como las clases, los espacios de militancia, los ámbitos de afectividad y de parentesco, etcétera. El otro gran mérito del libro –en tanto etnografía– es aportar a la comprensión de las funciones sociales que desarrolla la universidad pública a través de los procesos formativos que despliega, los cuales exceden a los planes de estudio y engloban a una importante cantidad de prácticas de socialización que la autora describe minuciosamente.

Por otro lado, *Aprendiendo a ser sociólogxs* nos ofrece un acercamiento oportuno a la noción de participación periférica legítima, acuñada por Lave y Wenger en 1991. A través de este concepto, Carrera estudia las relaciones entre las y los recién llegados, y las y los experimentados, en la comunidad de práctica de lxs sociólogxs. La participación periférica legítima se refiere tanto al desarrollo de identidades específicas, como a la reproducción y transformación de dicha comunidad. El libro nos muestra una apropiación activa del concepto, utilizado para señalar los saberes y las prácticas que permiten la inserción a la comunidad de sociólogxs, como así también los diferentes tipos de roles y participaciones que las personas (o lxs sociólogxs) van asumiendo en la comunidad con el paso del tiempo. A partir de allí es posible percibir las pujas, las jerarquías y las posiciones asimétricas entre quienes comparten (y disputan) la membresía. En el marco de la comunidad de práctica analizada, se destacan algunos elementos centrales, como ser: la diferenciación entre "ser sociólogx" y "tener un título"; las diferentes maneras de "militar" en la facultad (entendiendo la militancia como una forma específica de transitar por el espacio universitario) y las formas a través de las cuales, según los propios participantes, se construye un "punto de vista sociológico".

Un importante aporte para comprender cómo funciona la participación periférica legítima se encuentra en el reconocimiento de la centralidad que tienen las prácticas sociolingüísticas para la transmisión de los conocimientos. En tal sentido, la autora logra mapear los aprendizajes relacionados con *el decir* (las formas de decir, de interpretar lo dicho por otros y otras, y de intervenir en situaciones de interacción). Esto permite adentrarnos en la diversidad de *prácticas locales del lenguaje* que coexisten en el ámbito universitario, las cuales son en muchas ocasiones invisibilizadas, y en pocas oportunidades han sido estudiadas etnográficamente.

Por último, el libro nos brinda informaciones valiosas sobre una carrera universitaria: la Licenciatura en Sociología que se dicta actualmente en la Facultad de Humanidades y Ciencias de la Educación de la Universidad Nacional de La Plata. La investigación desarrollada permite situar a la carrera desde sus orígenes hasta la actualidad, en una trama de tensiones y luchas por imponer sentidos y perfiles a las y los estudiantes y las y los graduados. Aquí las indagaciones de la autora son sugestivas: ¿qué implica enseñar, investigar o militar en sociología?, ¿qué sentidos adquiere el *compromiso político* entre quienes forman parte de esta comunidad? Alejada de respuestas simplistas o unilaterales, Carrera entreteje respuestas que se asientan en el pasado de la disciplina (siempre disputado) y las visiones actuales de sus practicantes.

Por todo lo anterior, *Aprendiendo a ser sociólogxs* nos interpela, invitándonos a deconstruir los sentidos que hemos incorporado acerca de la universidad pública. Se trata de una etnografía que brinda herramientas para contemplar las visiones en pugna que dieron forma a nuestras casas de estudio, señalando que muchas de ellas no están saldadas, y forman parte del decir y el hacer vigente entre las y los jóvenes que transitan su formación superior. La recuperación de sus voces y las visiones que construyen de sí mismos, de lxs otrxs y de la carrera que estudian, constituyen aportes valiosos para entender las formas de adquisición y transmisión de conocimientos en las universidades públicas contemporáneas.

*María Macarena Ossola*

Instituto de Investigaciones en Ciencias Sociales y Humanidades
CONICET - Universidad Nacional de Salta
Salta, agosto de 2019

# Introducción

## 1. Presentación

### *1.1. Llegada al tema: estudiar sociología para investigar "en serio"*

En el año 2001 era estudiante del tercer año de ciencias de la educación en *Humanidades*[1]. Ese fue un año interesante, porque entre paros, asambleas multitudinarias y debates con estudiantes y docentes descubrí una forma distinta de vivir la universidad, la forma en que se vive desde la *política*[2]. Ese año comencé a participar de la *comisión de estudiantes*[3] de mi carrera y al año siguiente fui elegida, junto con otras compañeras, como representante estudiantil en la *Junta Consultiva Departamental*[4].

Recuerdo que, en la segunda parte de 2001, debido a las acciones de protesta emprendidas por gremios docentes, no docentes y *agrupaciones estudiantiles* ante las medidas de ajuste y las políticas neoliberales en edu-

---

1    La itálica refiere a que se trata de una denominación nativa. *Humanidades* es la manera en que estudiantes, docentes, no docentes y habitantes de la ciudad de La Plata en general denominamos a la Facultad de Humanidades y Ciencias de la Educación, de la Universidad Nacional de La Plata (FAHCE-UNLP).

2    Esta también es una forma nativa de entender y hacer la política, atravesada por las estructuras y relaciones universitarias, sus formas de gobierno y la cátedra: la política vivida como *representante estudiantil*, ante los demás *claustros* en el co-gobierno.

3    Las *comisiones de estudiantes* son grupos de estudiantes organizados por carrera (por ejemplo, la *comisión de letras,* la *comisión de historia,* la *comisión de sociología,* la *comisión de ciencias de la educación*) que se autodefinen como ámbitos para discutir temas y problemas que atañen a cada carrera, tanto aspectos de funcionamiento como de gestión y también temáticas que lxs estudiantes marcan como de interés para su formación. Están compuestas por estudiantes que en general se reconocen como autoconvocadxs. Es usual que varixs de quienes participan allí también lo hagan en alguna *agrupación* política estudiantil que participa en elecciones para el Centro de Estudiantes y los Consejos Directivo y Superior.

4    Las características y funciones de las Juntas Departamentales, así como de las *comisiones de estudiantes,* serán descriptas con detalle en los capítulos 1 y 3.

cación, las clases se iniciaron avanzado el cuatrimestre[5]. Sin embargo, estábamos en la facultad; se organizó en la carrera un ciclo de debate sobre los temas álgidos del momento, del que participamos estudiantes y docentes. En ese contexto mis compañerxs y yo conocimos a una profesora que por un tiempo cautivó nuestra atención. Ella nos decía una y otra vez que, si queríamos *"investigar seriamente"* y entender o explicar algo sobre educación, teníamos que estudiar sociología. *"Hay que estudiar a los clásicos y leer a Bourdieu"*, decía; por ello nos instaba también a que cursemos la carrera de sociología. De hecho, varios de mis compañerxs en ese momento iniciaron una o ambas tareas hasta que, una vez graduadxs en educación, la difusión contundente de los posgrados se erigió como una opción más interesante.

Según la información que en ese momento tenía, la carrera de sociología había sido creada hacía pocos años, a inicios de la década de 1990. Resultaba raro que esta profesora le adjudicara la potestad de la investigación seria y la formación para la investigación a una carrera que en ese momento llevaba menos de 10 años de funcionamiento, en una facultad que llevaba casi 90 años. Pero, como desarrollaré luego, la sociología tenía en realidad ya varias décadas de presencia en *Humanidades*.

Continué entonces con mi carrera, me gradué un tiempo después, me inserté laboralmente en distintos espacios y algunos años más tarde decidí iniciar una maestría en ciencias sociales, en la facultad[6].

Estaba claro para mí en ese momento que esta valoración del conocimiento sociológico (una visión particular del conocimiento sociológico, fui entendiendo después) como conocimiento privilegiado para acceder científicamente a la comprensión de lo social y lo educativo suponía al mismo tiempo la desvalorización de otras maneras de aproximarse a la educación como objeto de conocimiento, que también se difundían en mi carrera. Con el tiempo entendí, además, que a través de la voz de mi profesora (y la de otrxs docentes que se pronunciaban de manera similar) se manifestaban no sólo ciertas luchas en el campo educativo (expresadas en el debate

---

5 Durante la década de 1990 y el principio de la de 2000, las universidades nacionales se sostuvieron en un clima de fuertes presiones por la disminución del presupuesto asignado al sector y el control administrativo burocrático por parte del Ministerio de Cultura y Educación de la Nación. En la Memoria de Gestión de la FAHCE correspondiente al periodo 1992-1995 se definen estas presiones como "embestidas" por parte del Ministerio, *"con iniciativas verticalmente proyectadas sobre las universidades* [que hicieron] *frustrante –pese a ser indispensable– defender retóricamente los principios que organizaron la Universidad Reformista"* (1995: 29). Mi ingreso como estudiante a *Humanidades* se produjo en ese contexto, signado por miedos, sospechas y anuncios de arancelamiento y restricción del ingreso a las carreras.

6 Vale decir que, a mi manera, yo también estaba siguiendo los consejos de esta profesora al iniciar esta maestría.

                     Aprendiendo a ser sociólogxs

"pedagogía vs. ciencias de la educación"[7]), sino también algunas ideas más generales respecto de cuál es y cómo se caracteriza la "ciencia social en serio" en nuestra facultad.

Los comentarios de mi profesora estaban directamente ligados a una concepción de la sociología que la entiende como ciencia social empírica y que puede rastrearse en los orígenes de la llamada "sociología científica", una de las estrellas del proceso de modernización universitaria de mediados de la década de 1950. Desde esta concepción, la sociología es *ciencia social* porque, tanto en la perspectiva de mi profesora como en la de los principales precursores de la sociología moderna en la década de 1950, basa sus análisis y conclusiones en datos empíricos y no en la especulación o la norma. La tensión que se presentaba en la voz de mi profesora es la de ciencias sociales-humanidades, que en parte se reproduce en la tensión ciencias de la educación-pedagogía, pero que rebasa el campo de la educación, teniendo expresiones específicas en distintas disciplinas.

La pedagogía –y por extensión lxs pedagogxs– aparecía como especulativa, normativa y, por eso, *"poco seria"* en los dichos de aquella profesora. De manera similar Gino Germani, defensor de la "sociología científica", definía a la llamada "sociología de cátedra" (conformada por profesores de cátedras de sociología de diversas facultades y universidades) con la que batalló para la implantación de una nueva orientación teórico-metodológica de la disciplina, denominándola *"pre-sociología"*[8] (Neiburg, 1998; González, 2000; Blanco, 2004, 2006).

La experiencia de aquellos diálogos con mi profesora y las contradicciones que me produjo respecto de la formación que venía teniendo, me llevó a preguntarme cómo es que se construye una significación según la cual hay una disciplina que tiene "la llave" del conocimiento científico de la sociedad. ¿Quiénes estudian esta disciplina y cómo se forman? Enton-

---

7    Me refiero a uno de los debates que atraviesa el campo educativo universitario al menos desde mediados del siglo XX. El debate "pedagogía-ciencias de la educación" expresa algunas disputas alrededor de la especificidad del campo educativo, de los saberes de lxs profesionales de la educación y de las perspectivas con las que se piensa la formación de esxs profesionales (¿pedagogxs o cientistas de la educación?). Respecto de este debate y las formas que tomó en distintos momentos y contextos ver: Furlán y Pasillas, 1993; Suasnábar, 2004; Silber, 2011; Garatte, 2012.

8    La "sociología de cátedra" (tal como se la denominaba a mediados de los años cincuenta y aún hoy) hace referencia a un proceso de continuidad institucional de enseñanza de la sociología en cátedras universitarias, desde la creación de la primera cátedra de sociología en la UBA, en el año 1898. Con la caída del peronismo y la apertura del proceso de renovación universitaria Gino Germani consolidó una posición importante en la UBA y promovió la creación, en ese periodo, del Departamento y la Licenciatura de Sociología en esa universidad. Desde allí batallaría a favor de lo que llamó la "sociología científica" o "empírica". Lxs representantes de la "sociología de cátedra" dominaban en ese momento, sin embargo, las principales instituciones dedicadas a la sociología como cátedras, institutos, asociaciones (como la Asociación Latinoamericana de Sociología), órganos de publicación y contactos internacionales (Blanco, 2004, 2006; Pereyra, 2007).

ces, la pregunta por "*los sociólogos*"[9] tomó fuerza. Años más tarde, cuando cursaba mi maestría, pude establecer contactos con graduadxs y profesores de sociología de mi facultad, y con estudiantes de sociología a través de mi trabajo como docente en una de las materias del *Bloque Pedagógico*[10], Fundamentos de la Educación. En ese marco, mi interés por comprender los procesos educativos en la universidad se fue conjugando con las preguntas que ya me planteaba sobre *los sociólogos*, hasta que pude definir un tema de investigación que me permitiera ensayar respuestas en las dos direcciones.

Mis preguntas tienen que ver con la construcción misma de una mirada sobre un grupo dentro de la facultad: *los sociólogos*. Una mirada que yo compartía y que a medida que formulaba preguntas y, sobre todo, a medida que fui generando relaciones con muchxs de ellxs durante el trabajo de campo realizado para esta investigación, fui desarmando y transformando en objeto de análisis. ¿De qué maneras viven *los sociólogos* su formación? ¿Qué prácticas, sentidos, relaciones y conocimientos caracterizan ese proceso? ¿En qué aspectos ese proceso se conecta con la vida cotidiana y las relaciones sociales en *Humanidades*?

Me dispuse, entonces, a estudiar etnográficamente un proceso educativo en un contexto universitario; un proceso de formación profesional. Para responder los interrogantes que formulaba resultó necesario tomar en cuenta que, en su mayoría, las miradas desarrolladas sobre las universidades en nuestro país no se han detenido particularmente a analizar lo cotidiano como dimensión constitutiva de los procesos educativos. Las clases así como otras prácticas de formación cotidianas en las instituciones, el papel del conocimiento académico, la presencia de otros saberes que pueden no estar explicitados como tales pero son necesarios para desenvolverse y permanecer, como reglas y formas de actuación e interacción, continúan opacados, operando como "caja negra" a la hora de comprender las características de los procesos educativos en las universidades. Igualmente, poco se ha focalizado en el andamiaje de relaciones sociales que permite la acción e interacción de los actores entre sí, con las instancias institucionales y con los diversos saberes y sus respectivas fuentes.

Realicé esta investigación con la convicción de que es posible saber más acerca de los procesos educativos en el nivel universitario si aborda-

---

9    Utilizo la expresión "*los sociólogos*", en consonancia con el uso nativo, para referirme a estudiantes, graduadxs de sociología y docentes de la carrera. En los casos en que específicamente me refiera a alguno de estos actores (estudiantes, graduadxs, profesionales, profesores), será aclarado. Asimismo, mantengo el masculino "*los sociólogos*" al referirme a esta categoría nativa tal como es expresada en las interacciones cotidianas.

10   El *Bloque Pedagógico* (Bloque de Formación Pedagógica de los Profesorados en su denominación institucional) es el espacio curricular de formación docente de la Facultad de Humanidades y Ciencias de la Educación, cuyas materias dependen del Departamento de Ciencias de la Educación. Atiende una matrícula proveniente de la mayoría de los profesorados que se dictan en diversas unidades académicas de la UNLP.

            APRENDIENDO A SER SOCIÓLOGXS

mos estas dimensiones, asumiendo que se definen de manera específica en cada institución y carrera universitarias. Con esto último me refiero a que las dimensiones cotidianas de los procesos educativos no son únicas ni se explican de manera monolítica para cualquier contexto universitario. Por el contrario, será posible dar cuenta de cómo se despliegan estos procesos en el día a día, focalizando en lo que las personas hacen y dicen y poniéndolo en relación con la historia de las instituciones universitarias, la historia de las carreras en sus instituciones, el desenvolvimiento de tradiciones y disputas disciplinares, las maneras en que sus actores se relacionan y desarrollan sus actividades, plantean y dirimen sus conflictos.

## 1.2. *Problema y principales conceptos*

En este estudio describo la vida cotidiana de algunxs estudiantes, docentes y graduadxs de la carrera de sociología de la Facultad de Humanidades y Ciencias de la Educación de la Universidad Nacional de La Plata (FAHCE y UNLP) en sus relaciones con actores de otras carreras de la misma institución, con los que comparten espacios, grupos y vínculos en la facultad y, en algunos casos, más allá de ella. Realicé esta indagación desde un enfoque etnográfico, apuntando a reconstruir las prácticas en una escala local e incluyendo la perspectiva de lxs actores que las practican e intervienen. Este enfoque me permitió comprender el proceso de formación de sociólogxs, entendido no simplemente como la transmisión y adquisición de conocimientos y habilidades definidos como "contenidos curriculares" sino como la incorporación de personas a un grupo social –mirado como *comunidad de práctica*– a través de su participación en él. Entiendo que conocer este proceso desde las dimensiones cotidianas que lo caracterizan es una vía de acceso relevante a una comprensión compleja de los procesos educativos que se despliegan en las universidades públicas y sus articulaciones con otros espacios sociales, como la militancia política y los campos de inserción profesional.

Acceder a esa comprensión compleja implica tomar distancia de modos de pensar los procesos educativos universitarios articulados solamente a la enseñanza. Para aproximarme a una interpretación amplia de estos procesos, recuperé los aportes de tradiciones de investigación educativa y etnográfica constituidas por la llamada nueva sociología de la educación (Karabel y Halsey, 1976) desarrollada en los años setenta en Inglaterra (Willis, 1988, 2005; Young, 1971) y por el desarrollo de los estudios de la antropología de la educación en Latinoamérica (Achilli, 1988; Rockwell, 1995; Rockwell y Mercado, 1999; Candela, 1994; Edwards, 1995; Milstein y Mendes, 2017; Milstein, 2003, 2009; Novaro, 1999; Bertely, 2000). Ambas tradiciones de investigación han entendido la vida cotidiana en las escuelas como espacio tiempo central para comprender las prácticas educativas escolares. Desde esta perspectiva, el conjunto de prácticas cotidianas resultantes de procesos de tensión entre normas y políticas oficiales, un orden institucional existente y tradiciones pedagógicas en juego, constituye el contexto formativo real tanto para docentes como para alumnos (Rockwell, 1995). En diálogo con estas ideas, conceptualizo los procesos educativos en la carrera de sociología a partir de indagar el contexto formativo institucional, que aloja prácticas y sentidos que les dan vida a esos procesos.

Abandonar el supuesto normativo que sostiene que "lo educativo" sucede primordialmente en las aulas, me llevó a proponerme conocer qué de lo que hacen y dicen lxs actores se vincula, desde su perspectiva, con el proceso de formación de sociólogxs. Inicié esta investigación preguntándome: ¿a través de qué prácticas y espacios se pone en juego la formación de lxs estudiantes de sociología? Esto es, ¿qué aspectos constituyen el entramado cultural que sostiene y vuelve inteligibles las diversas prácticas, las interacciones, los vínculos que desarrollan lxs actores en la carrera de sociología de la FAHCE-UNLP? Di entonces relevancia a la idea de *prácticas académicas*, intentando desnaturalizar aquello que "lxs académicxs" hacemos y develar las características de estas prácticas y su conformación. El antropólogo Gabriel Rocha Pinto (2000), de quien tomo el concepto, lo definió como sigue:

> *Por "prácticas académicas" entendemos el sistema de relaciones sociales que permite la acción e interacción de los agentes entre sí, con las instancias institucionales y con los diversos saberes y sus respectivas fuentes, en el contexto del campo académico.*
>
> *Las prácticas académicas engloban las actividades de transmisión del conocimiento, cuyo mejor ejemplo son las clases (expositivas, prácticas, seminarios, etc.) y las actividades de consagración del saber, como las evaluaciones, o, aún, aquellas destinadas a garantizar el acceso institucional a las fuentes de conocimiento, entre ellas el uso de las bibliotecas universitarias.*
>
> *Las prácticas académicas (...), deben ser comprendidas a partir de sus esquemas generadores, o sea, de las relaciones sociales internalizadas como un sistema de disposiciones, lo cual produce y estructura prácticas y representaciones.* (Rocha Pinto, 2000: 42[11]).

Las relaciones pedagógicas constituyen un importante aspecto de las prácticas académicas, pero no agotan todas sus manifestaciones. Para alcanzar los sentidos de dichas prácticas es imprescindible incluir relaciones institucionales, interpersonales, espaciales, entre otras. Por ello en esta etnografía amplío la definición de prácticas académicas, intentando abrir los espacios de indagación (las clases, reuniones de estudiantes, diálogos con docentes, talleres, congresos, curso de ingreso, los pasillos y halls de la facultad), y conectarlas con otras modalidades de relaciones sociales que

---

11   La traducción de éste y todos los pasajes transcriptos es propia.

                                    Aprendiendo a ser sociólogxs

dan lugar a diversidad de saberes. ¿En qué consisten las *prácticas académicas* en la carrera de sociología y cuáles son las dimensiones y las relaciones sociales que las constituyen y atraviesan? ¿Qué papel juega el conocimiento académico y qué otros saberes entran en juego?

A través de la descripción, análisis y comprensión de los sentidos atribuidos a las prácticas académicas y relaciones sociales que sostienen lxs actores, procuro dar cuenta del proceso de formación de sociólogxs en la carrera de sociología de la FAHCE-UNLP. La mirada que construyo sobre este proceso lo conceptualiza como un proceso de incorporación de sujetos y grupos a una *comunidad de práctica* (Lave y Wenger, 1991) que comparte valores, saberes, prácticas, relaciones, y construye sentidos en torno a lo que sus miembros hacen y cómo lo hacen; incorporación que hace a la constitución permanente y conflictiva de la misma comunidad.

El concepto de *comunidad de práctica* es una herramienta para entender qué supone aprender a "ser sociólogx" en *Humanidades*. Este aprendizaje involucra no sólo el manejo de conocimientos específicos y necesarios para la titulación y el desempeño profesional. En la perspectiva que construyo aquí, aprender implica sólo parcialmente involucrarse adecuadamente en nuevas actividades, realizar nuevas tareas y funciones, manejar nuevos conocimientos. Actividades, tareas, funciones y conocimientos no existen aisladamente; son parte de sistemas más amplios de relaciones en los que adquieren sentido. Estos sistemas de relaciones surgen y son reproducidos y desarrollados dentro de comunidades sociales, que son en parte sistemas de relaciones entre personas.

En su libro *Situated learning. Legitimate peripheral participation* (1991), Lave y Wenger proponen que aprender es el proceso de incorporación creciente de "recién llegados", a través de lo que los autores llaman la "participación periférica legítima", a comunidades de práctica que manejan conocimientos, valores, relaciones, actividades específicos. Es justamente a través de la participación periférica que lxs recién llegadxs van consiguiendo una participación y un entendimiento más plenos respecto de qué se hace en la comunidad y cuáles son sus sentidos. Según Lave y Wenger, es a través de la participación en el mundo social que las personas aprenden y al mismo tiempo esta participación forma parte del contenido de lo que se aprende. Por ello, la participación periférica de lxs recién llegadxs sugiere una apertura, una manera de ganar acceso a recursos para la comprensión a través del creciente involucramiento en la práctica y la comunidad.

Considerar el carácter periférico de la participación sugiere que hay múltiples, variadas, más o menos comprometidas formas de estar posicionado en los terrenos de participación definidos por una comunidad. El cambio en las posiciones y perspectivas es parte de las trayectorias de aprendizaje de lxs actores, de las formas de pertenencia y del desarrollo de identidades.

Así, la "participación periférica legítima" refiere al mismo tiempo al desarrollo de identidades específicas y a la reproducción y transformación de comunidades de práctica. Por eso propongo aquí que la formación es el proceso por el cual las personas se van involucrando en una comunidad de práctica en permanente y conflictiva constitución y, en ese movimiento, forman parte del cambio y reproducción de esa comunidad.

Este enfoque sobre la formación exige preguntarse por la dimensión histórica que constituye a la *comunidad* y a los sentidos que construye. Por lo cual comprender sus características actuales supone reconstruir el proceso de instalación de la sociología y lxs sociólogxs en la facultad, así como de creación de la Carrera, sus actores y características. ¿De qué manera esta historia se entrelaza con actores del presente y sus prácticas? ¿Qué sentidos sobre "ser sociólogx" fueron y son valorados y cuáles entran en disputa? ¿Quiénes disputan esos sentidos y de qué modos?

Por último, en el transcurso de la investigación advertí la importancia de comprender las prácticas de lenguaje y discursivas que desarrollan lxs actores en sus interacciones, y los sentidos que a través de éstas se generan. Estas prácticas resultaron ser centrales en la formación académica ya que a través de ellas se generan saberes y significaciones sobre el "ser sociólogx" que no hubiera podido comprender preguntándome sólo por el conocimiento académico que se transmite en las clases y evaluaciones.

Retomo en esto a algunos autores que entienden al lenguaje como una actividad central de organización de la vida social que se actúa en lugares específicos (Pennycook, 2010) y como elemento *"indisoluble de la propia creación humana"* (Williams, 1997: 41) y, por eso, constitutivo y constituyente de la vida social. Según Williams, quien rescata a Volóshinov, el lenguaje se asocia a la creación activa de significados y ésta depende de relaciones sociales: *"La significación, la creación social de significados mediante el uso de signos formales, es entonces una actividad material práctica; en verdad es, literalmente, un medio de producción"* (1997: 51-52).

De esta manera, difícilmente podamos entender las *prácticas académicas* por fuera de las prácticas de lenguaje como medio de producción de la vida académica. En este estudio propongo integrar algunas prácticas de lenguaje que *los sociólogos* enseñan y aprenden, a las prácticas académicas que configuran relaciones, saberes e identidades asociadas a una *comunidad de práctica*. Intento mostrar cómo se desarrollan estas prácticas en el contexto de las clases. Se trata, de este modo, de incluir en el proceso de participación –y por ende de formación– los aprendizajes relacionados con el decir, las formas de decir, con interpretar los dichos de otrxs, intervenir en situaciones de interacción, esto es, con las prácticas locales de lenguaje. Estas prácticas configuran formas de participación y de disputa de sentidos que forman parte del proceso de aprender a "ser sociólogx" en esta carrera, en esta facultad.

A lo largo del libro hago reiteradas referencias a "la carrera" de sociología, a la que entiendo como a un espacio que supone actores interrelacionados y grupos que se relacionan con otros grupos a través de diversas actividades: clases, talleres, evaluaciones definidos en el currículum, desarrollo y planificación del curso de ingreso, militancia política en distintos ámbitos dentro y fuera de la facultad, participación en espacios institucionales de gobierno, entre otras. "La carrera" es un espacio social que se define por sus relaciones con su propia historia y la historia de la Facultad de Humanidades; con otros espacios como las organizaciones sociales, las agrupaciones políticas, otras carreras universitarias, las asociaciones profesionales; con políticas estatales, con políticas de gestión. Es la inextricable conexión de unos con otros, lo que en conjunto produce efectos educacionales (Nespor en Milstein, 2009).

Por ello, cuando hago referencias a la carrera de sociología y *los sociólogos* a lo largo de este libro no se trata de un lugar y un grupo claramente definidos y autónomos respecto del resto de las carreras y la vida de la facultad sino al contrario, de una *figuración* (Elías, 1998, 1999) conformada por las personas que allí trabajan, estudian, militan, investigan, enseñan y, a través de esas actividades, se relacionan con otras personas.

El concepto de figuración resultó altamente productivo para dar cuenta de los entramados y dinámicas relacionales en los que me fui implicando durante el trabajo de campo y que no lograba comprender valiéndome sólo de la teoría educativa que define currículum e institución. Permitió iluminar no sólo los entramados de relaciones; también posibilitó pensar cómo esas relaciones (de parentesco, amistad, origen geográfico común, jerarquía) conforman la experiencia académica de estudiantes, docentes, graduadxs y se articulan al proceso de formación.

## 2. Algunos antecedentes

El enfoque teórico-metodológico que asumo reconoce como antecedentes diferentes corpus de investigaciones, que organizo aquí en tres secciones. La primera, relacionada con pesquisas sobre la universidad, varias de ellas de carácter etnográfico, que focalizan en el análisis de las relaciones sociales que generan diversxs actores en el contexto de la vida académica, y que fueron útiles para conceptualizar el lugar de estas relaciones en los procesos de formación universitaria. La segunda, referida a los antecedentes que retomo para el campo de la sociología, como trabajos que replantean la historia consagrada de la disciplina en nuestro país y muestran algunas disputas sobre qué es "ser sociólogx", libradas en distintos momentos. La tercera sección rescata trabajos que indagan sobre la experiencia estudiantil en la universidad y aportan a mi etnografía al iluminar las maneras en que lxs estudiantes de sociología participan en las disputas sobre "ser sociólogx" antes mencionadas.

*2.1. Las universidades: relaciones cotidianas y vida académica*

A partir de la lectura de un grupo de pesquisas que se interrogan sobre las relaciones sociales que establecen docentes, alumnxs, investigadorxs en la universidad y de cómo juegan éstas en la construcción de la vida académica y la formación de lxs alumnxs, pude dar relevancia a las relaciones sociales y formas de sociabilidad que se construyen entre lxs estudiantes, profesores, graduadxs de sociología y entre éstxs y docentes y alumnxs de otras carreras de la Facultad de Humanidades.

Estas investigaciones no se dirigen particularmente a los procesos educativos como objeto, pero sí a la universidad como ámbito de formación y trabajo de intelectuales, grupos académicos diferenciados (en diálogo y en pugna), y formas específicas de sociabilidad (Becher, 1993; Visacovsky, Guber y Gurevich, 1997; Krotsch y Pratti, 2002; Suasnábar, 2004; Soprano, 2005, 2009, 2010; Guber, 2005, 2008, 2009a; Garatte, 2008, 2012; Soprano y Ruvituso, 2009; Gil, 2009, 2010; Felipe, 2018). Particularmente estos trabajos aportaron a mi estudio al interrogarse por las formas específicas de socialización de lxs académicxs, sus identidades y relaciones sociales cotidianas, como una dimensión clave para entender las determinaciones que operan en la producción y reproducción de la vida social en las universidades (Soprano, 2005). Recupero las contribuciones de este enfoque sobre todo en los capítulos 1 y 2. En el segundo capítulo, a través del análisis de algunos episodios del trabajo de campo, muestro la necesidad de conocer las tramas de relaciones sociales de una variedad de individuos y grupos en la universidad e interrogarse por la eficacia de esas múltiples redes de relaciones formales e informales, entre las que se encuentran vínculos ligados a la lógica del parentesco, la amistad, la pertenencia a organizaciones civiles, políticas, entre otras, que se despliegan "*en los intersticios de las lógicas institucionales*" (Soprano, 2009, 2010; Garatte, 2008).

Algunos de estos estudios, desarrollados en la UNLP, realizan comparaciones entre facultades y dan cuenta de que los vínculos entre la sociabilidad académica, la producción de saberes y la formación de alumnxs se definen localmente. Es decir, en función de la historia y las relaciones y conflictos propios de cada institución, además de las tradiciones y disputas específicamente disciplinares. De esta manera, en las distintas carreras y facultades, los ámbitos de actividad académica y de producción y reproducción de saberes y grupos son particulares. Para el caso de la FAHCE, Soprano y Ruvituso (2009) establecen que la actividad docente en las aulas y cátedras constituyó históricamente una gran porción de las tareas y de la trayectoria de docentes e investigadores, siendo estos espacios las vías por las que las nuevas generaciones se insertan en la academia. Lo último demandó prestar atención en mi etnografía a aquellos espacios a través de los cuales los procesos de formación académica se ponen en juego en el caso particular de sociología. En los capítulos 2 y 3 propongo abrir la mirada más allá de las cátedras y las aulas para observar cómo el proceso de formación académica también se despliega en otros espacios, no considerados institucionalmente como educativos pero altamente significativos para muchxs estudiantes, como los grupos de militancia y los espacios generados y sostenidos por lxs propios alumnxs.

Dentro de este mismo conjunto de investigaciones, los trabajos etnográficos sobre la carrera de Ciencias Antropológicas en la Universidad de Buenos Aires (UBA) y los avatares de la "antropología social" en la Argentina realizados por Guber (2005, 2008, 2009a) resultan en aportes a esta investigación, que retomo en los capítulos 1 y 3. La autora muestra que las tradiciones y disputas disciplinares, sus vínculos con las historias institucionales y con la institucionalización de las disciplinas mediante la formación de especialistas en las universidades, así como la conformación de espacios de investigación, marcan las orientaciones que van tomando las carreras universitarias como espacios de formación. Este enfoque me ayudó a interrogar la historia de la sociología y lxs sociólogxs en la FAHCE, incorporando las perspectivas de actores que desde diferentes lugares institucionales marcaron las características y significaciones que adquirieron la sociología como disciplina y las cátedras de sociología en *Humanidades*. Asimismo, la creación de la carrera de Ciencias Antropológicas en la UBA es contemporánea a la de la carrera de sociología de la misma universidad y a la obtención de Gino Germani del cargo de titular en la cátedra de Sociología General en la UNLP. Estos hitos comunes hacen que el desarrollo de cada una guarde relación con las demás. Particularmente, los análisis que realiza Guber sobre los sentidos y prácticas asociados al "compromiso político" en la conformación del campo de la antropología social en la Argentina, contribuyeron a iluminar la importancia de esta dimensión en el caso de la sociología de los años sesenta y setenta y funcionaron como herramienta de análisis de la *militancia* en la formación de sociólogxs, que realizo en el tercer capítulo.

## 2.2. Sociología: historia, formación y profesión en disputa

Para el campo particular de la sociología, rescato las contribuciones de Pereyra (2007, 2008, 2017), Turkenich (2003), Blanco (2004, 2006), Rubinich (2010) y Blois (2012, 2018). Blanco y Pereyra se proponen construir una historia de la sociología en Argentina que contemple el proceso de institucionalización en perspectiva amplia, desplegando su análisis sobre la sociología desde fines del siglo XIX y principios del XX (situando allí el comienzo de una continuidad institucional de enseñanza de la sociología) hasta la actualidad. Desde esta perspectiva, la constitución de la carrera de sociología en la UBA, así como el lugar que en ese proceso y el de consolidación de la disciplina ocupara Gino Germani en tanto *fundador* de ambas,

cobra significaciones distintas a las ofrecidas habitualmente por las "historias consagradas" y a las dadas por el propio Germani.

Estos trabajos mostraron una perspectiva diferente sobre la historia de la
disciplina en el país, que recoloca la figura de Germani en un mapa de tensiones con actores que ya constituían el campo de la sociología y con los que
éste disputó su concepción de la disciplina. Estas tensiones también atraviesan a la historia de lxs sociólogxs en la Facultad de Humanidades y los trabajos mencionados sirvieron para identificar la figura de Germani *fundador*
en los relatos nativos sobre la sociología en la universidad platense.

Para la carrera de sociología de la UNLP, dialogo a lo largo del primer
capítulo con el estudio realizado por Magali Turkenich (2003) sobre la cátedra de Sociología General creada en 1909, si bien su análisis se centra en
los años que van desde 1955 hasta 1975; y con las reconstrucciones de Tortti y Chama (2003) y Tortti y Soprano (2004), a través de entrevistas a actores clave para la instalación de la sociología en la FAHCE, como Alfredo
Pucciarelli y Miguel Murmis. En todos ellos aparece la ligazón entre la
sociología platense y la de la UBA, replicando en parte la producción de
una historia de la sociología en Argentina que se inicia con la intervención
de Germani en distintos contextos institucionales y con la instalación de la
"sociología moderna" y, para el caso de la UNLP, transcurre primordialmente en la cátedra de Sociología General.

En estas publicaciones también se muestran con claridad algunos vínculos entre sociología y política, que son variables y que se presentarán en
distintos momentos como lugar para la disputa por los sentidos, objetivos y
características de la sociología y la formación de sociólogxs (también abordan la cuestión Sidicaro, 1993; Rubinich, 1999 y Blois, 2018). Retomo los
análisis y perspectivas nativas que se plantean en estos escritos en varios
capítulos, en los que indago acerca del lugar de la política, la militancia
política y los debates sobre política en las prácticas académicas que desarrollan *los sociólogos*.

Recupero también las investigaciones de Blois (2012, 2013, 2018) sobre
la historia de la sociología y particularmente sobre la carrera de la UBA en
sus tensiones con el campo profesional durante la década de 1980 y en la
actualidad. Allí el autor muestra las luchas que atravesó la constitución de
la disciplina en Argentina, a partir de la fuerte impronta de la formación
universitaria y las concepciones que de la sociología y de lxs sociólogxs
resultaron dominantes en este contexto. La sociología fue entendida como
una empresa vinculada al compromiso político y dedicada a la investigación social en la academia.

Por su parte Rubinich (2010) analiza el campo de la sociología y
observa la existencia de "subcampos", definidos por los espacios de inserción profesional de lxs graduadxs en sociología. Destaca que entre esos
subcampos existen relaciones de cierta jerarquía, en las que el "subcampo

          

académico" tiene más prestigio y cobra mayor peso a la hora de *"relatar aquello que hacen los sociólogos"* (2010: 9).

Tomo estas formulaciones como referencia para mi etnografía porque reconstruyen la trama de constitución de la disciplina en relación con las tensiones y disputas establecidas al interior del ámbito universitario, y sus efectos en términos del papel social pensado para lxs sociólogxs (ligado a la figura del intelectual que sostiene una posición crítica y participa activamente del debate político de su tiempo y su sociedad). Este papel social pone en tensión la *sociología académica* y la *sociología como profesión*. Al definir esta tensión como constitutiva de todas las carreras de sociología, Blois aporta también una perspectiva que replantea las historias consagradas, mostrando disputas sobre los saberes y las actividades que definen el "ser sociólogx" y que yo analizo en los capítulos 1, 3 y 4.

En diálogo con estos antecedentes, en el capítulo 1 me propongo reconstruir las llegadas de la sociología a *Humanidades* descentrándome de las historias consagradas e incorporando diversas perspectivas sobre la sociología que se produjeron en la facultad desde la década de 1950 en adelante, así como las conexiones de esas llegadas con el flujo de actores, redes relacionales y prácticas que se desplegaban en el contexto específico de esta facultad.

## 2.3. La experiencia estudiantil: sociabilidad y formación académica

Las prácticas, relaciones y formas de sociabilidad que desarrollan lxs estudiantes de sociología y que hacen a su experiencia académica resultaron ser altamente relevantes para comprender cómo ellxs participan en las disputas, de las que dan cuenta también los antecedentes que vengo recuperando, sobre los saberes y prácticas a través de los que se define el "ser sociólogx". Esto puso de manifiesto la importancia de conocer las maneras en que se configura la experiencia académica de lxs estudiantes de sociología en *Humanidades*, para lo que retomo estudios que se centran desde distintos enfoques en la experiencia estudiantil, y dialogo con las perspectivas desde las cuales conceptualizan e interpretan esa experiencia.

En el libro *Aprendiendo sociología. La impronta de la Carrera en la experiencia de los estudiantes*, el Grupo Taller Pensar la Facultad (2009), de la Facultad de Ciencias Sociales de la UBA, se ocupa de reconstruir la experiencia de lxs estudiantes de sociología en su paso por la carrera. Allí, el equipo de investigación describe las características del recorrido curricular de lxs alumnxs y las relaciones que se construyen en este trayecto. Lxs autores marcan dos grandes momentos: los primeros años de la carrera, que caracterizan como de "vida colectiva" y "encantamiento" con la vida cotidiana en la facultad, a la que definen como "efervescente".

La segunda parte del recorrido está marcada, según lxs autores, por el desencanto y la fragmentación. El cambio en la modalidad de cursada durante los últimos años, basada en la elección de talleres y materias optativas, va diluyendo el carácter colectivo del trayecto y promoviendo las decisiones individuales. Esta situación, sumada a la pérdida de interés por las actividades políticas que se desarrollan en la facultad, va generando un desencanto respecto de las prácticas y sujetos que habían producido fascinación al inicio de la carrera. Finalmente, lxs autores sostienen que la fragmentación hace que las diferencias personales terminen agudizando desigualdades, donde el origen social y educativo condiciona en gran parte el desempeño e inserción futura de lxs sociólogxs jóvenes.

Dialogo con este estudio sobre todo en el capítulo 3, en el que examino las prácticas de militancia de lxs estudiantes en su articulación con el proceso de formación como sociólogxs. Lo recupero para identificar aspectos comunes que constituyen las experiencias estudiantiles e iluminar características específicas que adquiere el trayecto formativo de muchxs estudiantes de la UNLP al articularse con una forma de militancia, que ellxs llaman *"militar en la carrera"* y que analizo como una herramienta de participación en la *comunidad de práctica*.

Retomo también otros estudios que contribuyen al conocimiento de algunas características de la vida y sociabilidad estudiantil en diversos contextos. Uno de los estudios que recupero como antecedente es el libro *Los herederos. Los estudiantes y la cultura*, de Bourdieu y Passeron (2003), sobre lxs estudiantes universitarios franceses en la década de 1960. Allí, los autores se preguntan si existe una condición estudiantil única y unificadora. A partir de análisis estadísticos y entrevistas concluyen que tal condición no existe, sino que lxs estudiantes se encuentran diferenciados por origen social y futuro profesional, diferencias que la universidad contribuye a perpetuar transformándolas en mérito individual. Lo que sí existe, afirman los autores, es una pretensión de unidad, asociada a una supuesta "esencia" de ser estudiante, marcada por las rutinas propias de las actividades académicas y sus exigencias, así como los momentos y espacios de tiempo libre, que suponen una licencia de las responsabilidades sociales y laborales. Es justamente, según Bourdieu y Passeron, en estas prácticas que podrían definirse como "propias" del ser estudiante que se expresan las desigualdades de origen social. En mi invetigación discuto con algunos aspectos de este planteo. Si bien no desconozco los aportes de estas perspectivas que muestran los mecanismos de refuerzo de la desigualdad social que la vida académica pone en marcha, mi intento es mostrar qué otros procesos y relaciones sociales se despliegan como parte de la formación de sociólogxs en la Facultad de Humanidades y qué sentidos se producen allí en conexión con la formación sociológica.

En este sentido, recupero la investigación de Sandra Carli (2012) sobre las experiencias de estudiantes de las facultades de Filosofía y Letras y de Ciencias Sociales de la UBA durante la década de 1990 y luego de la crisis de 2001. Allí, la autora examina las transformaciones en la cultura institucional en la universidad pública producidas en el periodo de crisis social y su impacto en las trayectorias estudiantiles, la creación de nuevas formas de sociabilidad y de relación con las actividades y el conocimiento académicos.

De este estudio centrado en el análisis del relato de lxs propios estudiantes, recupero en mi argumento dos contribuciones. Una es la que liga la experiencia estudiantil y los trayectos formativos con la política y la amistad. En este sentido, el estudio de Carli pone de relieve el peso de los vínculos personales y las identificaciones políticas en la definición de las relaciones sociales entre estudiantes. Al otorgar importancia analítica a estas dimensiones, se constituye en un antecedente a mi investigación ya que coincide con el peso que éstas adquieren entre lxs estudiantes de sociología de *Humanidades*, y que describo y analizo sobre todo en los capítulos 2 y 3.

La otra contribución que recupero es la propuesta de pensar el presente de la educación pública en el país a través de la universidad pública, entendiéndola como observatorio del presente al permitir explorar *"elementos nuevos y desconocidos de la experiencia estudiantil, invisibilizados en informes y diagnósticos sobre la educación superior"* (Carli, 2012: 13). Esta perspectiva resulta de sumo interés para esta etnografía, pues se trata de dar relevancia al conocimiento de la experiencia, relaciones y prácticas cotidianas como vía de acceso a una comprensión compleja de los procesos educativos que se despliegan en las universidades públicas, y preguntarse por sus articulaciones con otros espacios sociales.

## 3.  El trabajo etnográfico

Abordar una investigación de las características descritas significó un gran desafío. Llevar a cabo un estudio sobre la formación de sociólogxs desde un enfoque etnográfico supone descentrarse de los propios términos de la disciplina sociológica para prestar atención a otras dimensiones que constituyen sus procesos de producción y reproducción. Así, la opción por la etnografía no es la opción por una técnica, sino por un enfoque y una manera de construir conocimiento sobre un proceso social, que en este caso es el de la formación de sociólogxs en la FAHCE.

Entendida como enfoque, la etnografía supone una concepción y práctica de conocimiento que busca comprender los fenómenos sociales desde la perspectiva de lxs actores que participan en ellos (Guber, 2001). Esto supone enfatizar el estudio *de primera mano* de lo que las personas hacen y dicen en contextos particulares a través de la permanencia más o menos prolongada en el campo, de la observación participante, de conversaciones informales, entrevistas y análisis documentales, entre otros (Hammersley, 2006).

Se trata de un enfoque de investigación que se refiere al mismo tiempo
a una metodología, un género textual y una postura epistemológica. Esto
trae consigo una práctica de conocimiento que implica determinadas maneras de plantear preguntas, de definir problemas y de construir el objeto de
investigación (Milstein y Clemente, 2018). Este estudio coloca entonces
el foco en las interacciones, en las relaciones interpersonales, en las actividades cotidianas y en los procesos a escala local. Su producto analítico
es la descripción de esos elementos particulares y locales, lo que constituye el núcleo del desafío al que me refería antes: lograr una descripción
de eventos, relaciones, prácticas cotidianas en un contexto que es para mí
familiar, con todo lo que conlleva la tarea de describir en ciencias sociales. Se trata de un texto interpretativo elaborado en base al diálogo entre
las perspectivas teóricas en las que me apoyo, las categorías e ideas que
construyen lxs actores sujetos de investigación sobre sus experiencias en
la carrera y la facultad y mis propias categorías e ideas, relacionadas en
parte con mi condición de "nativa" en *Humanidades*[12]. Esta descripción
de lo local, interpretativa e informada teóricamente, tiene por objetivo ser
una herramienta en la búsqueda de respuestas a preguntas más generales
respecto de procesos educativos en las universidades.

Inicié el trabajo de campo a fines de marzo de 2011 y lo desarrollé
principalmente en el edificio que la Facultad de Humanidades ocupó desde
finales de la década de 1970 hasta diciembre de 2013. Durante 2011 realicé
observación participante en clases "teóricas" y de "trabajos prácticos"[13]
de cuatro asignaturas de la carrera de sociología (una del primer año, dos
de segundo y otra de quinto). En algunas de esas asignaturas, asistí a casi
todas las clases del curso, abarcando el inicio, las evaluaciones y el cierre de los mismos. En otras, fui a algunas clases sin sostener la presencia
durante toda la cursada.

El nivel de mi involucramiento y participación en las actividades que
se desarrollaban en las clases fue variable. En los *prácticos* participé activamente de los diálogos, las lecturas, los trabajos grupales y debates que

---

12   Me referiré a esta condición en próximos apartados de esta misma Introducción.

13   En términos generales, el curso de cada una de las materias en *Humanidades* se organiza dife-
     renciando lo que se denomina clases teóricas o "*teóricos*", a cargo de lxs Profesores Titulares y
     Adjuntxs (los cargos más elevados en la estructura jerárquica de cátedras); y clases de trabajos
     prácticos o "*prácticos*", a cargo de lxs Jefes de Trabajos Prácticos y Ayudantes Diplomadxs (los
     cargos más bajos en la estructura de cátedras). A grandes rasgos, las clases teóricas se basan en la
     exposición del docente, organizando su discurso y haciendo referencia a autores y teorías. Como
     en toda clase expositiva, queda a lxs alumnxs la tarea de escuchar, tomar nota, y eventualmente
     realizar preguntas o comentarios. En este marco se espera que lxs estudiantes lean la bibliografía
     indicada relacionada con el tema, pero no siempre esa lectura se trae a colación en el marco de
     la clase. Las clases de trabajos prácticos, por su parte, se basan en general en el trabajo sobre y
     alrededor de los textos indicados. Suele fijarse como objetivo el tratamiento puntual y específico
     de algún aspecto de la disciplina que se transmite o la problemática que se plantea, en grupos más
     pequeños que las clases teóricas.

   Aprendiendo a ser sociólogxs

se generaban. Dialogué con lxs docentes antes, durante y después de las clases, al igual que con lxs estudiantes.

En el caso de los *teóricos* mi participación se limitó, en la mayoría de los casos, a hacer lo que en esos contextos se espera que hagan lxs estudiantes: escuchar, tomar nota, dialogar brevemente con alguna persona que se encuentre cerca. Estas clases son considerablemente más numerosas que las de trabajos prácticos y el nivel de intervenciones por parte de lxs estudiantes es mucho menor. En estos casos, tendí a ubicarme en un lugar de observadora de lo que sucedía y dialogué con lxs docentes antes y después de las clases, pero poco con lxs estudiantes, excepto con quienes ya conocía de otras clases o espacios de los que participaba.

A raíz de compartir una variedad de espacios en la facultad, establecí contactos con distintos actores, como estudiantes en distintas etapas de la carrera, graduadxs, ayudantes de cátedra, docentes titulares y adjuntxs, personal de gestión de la carrera. Participé también de otras actividades académicas como reuniones de la *comisión de estudiantes de sociología* o el *ENES* (Encuentro Nacional de Estudiantes de Sociología) realizado en el año 2011 en La Plata; así como charlas organizadas por *agrupaciones* estudiantiles, por el Centro de Estudiantes o por la *comisión de estudiantes* dirigidas a estudiantes de sociología. También asistí a congresos y coloquios relacionados con la disciplina y con la carrera.

Realicé entrevistas a estudiantes, graduadxs y ayudantes de cátedra. Recorrí pasillos de la facultad, pasé tiempo en la sala de estudio de la biblioteca, en mesas de exámenes finales, mantuve conversaciones con sociólogxs de otras universidades, con estudiantes y docentes de otras carreras de la facultad que comparten espacios con sociólogxs o estudiantes de sociología. Recogí documentos y materiales escritos y publicados por actores de la carrera. El conjunto de materiales abarca documentos curriculares como el plan de estudios o programas de materias, informes de gestión de anteriores directores del Departamento, publicaciones académicas sobre la carrera, informes de asesores externos, entrevistas realizadas por profesores actuales a sociólogos que participaron en algún momento de la historia de la carrera, informes de representantes estudiantiles en Junta Departamental, folletos, volantes y boletines realizados por *agrupaciones* estudiantiles y otros grupos de estudiantes, revistas y textos publicados por estudiantes o trabajos elaborados para ser evaluados en alguna asignatura. También revisé páginas web (tanto la página oficial del Departamento dentro del sitio de la FAHCE, como páginas y blogs elaborados por estudiantes y docentes en forma particular), y participé de redes sociales en internet de las que forman parte estudiantes de sociología o que son desarrolladas por ellxs.

Además, compartí clases de posgrado con graduadxs y docentes de sociología, en las que yo me desempeñaba como alumna. Allí dialogué con algunxs profesores sobre la investigación que estaba llevando a cabo y las actividades que realizaba como parte de mi trabajo de campo.

En 2012 realicé observación participante en las actividades relacionadas con el primer curso de ingreso de la carrera, entre principios de febrero y mediados de marzo. Además de dialogar con ayudantes y responsables del curso en contextos laborales e informales, participé en charlas para ingresantes, reuniones de trabajo con ayudantes a cargo de comisiones del curso de ingreso y en los talleres en una de las comisiones en el turno tarde. En esos talleres, a los que asistí diariamente, me involucré activamente en las actividades; participé de las lecturas y trabajos propuestos a lxs estudiantes y de las discusiones grupales que se generaban; también compartí con las docentes varias reuniones de planificación de los talleres y charlas sobre el curso de ingreso y sobre la carrera en general.

Desde mediados de marzo de 2012 hasta fines de ese año tuve encuentros aislados y comunicaciones vía mail con algunxs estudiantes y docentes, y participé de actividades puntuales organizadas por la *comisión de estudiantes de sociología*.

## 3.1. Una investigadora "nativa" y "extranjera"

Al reingresar a *Humanidades* –habiendo sido alumna y siendo docente y estudiante de posgrado– como investigadora, me planteé en un primer momento el objetivo de conocer e interactuar con estudiantes y docentes de la carrera de sociología, sin prestarle demasiada atención a otras personas y ámbitos de la facultad. Rápidamente advertí que me resultaba muy difícil comprender la vida cotidiana y las significaciones de lo que pasaba en esa carrera, por fuera o de manera separada de lo que pasaba en *Humanidades*. Conocer y adentrarse en el mundo de *los sociólogos* de La Plata sin adentrarse en el mundo de *Humanidades* es probablemente imposible.

Reconocer que se trataba de pensar a *los sociólogos* en *Humanidades* supuso ubicarme a mí misma en ese escenario y en las tramas de relaciones que allí se generan y sostienen. Buena parte de los vínculos que establecí durante mi trabajo de campo estuvieron facilitados por relaciones previas a la investigación, que yo había generado como parte de mi tránsito en la facultad desde estudiante.

Las redes de relaciones de las que lxs sujetxs de mi estudio y yo formamos parte daban cuenta de mi condición de "nativa" en *Humanidades*; y esta condición me puso en situación de hacer etnografía "en casa". Al mismo tiempo, los comentarios y bromas que varixs estudiantes y docentes hicieron diciendo que "parecía una espía", marcaban cierta condición de extranjería.

En la antropología social, el debate sobre las ventajas y desventajas de hacer antropología "en casa", ha tenido un lugar importante. Las posiciones opuestas que se han sostenido en esta discusión auspician de un lado

   APRENDIENDO A SER SOCIÓLOGXS

los beneficios de ser antropólogos extranjeros y de otro las ventajas de ser nativos. Aunque frecuentemente contrapuestas, ambas posturas se han fundamentado en un "empirismo ingenuo" (Guber, 1995: 30) que concibe que los etnógrafos podemos acceder de formas no mediadas al mundo social, ya sea por una mirada externa que capte científicamente lo real o por una mirada nativa que capte lo real sin distorsiones.

Pero, como sostiene Rosana Guber,

*(...) si el éxito de los antropólogos nativos radicaba en su completa identificación con los sujetos, y el éxito de los extranjeros en su completa exterioridad, ninguna de las dos* [posturas] *proponía reflexionar sobre la productividad específica de las relaciones entre investigador e informante en tanto que relaciones sociales, en el proceso de conocimiento.* (Guber, 2008: 69).

Reflexionar sobre la productividad de estas relaciones en mi investigación me permitió entender a la etnografía como un proceso dialógico y reflexivo de conocimiento de la realidad social, producto de la interacción y de los encuentros entre investigador y sujetxs de estudio (Fabian, 1983, 2006; Guber, 1995, 2008). Esta perspectiva me permitió comprender que las categorías de "nativa" y "extranjera" no están dadas de antemano, sino que su sentido proviene del contexto histórico y cultural específico de la investigación y se construye en la interacción entre la investigadora y lxs sujetxs con los que trabaja.

Encontré, entonces, que era necesario incluir al material de análisis aquellas situaciones y relaciones que me hablaban de mis posiciones de nativa y extranjera en la facultad y entre *los sociólogos*. No para colorear con anécdotas el texto, sino para que mi experiencia etnográfica sea una manera de conocer mejor a "lxs otrxs" que me proponía investigar (Gil, 2010).

Reconocer mi posición de "nativa" no devino en la asunción de que yo "ya estaba en el campo" (Guber, 2008), omitiendo la tarea de construir el campo de mi investigación. Al contrario, supuso un trabajo arduo de análisis respecto de cómo las relaciones sociales que se establecen y reproducen en la facultad y mi propia posición en esa trama de relaciones fueron tejiendo las condiciones en las cuales construí mi rol de investigadora, en un espacio en el que ya era estudiante, graduada y docente. También implicó desentrañar cómo ese proceso de construcción del rol de investigadora marcó el trabajo de campo, la generación de datos y la construcción de conocimiento sobre el objeto de investigación.

Al registrar mi natividad asumí el objetivo de efectuar un extrañamiento de las prácticas, los valores, las relaciones, los saberes que cotidianamente produzco y pongo en juego como actor social en *Humanidades*. Este esfuerzo de extrañamiento, aunque parezca paradójico, no significó mirar a las personas y las actividades que vivenciaba durante el trabajo de campo como completamente extraños, en un acto artificial de desconocer lo que tenía naturalizado. Supuso, en realidad, considerar a las personas con las que compartí reuniones, clases, charlas, talleres, diálogos en los pasillos, recorridas por la facultad, como interlocutores con los que comparto experiencias culturales de tránsito por esta universidad y pertenencia a *Humanidades*, relaciones sociales, un bagaje académico y categorías de percepción y valoración de esas experiencias y relaciones. Es decir, reconocer qué cosas me hacían "nativa" me permitió comenzar a extrañarme y así poder comprender mejor lo que veía y escuchaba durante el trabajo de campo.

Como mostré al inicio de esta Introducción, mi condición de extranjera "no socióloga" me llevó a definir el tema de investigación al preguntarme, desde mi pertenencia a la comunidad de pedagogxs y mi participación en sus conflictos, sobre la formación de esos "otrxs", lxs sociólogxs. Pero a lo largo del trabajo de campo fui advirtiendo mi carácter de nativa "de *Humanidades*" y todo lo que tenía en común con esas personas y ese grupo social, *los sociólogos*, a los que me había acercado pensándome distinta.

Ante las nuevas personas con las que buscaba establecer diálogos y compartir actividades, siempre me presenté como una estudiante de posgrado, como graduada de ciencias de la educación y docente en la facultad. Es decir, me presenté como "de *Humanidades*". Al mismo tiempo, esas personas me fueron conociendo a partir de mis acercamientos pero también desde mis vínculos con otras personas de *Humanidades*: amigxs, gente del mismo origen geográfico, parientes. Como analizaré en el Capítulo 2, los episodios a raíz de los cuales fui advirtiendo la importancia de estos vínculos y posiciones previos a la investigación, me produjeron en algunos casos incomodidad y también perplejidad. Esas sensaciones estaban directamente ligadas con mi pertenencia a la institución y los episodios que las produjeron se transformaron en instancias de conocimiento sobre algunas formas de sociabilidad en la facultad.

Así, fui construyendo el rol de investigadora a partir de las posiciones que ya ocupaba. Advertí, por ejemplo, que mientras más me iba integrando a diversas redes de interrelaciones, más contactos y vínculos iba construyendo con nuevxs interlocutores, porque contaba con más referencias para presentarme y, a medida que más me metía, más personas sabían de mi investigación incluso sin conocerme aún. Así, hubo momentos en que una socióloga comentara entre risas: "*¡Ceci conoce más gente de la carrera que nosotros!*".

## 3.2. Acerca del texto

La escritura del texto etnográfico es parte del proceso de investigación y la forma de escritura está directamente ligada con la presentación de los temas y preguntas y con la construcción del objeto de estudio. He decidido mostrar estos temas a través del relato de mi experiencia de campo y las preguntas que fueron motorizando mis búsquedas. Este texto está atravesado por la constatación de mi familiaridad y el esfuerzo permanente de extrañamiento a los que me he referido antes.

Parte de ese esfuerzo de extrañamiento tuvo que ver con desnaturalizar el lenguaje nativo, las formas que lxs actores emplean para hablar de sí mismxs, de la facultad, de la carrera. Estas formas se presentan o se pretenden muchas veces como académicas. En este aspecto, mi proceso de extrañamiento consistió en entender que "lo académico" es producido y reproducido en espacios sociales donde lxs actores no se comportan todo el tiempo "académicamente". Es decir, no comprenden ni explican todo lo que les sucede desde conocimientos académicamente válidos o validados, ni desde el análisis sistemático o empírico. Esta afirmación, que puede parecer obvia, no lo era para mí a la hora de pensar las situaciones de las que participaba, los diálogos que escuchaba y de los que tomaba parte durante el trabajo de campo.

Advertí, además, que yo misma compartía parte de ese lenguaje y que debía estar alerta de esto en mi escritura, para no cerrar los significados sino abrir preguntas sobre ellos. Por ejemplo, decir *"Humanidades"* para referirse a la Facultad de Humanidades y Ciencias de la Educación es parte de un lenguaje nativo que yo compartía. La pregunta entonces fue ¿qué significa decir *"Humanidades"* para hablar de la facultad, qué papel tienen esas humanidades en la historia de la institución y particularmente de la carrera de sociología?

De esta manera, asumí que no podría comprender el lenguaje que practicamos mis interlocutores y yo en el campo si lo definía de antemano como "académico". En su lugar, me propuse mostrar de qué maneras las prácticas de lenguaje entran en juego en diferentes situaciones (clases, charlas informales, reuniones de trabajo o de militancia), asumiendo que el "lenguaje nativo" adquiere sentido sólo si podemos describir los contextos en que es producido y significado. De esta manera, busqué comprender los modos a partir de los cuales el lenguaje nativo "me hablaba" sobre el proceso de formación de sociólogxs que yo buscaba dilucidar.

Dejé, entonces, de asumir que el lenguaje que mis interlocutores practican, producen y reproducen y a través del cual comprenden y actúan en el mundo social es por definición "académico" y empecé a entenderlo como *prácticas locales de lenguaje* (Pennycook, 2010). Esto es, ver al lenguaje como forma de organizar la vida social, de dar sentidos a las prácticas y relaciones que conforman esa vida social y que, al mismo tiempo, es organizado por esa vida social y local. Según Pennycook, *"entender el lenguaje como práctica local implica que éste es parte de la actividad social y local y que ambos, localidad y lenguaje, emergen de las actividades en que están involucrados"*[14] (2010: 128). Las prácticas de lenguaje de mis interlocutores en el campo son locales porque están atravesadas por el espacio y el tiempo,

---

14  En este y todos los pasajes citados del autor la traducción es propia.

por la historia de la universidad, de la facultad, de los grupos dentro de ella y por los espacios físicos e institucionales que son interpretados al mismo tiempo que creados por esas prácticas (Pennycook, 2010).

Resta informar a lxs lectores sobre algunos aspectos del texto. En primer lugar, utilizo la cursiva para marcar la palabra nativa; términos, frases, formas de nombrar que están marcados localmente. Para indicar palabras textuales utilizo la cursiva entrecomillada.

En muchas ocasiones esa palabra nativa no es enunciada sólo por *sociólogos*, sino que se trata de prácticas locales de lenguaje que se comprenden en el contexto más amplio de *Humanidades*, su historia, sus espacios y su vida cotidiana, de la que forman parte estudiantes, docentes, graduadxs de sociología. También utilizo la cursiva para mencionar categorías analíticas como *figuración* y *comunidad de práctica* o *comunidad de sociólogxs platenses*.

En cuanto a las personas a las que menciono en los capítulos, todos los nombres han sido modificados, excepto los de quienes manifestaron conformidad en que sus nombres reales fueran revelados.

Una mención especial merece el tratamiento del género en el lenguaje que utilizo. Opté por la x para referirme a lxs estudiantes, lxs docentes, lxs sociólogxs, etc., porque me permite no marcar ni uno ni dos géneros cuando intento dar cuenta de grupos diversos en su composición. La x no ha sido utilizada en los casos en que recupero intervenciones textuales o categorías nativas que en las interacciones cotidianas son utilizadas marcando un género.

Organicé esta etnografía en cuatro capítulos a través de los que intento mostrar distintas aristas del proceso de formación de sociólogxs en la FAHCE. En el capítulo 1 presento la trama contextual en la que se sitúa el problema de investigación. Para ello, reconstruyo los diversos modos en que la sociología fue ingresando e instalándose en *Humanidades*, para dar cuenta de las prácticas académicas en el proceso de formación de sociólogxs indagando en las formas en que éstxs se insertan, se relacionan y se constituyen a través de las prácticas y dinámicas institucionales. A partir de la recuperación de las experiencias de dos cátedras de sociología (Sociología General y Sociología de la Educación) desde mediados del siglo XX, me propongo delinear una historia que permita comprender algunas representaciones y prácticas en torno a la sociología y *los sociólogos* en *Humanidades* y explorar conexiones entre esa historia y algunas prácticas y sentidos actuales.

En el segundo capítulo me incorporo en las tramas de relaciones de interdependencia que se despliegan en la facultad, para pensar algunas formas y espacios de sociabilidad académica que caracterizan el proceso de formación de sociólogxs en esta universidad. Allí recupero, a través de la presentación de algunos episodios ocurridos durante el trabajo de campo, la significación de ciertas formas de vinculación entre personas y grupos como la amistad, el parentesco, el origen geográfico común, la identificación política y la diferenciación jerárquica. Analizo también mi propia participación en estas formas de vinculación y en los entramados de relaciones personales que describo.

En el capítulo 3 analizo el lugar que tienen los diversos modos de militancia política que desarrollan lxs estudiantes en su proceso de formación como sociólogxs. Describo el mapa político estudiantil de la facultad en el que se ponen en juego prácticas de militancia, relaciones de poder y jerarquía, relaciones personales y formas de participación de lxs estudiantes en la *comunidad de práctica*. Focalizo la indagación en los grupos, espacios y prácticas de lo que lxs estudiantes de sociología llaman *militancia en la carrera*, para reflexionar sobre los sentidos que las militancias adquieren como *prácticas académicas* y como formas de disputa sobre el "ser sociólogx" y el "para qué de la sociología".

En el cuarto capítulo intento mostrar que "ser sociólogx", es decir, convertirse en un participante pleno de la *comunidad de práctica*, no equivale a obtener el título de sociólogo o socióloga. A partir del relato de dos clases en las que estuve presente y en las que conocí a una estudiante de sociología muy particular, analizo las prácticas académicas en la carrera como prácticas de lenguaje que se aprenden y se enseñan como parte del proceso de formación y que movilizan sentidos en torno a qué es "ser sociólogx". El manejo de los saberes y habilidades que requiere el desarrollo de esas prácticas de lenguaje se adquiere a través de la misma participación en la comunidad (en situaciones de interacción como clases, discusiones entre compañeros, debates sobre política) y no equivale ni se liga linealmente a la adquisición de conocimientos para la acreditación formal y el desempeño profesional.

Finalmente, en las conclusiones, procuro mostrar la pertinencia y productividad de pensar el proceso de formación de sociólogxs en la FAHCE en términos de la producción y reproducción de una *comunidad de práctica*.

Asimismo, propongo incorporar los aportes de este estudio al campo de la etnografía educativa y de los estudios sobre procesos educativos en la universidad, intentando abrir nuevas preguntas.

# Capítulo 1

## Sociología y sociólogxs en *Humanidades*. La trama contextual de la etnografía

En el presente capítulo trazo el escenario en el que se desarrolla esta etnografía. Para ello describo y analizo algunas ideas y significaciones sobre la sociología y *los sociólogos* que se construyeron en la Facultad de Humanidades y Ciencias de la Educación en distintos momentos históricos. También describo algunos aspectos de la vida cotidiana de la facultad y de la carrera de sociología, constituida por las actividades diarias, lxs actores y sus movimientos, recorridos y usos del espacio.

En el escenario que despliego en este capítulo van a ubicarse lxs actores y prácticas sobre los que tratan los capítulos siguientes. Desde esta construcción me propongo dar cuenta de algunos sentidos y prácticas asociados a la constitución permanente y conflictiva de una "comunidad de sociólogxs de La Plata" en tanto *comunidad de práctica* (Lave y Wenger, 1991), en la actualidad.

El escrito está estructurado por la historia de las llegadas de la sociología a *Humanidades* y los diversos modos en que fue ingresando e instalándose. Para ello retomo algunas líneas de la historia de la facultad y de la incorporación de la asignatura sociología a principios del siglo XX, para luego poner especial atención a las transformaciones operadas a mediados de la década de 1950 en el marco del proceso de modernización académica y luego, en los años sesenta, de radicalización política. Recupero la experiencia de las cátedras de Sociología General y Sociología de la Educación y las perspectivas que allí se produjeron sobre el lugar de la sociología en la facultad y en la formación de lxs estudiantes. Trazo además algunos vínculos de esta historia con la de otras carreras de sociología del país, con la impronta que en distintos momentos fue tomando la disciplina sociológica y con los debates que se dieron al interior de la universidad y de la facultad.

Este recorrido sigue el rastro de algunas preguntas: ¿Cómo se integra la sociología a *Humanidades*? ¿Cómo empiezan a jugar "*los sociólogos*" en la vida institucional? ¿Qué cambia en la facultad con la incorporación de la sociología? ¿De qué manera ciertos aspectos de esa historia permiten problematizar prácticas y sentidos actuales de la sociología en *Humanida-*

*des*? ¿Cómo el proceso de inserción de *los sociólogos* en las dinámicas institucionales de la Facultad de Humanidades puede dar cuenta de prácticas académicas en el proceso de formación de sociólogxs?

## 1. Llegadas de la sociología a *Humanidades* y sentidos que permanecen

El germen de la Facultad de Humanidades y Ciencias de la Educación fue la Sección de Pedagogía, que se organizó en el año 1906 como parte de la Facultad de Ciencias Jurídicas y Sociales. Esta sección contó con una autonomía relativa con respecto a la mencionada facultad, pues a diferencia de la Sección de Filosofía y Letras tuvo una dirección propia a cargo del Dr. Víctor Mercante, uno de los más destacados exponentes del positivismo argentino. El funcionamiento de esta Sección se apoyó en actividades de observación y práctica, y se orientó hacia la formación de profesores de enseñanza secundaria y profesores de enseñanza superior universitaria.

En 1909 se organizó definitivamente la Sección de Historia, Filosofía y Letras, que dependía directamente del Decanato de la Facultad de Ciencias Jurídicas y Sociales. Esta Sección también se dedicó a la formación del profesorado. Allí se incluyó desde el principio a sociología como asignatura de los doctorados de Filosofía e Historia. La primera cátedra de sociología del país se había fundado en 1898 en la UBA, a la que le siguió la creación de nuevas cátedras en otras facultades y universidades en los años posteriores, proceso signado por las discusiones en torno a la cientificidad de la sociología (González, 2000; Finocchio, 2001; Turkenich, 2003; Altamirano, 2004).

En 1914 se creó la Facultad de Ciencias de la Educación, fundándose en el pensamiento positivista, y tuvo a Víctor Mercante como decano entre 1914 y 1920. En este marco, la asignatura sociología pasó a integrar los planes de formación de los Profesorados de Enseñanza Secundaria Normal y Especial en Historia y Geografía.

En el año 1920 se reformaron los planes de estudios de la Facultad de Ciencias de la Educación lo que determinó, finalmente, un cambio en su denominación a Facultad de Humanidades y Ciencias de la Educación. El contexto de esta modificación sustancial de los planes de estudio estuvo dado por la Reforma Universitaria (consolidada en 1918) y por la influencia de la corriente idealista en el pensamiento argentino (Finocchio, 2001; Soprano y Ruvituso, 2009). El cambio de denominación y planes de estudio consolidó una característica que se venía perfilando en la institución: la preeminencia de las humanidades en la enseñanza y las investigaciones que se desarrollaban. La reforma de 1920 sustituyó la preeminencia de la formación pedagógica por la humanística, lo que se plasmó en la creación de nuevas cátedras para la enseñanza de las humanidades (Gutiérrez, 1998). Durante este periodo, sociología volvería a formar parte de los doctorados de historia y geografía y filosofía y ciencias de la educación. Por el lapso de muchos años (hasta 1948) Ricardo Levene fue titular de la cátedra de sociología, al mismo tiempo que era titular de la cátedra fundada en 1898 en la UBA. En esos años, también creó y dirigió el Instituto de Sociología de la Facultad de Filosofía y Letras de la misma universidad[15] (González, 2000; Turkenich, 2003; Blanco, 2006).

Gino Germani[16] se hizo cargo de la cátedra en 1957 y hasta 1960, en pleno auge de la modernización científica y cultural en el país, por lo que el trabajo en la cátedra se impulsó con ese espíritu en el periodo (Visacovsky, Guber y Gurevich, 1997; González, 2000; Tortti y Chama, 2003; Turkenich, 2003; Tortti y Soprano, 2004; Suasnábar, 2004; Guber, 2005; Blois, 2018). Durante esos mismos años se desempeñaba como director de la Carrera de Sociología de la Universidad de Buenos Aires, que recientemente se había creado con él como su principal impulsor; en años anteriores, había trabajado con Levene en el Instituto de Sociología de esa universidad.

Luego de Germani, por un breve lapso Norberto Rodríguez Bustamante fue titular de la cátedra y luego Juan Carlos Marín lo sucedió en el cargo hasta 1962. Tanto Rodríguez Bustamante como Marín eran del grupo de profesores que trabajaba con Germani en la UBA[17]. Durante los años sesenta, la cátedra experimentó un crecimiento en cuanto a docentes y estudiantes que cursaban la materia, al tiempo que participó activamente en el proceso de radicalización política que caracterizó a la universidad argentina en el periodo. Uno de los ayudantes que se incorporó durante la titularidad de Marín fue Alfredo Pucciarelli, estudiante avanzado de la carrera de Filosofía, quien se convirtió en uno de los referentes reconocidos de la instalación de la sociología en *Humanidades*.

En 1967 la asignatura se incluyó como materia para todos los profesorados de la facultad y empezó a denominarse Sociología General. Antes, a principios de la década de 1950, algunas carreras de grado habían incluido materias como Sociología Argentina en sus planes de estudio (Finocchio, 2001) y en 1961 se había creado la cátedra de Sociología de la Educación.

---

15    Cabe destacar que el mismo Levene tuvo un papel de central importancia en la instalación y desarrollo de los enfoques humanistas en la facultad, desde la cátedra que ya ocupaba en el profesorado de Historia y el decanato que ejerció desde 1920 a 1923 y de 1926 a 1929 (Gutiérrez, 1998; Soprano y Ruvituso, 2009). Este profesor proponía la consolidación de un "humanismo moderno" que le diera a la facultad una función de *"extender la cultura integral en su carácter de 'formadora de hombres'"* (Levene, citado en Gutiérrez, 1998: 37).

16    Para un análisis pormenorizado de la figura de Germani y su actuación en el proceso de institucionalización de la sociología ver Neiburg, 1998; González, 2000; Blanco, 2004, 2006; Noé, 2005; Pereyra, 2007; Blois, 2012, 2018.

17    Germani se había rodeado de un grupo de jóvenes graduadxs de distintas disciplinas (economía, filosofía, arquitectura, letras), ya que no había graduadxs de sociología al momento. Juan Carlos Marín, al igual que Torcuato Di Tella, eran ingenieros (Blanco, 2006).

De manera que, según cuenta Héctor Mendes[18], a mediados de los años sesenta, si bien no existía en la facultad una carrera de sociología –aunque muchxs estudiantes, como él mismo, y graduados de otras carreras esperaban su creación, ya que la sociología había generado gran interés como disciplina científica desde mediados de los años cincuenta–, las tres cátedras de sociología mencionadas funcionaban en ese momento como espacios que ofrecían lecturas, temas y conocimientos sobre la disciplina[19].

Durante esos años el impacto de la creación de la carrera de sociología en la UBA llegó a La Plata. En la Facultad de Humanidades y Ciencias de la Educación un grupo de estudiantes avanzadxs de filosofía e historia intentó propulsar la creación de una carrera similar (Tortti y Chama, 2003) a fines de los años cincuenta. Este intento chocó con los intereses de los responsables de la gestión de la facultad, que habían aceptado la creación de la carrera de Psicología, concretada en 1959, y que probablemente no estuvieran dispuestos a encarar el proceso de transformación de la vida institucional que supondría la instalación de dos carreras que conllevaban enfoques considerablemente distintos a los que habían primado hasta el momento en la facultad. El funcionamiento de la carrera de Psicología, de hecho, significó para *Humanidades* una gran *"explosión, porque es otro actor que aparece en una facultad dominada por Historia"*[20] y que implicó el ingreso de una gran masa de alumnxs[21].

---

18  Nota de campo 30/8/12. Héctor Mendes es profesor en ciencias de la educación. En 1969, en el tramo final de su carrera, ingresó como ayudante a la cátedra de Sociología de la Educación a cargo de Guillermo Savloff. Había ingresado como estudiante a la carrera de Letras en 1960, que abandonó para comenzar ciencias de la educación, de la que se graduó en el año 1970.

19  Un indicio de esta presencia, marcado por Mendes, era la cantidad y variedad de libros de sociología que la biblioteca de la facultad había incorporado en esos años, muestra de la demanda de bibliografía de este tipo por parte de estudiantes y docentes. Hay que notar, además, que en los años sesenta también la carrera de sociología de la UBA experimentó un creciente aumento de su matrícula estudiantil (Blois, 2018).

20  Héctor Mendes, nota de campo 30/8/12.

21  La preeminencia de la carrera de Historia en la vida institucional de la facultad coincidía con la centralidad del enfoque de las humanidades, que había ingresado con fuerza desde la década de 1920 a través principalmente de la figura de Ricardo Levene, que fue durante décadas profesor de esa carrera y decano de la facultad en dos periodos. Durante la década de 1920, esta preeminencia podía observarse en la alta presencia de los estudios históricos en las publicaciones de la facultad, como la *Revista Humanidades* y la colección *Biblioteca Humanidades*, en la que se daban a conocer investigaciones de docentes y egresadxs de la casa. En la década de 1930, esa preeminencia se consolidó con la creación de institutos de investigación histórica (Gutiérrez, 1998). Durante el peronismo, el impulso de estos estudios históricos se vio desalentado, al tiempo que fueron cesanteadxs la mayoría de lxs docentes que los sostenían. Luego del golpe de 1955, sin embargo, muchas de estas figuras regresaron y reinstalaron rápidamente enfoques alternativos a los prevalecientes durante el peronismo, reubicando la tradición humanística iniciada en los años veinte (Zarrilli, 1998). Además, a partir de 1958, una de esas figuras, el historiador Enrique Barba, fue designado Decano de la facultad, cargo que ejerció hasta 1964.

La carrera de sociología ya había generado gran "revuelo" en Filosofía y Letras de la UBA (Neiburg, 1998; Tortti y Soprano, 2004; Murmis, 2007; Rubinich, 2010; Blois, 2018) y, según relata Alfredo Pucciarelli en una entrevista publicada en 2003 (Tortti y Chama[22]), entre el decanato de *Humanidades* y el rectorado de la universidad "*(...) se hizo un acuerdo por medio del cual se empujaría la creación de Psicología en la Facultad, pero se convenía a cambio que en la misma Facultad se debían desestimar todos los intentos de crear una carrera de Sociología similar a la de la UBA*" (2003: 145). Como veremos más adelante, en la década de 1980 se concretó un primer proyecto de carrera de sociología, coordinado por el mismo Pucciarelli.

De modo que desde mediados de la década de 1950, la sociología ingresó a *Humanidades* a partir del discurso modernizador de la "*sociología científica*" y se fue constituyendo al mismo tiempo en un espacio de politización creciente –donde no es clara la diferencia entre la politización de un espacio institucional: la cátedra y sus miembros, y una disciplina, la sociología y sus actores–.

En la entrevista mencionada, Pucciarelli describe claramente que desde fines de los años cincuenta se fue conformando un grupo de estudiantes avanzadxs y jóvenes graduadxs de varias carreras de la facultad, crecientemente interesadxs por la sociología y las ciencias sociales, que encontraron en la cátedra de Sociología General un espacio de inserción en la disciplina. Se trataba de profesores y estudiantes de *Humanidades* que buscaban iniciarse en el conocimiento de la sociología a través de ese "*importante centro de atracción y formación en sociología*" que era, según Tortti y Chama (2003), la Cátedra de Sociología General. ¿Qué buscaban en esa *formación en sociología* estxs graduadxs y estudiantes de otras carreras? ¿Qué aportaba o agregaba la sociología a la facultad?

*En ese periodo* [fines de la década de 1950] *nos instalamos durante un tiempo en una especie de territorio académico difuso, controvertido y contradictorio, que con el paso del tiempo se fue definiendo como el nuevo ámbito de las Ciencias Sociales. Esa expresión, Ciencias Sociales, era utilizada tradicionalmente por la gente de la Facultad de Derecho, y para nosotros eso era como ellos lo definían: el estudio de las instituciones, de la formación de los políticos, de los problemas del Estado, pero no de los problemas de la sociedad y de la conducta de los grupos sociales. Esa idea de que la sociedad era un objeto mucho más complejo que debía ser analizado con cierto tipo de metodología científica, que no excluía la confrontación de distintas escuelas y el aporte de distintas disciplinas, recién se introduce en nuestra facultad, en esta etapa. En la difusión de esa nueva perspectiva jugó un rol fun-*

---

22    Entrevista publicada en *Cuestiones de Sociología*, revista del Departamento de Sociología de la FAHCE. Año 2003.

*damental la cátedra de Sociología, su titular, Horacio Pereyra y nuestro nuevo elenco de profesores de trabajos prácticos.* (Tortti y Chama, 2003: 140-141).

En este periodo, lxs tituladxs en otras disciplinas de la facultad buscaron en la sociología (en su concepción *moderna* o *germaniana*) una perspectiva según la cual la sociedad es un objeto que merece ser estudiado científicamente. Pucciarelli define el aporte de la sociología en ese momento y lugar como parte del *"panorama de la modernización, de introducción de perspectivas nuevas e innovadoras a las formas tradicionales de las Humanidades"* (2003: 139).

También otrxs docentes de la casa ingresaban en los debates en torno a la modernización de la sociología que ya se instalaban en la UBA de la mano de Germani, haciendo partir esta propuesta de la crítica a la sociología enseñada en las cátedras universitarias. Norberto Rodríguez Bustamante, titular de Sociología Argentina, escribió en 1956 en un texto dirigido al Decano para ser considerado en la selección de docentes para esa cátedra:

*Las cátedras universitarias han servido para la sucesión de cursos con temas que fueron, casi permanentemente, las inacabables cuestiones de historia y metodología de la sociología, sin que se entrara jamás en materia, hablando con estrictez. Estaría tentado de afirmar que, en más de un caso, la sociología ha sido una ciencia de mala estrella, con profesores de programas estereotipados, que alentaron el propósito –utópico– de agotar el campo de su ciencia, pero con horror, no al vacío, sino a la investigación empírica.* (Citado en Turkenich, 2003: 37).

El signo del debate sociológico del momento era la fuerte crítica y el enfrentamiento a las características de la sociología que se enseñaba en las cátedras universitarias (lo que se ha llamado *"sociología tradicional"* e incluso, como ya mencionamos, *"pre-sociología"*), y el levantamiento de una concepción de la *"sociología científica"* que se vinculó a la investigación empírica sobre todo cuantitativa.

Gino Germani se había colocado al frente de esa disputa y su presencia como profesor titular de la cátedra en *Humanidades* puso en evidencia el reconocimiento e impacto que tuvieron en la facultad las "nuevas ciencias sociales" frente a "las viejas humanidades" (Suasnábar, 2004). La cátedra de sociología operó entonces como difusora de las líneas de interpretación ofrecidas por la "sociología científica" (Turkenich, 2003: 37), que articulaba la disciplina al trabajo empírico estadístico y la concebía como un saber necesario para el desarrollo del Estado moderno.

Ahora bien, hacia principios de la década de 1960 la sociología estaba presente en la facultad no solamente en la cátedra de Sociología General. Desde 1961, Guillermo Savloff se hizo cargo de la cátedra de Sociología de la Educación, que se había incorporado a la recientemente creada carrera de

    APRENDIENDO A SER SOCIÓLOGXS

ciencias de la educación[23] y desde diciembre de 1963 dirigió la Sección de Sociología y Política Educacional del Instituto de Pedagogía de la FAHCE (Garatte, 2012), donde Pucciarelli se desempeñó como investigador por un período[24].

La figura de Guillermo Savloff ha sido retomada por parte de investigadores del campo educativo principalmente por su participación en la radicalización política que se agudizó desde mediados de la década de 1960 en la universidad y por la importancia que su persona adquirió para un grupo numeroso de estudiantes y graduadxs de ciencias de la educación (Suasnábar, 2004; Garatte, 2012; Hernando, 2015). Pero poco se ha indagado en esta figura desde su condición de enseñante de sociología ¿Qué perspectiva sobre la disciplina se difundía en el espacio de la cátedra de Sociología de la Educación? Según relata Héctor Mendes sobre su experiencia como ayudante en esa cátedra, si bien Savloff recuperaba la perspectiva de la sociología científica, que había logrado instalarse como la "verdadera sociología", ya a mediados de la década de 1960 comenzó a dar ingreso a perspectivas críticas al funcionalismo que suponían una fuerte discusión con la sociología moderna impulsada por Germani.

Savloff realizaba, junto con su equipo, actividades de investigación que él mismo definía como un proceso continuo que incluía relevamiento, tabulación, codificación y cálculo de datos estadísticos, así como decisiones metodológicas, discusiones teóricas e interpretación de resultados (Savloff, 1965), donde la investigación empírica se relacionaba con la estadística[25]. Sin embargo, el acento de su perspectiva no estaba puesto en la defensa de una ciencia moderna (como lo hacía Germani, que también usaba la estadística) sino en una posición de denuncia social que progresivamente fue profundizando su radicalización, al punto de poner en cuestión, ya en los años setenta, el lugar de la universidad para el cambio social y su propia labor allí (Suasnábar, 2004).

---

23    En realidad, se trató de la transformación del preexistente Profesorado de Pedagogía en la carrera de ciencias de la educación, en el año 1959. Esta transformación supuso un cambio curricular, en el que se incluyó por primera vez la asignatura Sociología de la Educación (Suasnábar, 2004).

24    Además de compartir espacios de trabajo dentro y fuera de la facultad, lxs docentes de ambas cátedras de sociología y otras cátedras de la facultad (como Introducción a las Ciencias de la Educación, también a cargo de Savloff, o Pedagogía, a cargo de Ricardo Nassif) mantenían una fuerte cercanía, unidxs por orientaciones ideológicas comunes, prácticas de militancia en algunos casos, amistad y relaciones de pareja.

25    En el relato de Julia Silber (2004), alumna y ayudante de su cátedra, se muestra que sus investigaciones siempre eran en base a datos cuantitativos y se hacían a partir de encuestas cerradas o abiertas, entrevistas y por muestreo. Un ejemplo de esto lo constituyen los censos realizados durante su jefatura de la Sección de Sociología y Política Educacional del Instituto de Pedagogía de la FAHCE: "Registro sociológico de los alumnos primarios y secundarios de la Universidad Nacional de La Plata", "Elaboración mecánica y de análisis del censo de estudiantes de la Universidad Nacional de La Plata" y "Estudio sobre oferta y demanda del personal docente primario en la Argentina" (Savloff, 1965).

Savloff se había formado como Maestro Normal Nacional en Lomas de Zamora y no acreditaba formación universitaria sino un título superior de Filosofía y Pedagogía. Sus primeros recorridos profesionales se desarrollaron en el ámbito de la extensión universitaria (compartió en 1956 una Comisión Honoraria en la UBA para organizar el área de extensión, junto a Gino Germani y Risieri Frondizi), siempre en vinculación con estudios realizados en sectores populares, con un sentido de denuncia social (Silber, 2004; Suasnábar, 2004) y *"delineados por un rústico marxismo"* (Suasnábar, 2004: 75).

En el programa de Sociología de la Educación[26] se difundía una perspectiva crítica de la relación entre clases sociales y educación, anticipando en parte los planteos de las teorías de la reproducción que llegarían más tarde (Silber, 2004). Se basaba en distintas corrientes sociológicas y autores varios, entre ellos los estudios sobre estructura social de la Argentina de Germani y otro estudio realizado por Babini en el Instituto de Sociología de la UBA. Para Savloff, la sociología también debía basar sus afirmaciones en el trabajo empírico y por ello incluía 4 horas semanales de investigación en el segundo cuatrimestre, donde lxs estudiantes hacían encuestas, relevamientos y tabulación en comunidades de La Plata.

Hasta aquí, destaqué la convivencia en tensión que desde mediados de los años cincuenta se daría entre el proyecto modernizador encarnado principalmente en la "sociología científica" y la tradición humanística de la facultad. En cuanto a esta relación entre *humanidades* y *sociología* en la facultad, recuperé voces que afirman que los precursores de la "sociología científica" buscaban modernizar las perspectivas de las "viejas" y "tradicionales" humanidades. Pero tanto esta perspectiva de la sociología como lxs sociólogxs que empezaron a formarse en ella, se instalaron en una facultad que seguía siendo "de humanidades", tanto en relación a la enseñanza que se desarrollaba como desde la concepción de muchxs profesores y autoridades. Uno de los decanos más renombrados del periodo fue Enrique Barba, discípulo de Levene, quien provenía de Historia, carrera donde la tradición humanista había calado hondo (Gutiérrez, 1998; Zarrilli, 1998). En pleno movimiento renovador, Barba se propuso consolidar lo que consideraba el núcleo de la "identidad platense": la tradición humanista que debía ser continuada por los egresados de la casa. Todo esto sin descuidar la renovación docente que imponía la época y que en *Humanidades* quedaba plasmada con la incorporación de figuras como Gino Germani y José Luis Romero. A principios de los años sesenta se desataron diferencias entre algunas de estas figuras y el decano, por lo que muchos se alejaron de la universidad platense, indicando la permanencia de enfoques "tradicionales" en la facul-

---

26  Para cursar esta asignatura, lxs estudiantes de ciencias de la educación debían aprobar Sociología General antes.

                                     Aprendiendo a ser sociólogxs

tad[27] y las dificultades de convivencia entre perspectivas modernizadoras y humanísticas (Zarrilli, 1998; Turkenich, 2003).

Habiendo pasado tanto tiempo, sin embargo, en la actualidad reaparece una tensión que es señalada (50 años después del desembarco de Germani en *Humanidades*) por un docente de la carrera de sociología en una revista creada por un grupo de estudiantes:

> *Quien lea El Agitador encontrará buenos alegatos a favor de una sociología que se reconoce muy próxima al campo de las humanidades; y vale la pena detenerse en este punto, porque muchos de sus autores forman parte de una generación de sociólogos que se está formando en una carrera cuyo contexto institucional es, precisamente, una Facultad de Humanidades, definición que actualiza un conjunto de tradiciones intelectuales que desbordan, e incluso ponen en tensión los marcos de otra categoría bajo la cual se institucionaliza el pensamiento sociológico: la de las Ciencias Sociales, categoría asociada a la empresa moderna de conocimiento por medio de evidencias contrastables en la experiencia.* (Rodolfo Iuliano en "Pastillita a modo de prólogo". Revista *El Agitador Recontracultural* N°1 2007/2008, escrita por estudiantes de la carrera de sociología de la UNLP).

Al caracterizar los debates y movimientos renovadores de mediados de los años cincuenta, varixs autores destacan que "las nuevas ciencias sociales" suponían la modernización de "las viejas humanidades". Esto debe ser pensado sabiendo que en esta facultad no desaparecieron unas ante la aparición de otras, sino que ambas perspectivas entran en relación cotidianamente, con tensiones más solapadas o más explícitas. Estas tensiones, que suponen además luchas en diversos campos disciplinares, se manifiestan y actualizan en el presente a través de situaciones como los comentarios y consejos de mi profesora, incluidos en la Introducción de este libro, y el texto del profesor reproducido más arriba.

## 1.1. Sociología para enseñar, para investigar, para militar

Como adelanté, a la concepción de la sociología como ciencia moderna se sumó, desde mediados de los años sesenta, la cuestión polémica de la ideología y la política en relación al conocimiento científico y a la academia, que se constituyó en un objeto de debate entre lxs universitarixs. En las expresiones que ese debate tuvo en la facultad, las cátedras de sociología y sus actores cumplieron un papel protagónico.

---

27 En 1958, mismo año en que Barba fue designado como decano, el presidente de la UNLP, Danilo Vucetich, manifestaba en un discurso que la universidad debía brindar a sus estudiantes una formación humanística y que, en este sentido, el papel que le tocaba a la Facultad de Humanidades era grande, en cuanto debería estar encargada de otorgar la "cultura humanística" necesaria para una "formación integral" (Zarrilli, 1998: 154).

Numerosos investigadores definieron las transformaciones y disputas que caracterizaron el periodo que va de 1955 a principios de la década de 1970 en las universidades argentinas a partir de la tensión y entrelazamiento de dos procesos: el de modernización académica impulsado en el marco de la "desperonización" que se inició con la "Revolución Libertadora", y el de radicalización política agudizado a partir de la década de 1960 (González, 2000; Prego y Tortti, 2002; Suasnábar, 2004; Buchbinder, 2010; Rubinich, 2010; Garatte, 2012; Blois, 2018). El proyecto de modernización académica se inscribía en un proceso más amplio de modernización cultural, incluyendo de manera creciente elementos indicativos de una incipiente profesionalización académica. La progresiva agudización de la radicalización política tuvo entre sus indicios los cuestionamientos a la concepción del desarrollo que sostenía el proyecto de modernización y a la relación que mantenían las universidades con el Estado nacional y con la sociedad, sobre todo con los sectores populares. Estos cuestionamientos provenían del movimiento estudiantil visiblemente, pero gradualmente se sumó parte del cuerpo docente y de gestión de las universidades. En este marco se ponían en tela de juicio los criterios con que se definía la política de profesionalización académica y las fuentes de financiamiento de las investigaciones, a partir de lo cual surgirían las críticas al "cientificismo" (Verón, 1974; Prego y Estévanez, 2002; Suasnábar, 2004; Guber, 2008; Garatte, 2012; Blois, 2018), la creciente radicalización del discurso académico y la denuncia de la universidad como instrumento de convalidación de la dominación social.

La radicalización política empezó a tomar fuerza a medida que avanzaba la década de 1960 en los mismos espacios en que el proyecto de *renovación científica* había arraigado. Resulta interesante señalar como ejemplo de ello que Juan Carlos Marín, reemplazante de Germani en la cátedra de Sociología General, daba continuidad a la perspectiva de la "sociología científica" en la facultad, al tiempo que planteaba de manera prematura[28] una postura política de izquierda al interior de la cátedra (Turkenich, 2003[29]).

En la entrevista a Pucciarelli a la que me referí en apartados anteriores (Tortti y Chama, 2003: 142-143), éste relató un episodio sucedido en una de las primeras clases de Marín en *Humanidades*, durante la cual dijo que él era *"un militante socialista de ideología marxista. Y que el trabajo en*

---

28   El proceso de radicalización política en *Humanidades* se produce claramente hacia fines de los años sesenta y principios de los setenta. Marín se hace cargo brevemente de la cátedra en 1960.

29   El mismo Marín dice en una entrevista citada en el trabajo de Turkenich: *"Soy cooptado por el oficialismo científico de la Sociología como una persona emblemática de lo que es capaz de construir en ese periodo la investigación científica, la vida académica y la carrera de Sociología de Bs.As., pero en realidad mi identidad tenía cualidades impensadas. Entonces yo estoy dando clases en el 61 y el que está dando clases ahí es un cuadro político, no sólo un cuadro científico"* (2003: 38).

   APRENDIENDO A SER SOCIÓLOGXS

*la cátedra va a estar guiado por ese enfoque teórico"*. Sobre esto, Pucciarelli agregó:

> *La adopción de un criterio académico, que a nivel de profesor titular era desconocida hasta ese momento en la Facultad dio lugar al primer acto explícito de discriminación ideológica con la gente de izquierda [del] que yo tenga conocimiento. El doctor Barba, que era decano, dejó sin efecto su designación (...).*

En este relato, la sociología enseñada quedaba, a través de la adopción de un *criterio académico*, vinculada a la adscripción ideológica y la militancia política. El marxismo se presentaba, en el relato, al mismo tiempo como un enfoque teórico, una ideología política y un posicionamiento dentro de un mapa político y militante. La perspectiva sociológica quedaba definida por este cruce.

Durante la década de 1960, la convivencia entre la perspectiva de la "sociología científica" que se encontraba en pleno auge y la de la sociología radicalizada o asociada al marxismo que estaba en crecimiento, caracterizó a la disciplina, su enseñanza y sus docentes, en las cátedras de sociología. Para el caso de Sociología General, Turkenich (2003) sostiene que, de esa combinación, el ingrediente de la "sociología científica" estaba vinculado a la "importación" de la impronta de la carrera de la UBA. A su vez, la autora plantea que el "perfil académico propio" (2003: 39) de la cátedra estaba dado por una forma de trabajo al interior del equipo, asociada a la discusión interna sobre perspectivas distintas y a una renovación de los contenidos que se desarrollaban en las clases[30]. Estas diferentes perspectivas se presentaban entre los docentes: el titular, Horacio Pereyra, adscribía al desarrollismo mientras muchxs de lxs ayudantes se inclinaban hacia el marxismo. Estas características se articulaban a una creciente radicalización política, que tuvo lugar en un marco de continuidad institucional luego del golpe de Estado de 1966, amigable o al menos no antagónico a la politización de graduadxs jóvenes y estudiantes (Turkenich, 2003; Suasnábar, 2004). Se trató también de un contexto de masificación de la universidad, en el que la cátedra recibió un incrementado número de estudiantes a partir del cual sumó clases de trabajos prácticos a las clases teóricas que ya se dictaban e incorporó, desde 1963, nuevxs docentes para su dictado.

---

30　Finocchio describe esta forma de trabajo de la siguiente manera: "*la formación académica de los ayudantes se iniciaba con una reunión semanal de discusión de los textos de lectura obligatoria propuestos para las clases prácticas y análisis de los acontecimientos últimos de la vida política internacional, nacional y académica. El ejercicio consistía en desarrollar la capacidad de fundamentar las reflexiones analíticas con las distintas escuelas del pensamiento sociológico. De manera complementaria se dictaban seminarios no obligatorios a cargo de profesores titulares e invitados*" (2001: 135-136).

Lxs ayudantes egresadxs de otras carreras tenían en ese momento un interés particular por la disciplina y la asociación de ella con la formación política.

*Varios éramos marxistas y nos interesaba la teoría social marxista con la anexa ciencia social marxista (...) entrar en la cátedra fue una manera de canalizar esa ansiedad por hacer estudios sociales, muy vinculado por otro lado con la práctica política (muchos de la cátedra eran militantes activos de distintas agrupaciones de izquierda).* (Sazbón en Turkenich, 2003: 42).

Se configuró así una articulación, que se fue transformando en tensión, entre la enseñanza de la sociología en la cátedra, la investigación socioló-gica o realización de estudios sociales y la sociología como herramienta para la denuncia social y la militancia política.

En cuanto a Sociología de la Educación, en el programa de la asigna-tura se recuperaban investigaciones y textos de autores distintivos de la "sociología científica" en Argentina, como el mismo Germani, así como materiales de sociología del conocimiento y textos de enfoque marxista y estructural funcionalista. La sociología era entendida y presentada en esta cátedra como ciencia empírica, pero principalmente como herramienta de denuncia social.

De esta manera, desde fines de los años sesenta, como marcan Puc-ciarelli (Tortti y Chama, 2003) y Turkenich (2003), se hizo visible el cre-ciente atractivo que la sociología (en las cátedras de Sociología General y de Sociología de la Educación) alcanzó para lxs estudiantes, por la signi-ficación que adquiría la disciplina *"como herramienta de análisis e inter-pretación de la realidad social, y por el perfil* [político militante] *que asu-mió"* (Turkenich, 2003: 44). Es necesario tener en cuenta que el proceso de radicalización política y el entusiasmo de lxs jóvenes con la sociología y la militancia se desarrolló en un contexto influido por el impacto de la Revo-lución Cubana en el resto de América Latina, que se presentaba como una realidad que hacía viable y posible la construcción del socialismo.

La cátedra de Sociología General, que junto con Antropología Cultural e Introducción a las Ciencias de la Educación (también a cargo de Savloff) se había establecido como obligatoria para todos los profesorados en 1967, llegó a tener 1300 alumnos y 40 docentes y se transformó para el grupo de interesadxs en un espacio de formación en sociología. En el trabajo de Turkenich (2003: 47) se transcribe la voz de una persona entrevistada, sin incluir su nombre, que dice: *"nos convertimos realmente en un lugar impor-tante, yo diría que a pesar de la negativa de las autoridades por crear la carrera de Sociología la llegamos a reemplazar en el proceso de formación de cuadros".* Es notable que la formación en sociología sea pensada como *formación de cuadros,* mostrando ya la fuerza del vínculo que se había construido entre sociología y acción política, al punto de pensar la formación académica en los términos de la formación política.

Al mismo tiempo, en este período la actividad en estas cátedras estuvo acompañada de un planteo cada vez más generalizado entre estudiantes y graduadxs jóvenes que, en su crítica a la posición social de la institución universitaria, discutían con la "concepción neutralista" que tanto humanistas como modernizadores asignaban a la actividad científica (Suasnábar, 2004). Esto suponía cuestionamientos a la perspectiva de la "sociología científica" promovida por Germani, que ya tenía sus críticos en la UBA[31] y que había producido inicialmente el interés de estxs jóvenes en la facultad.

Como adelanté, la convivencia entre enseñar sociología, hacer investigación empírica y usar la sociología como arma para la denuncia y la actividad política generó una tensión. Para mostrar el alcance de esta tensión es interesante recuperar el análisis de Ricardo Sidicaro sobre la UBA; este sociólogo sostiene que durante los años sesenta y setenta la "politización de la sociología" supuso la dilución y debilitamiento de la disciplina, que adquirió un estilo de desenvolvimiento que "*(...) invitaba a confrontaciones más parecidas a las de la política que a las propias de la ciencia*" (1993: 71). No creo pertinente hablar de *dilución* para el caso platense, pero sí mostrar hasta qué punto se dio una relación conflictiva entre distintas prácticas con las que lxs sociólogxs del período ligaron a la sociología: la investigación empírica, el trabajo académico y la acción política.

En 1974 el gobierno de Isabel Perón intervino las universidades. Desde ese año ambas cátedras fueron objeto de cesantías y persecuciones. Los cargos de Savloff, Pucciarelli y Sazbón fueron limitados en la misma resolución (Silber *et al.*, 2011: 62). Savloff fue asesinado en enero de 1976 por la Triple A.

La dictadura militar que le siguió a este gobierno tuvo el efecto de terminar, a través del vaciamiento de la facultad, con la articulación en tensión hasta aquí descripta, entre la enseñanza de la sociología, la investigación social y la sociología como herramienta de militancia política. Durante los años que duró la dictadura, la enseñanza de la sociología desapareció o se redujo al mínimo en la UNLP[32].

---

31   *"Nosotros veníamos de una posición políticamente 'radical' y empezamos a generar una radicalización en términos académicos. Empezamos a hacer propuestas académicas radicalizadas, que combinaban marxismo con teoría de la liberación y esa impronta tercermundista que se venía desarrollando. Y empezamos a darle un perfil muy fuerte al enfrentamiento con el funcionalismo y con esa idea de la 'sociología científica' que era, desde el punto de vista académico, la nutriente de Horacio Pereyra"* (Pucciarelli, en Tortti y Chama, 2003: 147).

32   Vale considerar que la asignatura Sociología General continuó dictándose y que en La Plata ya funcionaba y continuó funcionando durante los años de dictadura la carrera de sociología de la Universidad Católica de La Plata.

## 1.2. *Los años ochenta y la democracia. De la militancia a la academia*

Al regreso de la democracia, el entonces Decano de *Humanidades*, José Panettieri, proyectó la carrera que se concretó en 1985. Alfredo Pucciarelli, quien volvía del exilio, fue el coordinador de esta Licenciatura. En la entrevista de 2003 ya citada, los autores ubican a Pucciarelli como íntimamente ligado a la facultad y a los orígenes de la carrera de sociología, por haber sido ayudante desde 1962 de la cátedra de Sociología General y por haber sido *"inspirador y primer director"* (Tortti y Chama, 2003: 135).

La experiencia de los años ochenta alojó como estudiantes a muchxs de los profesores actuales de la carrera (y de otras carreras de la UNLP), entonces estudiantes avanzadxs o graduadxs de historia, psicología, filosofía, antropología, derecho, ciencias de la educación. En términos de sus destinatarios, la experiencia fue particular porque no funcionó como carrera de grado (aunque era una licenciatura) sino como formación posterior al grado y con cierta intención de especialización.

El objetivo que perseguían quienes impulsaron este proyecto era promover la inserción académica de lxs egresadxs de las carreras mencionadas como investigadores de la facultad (Finocchio, 2001). Una vez más, el conocimiento sociológico aparecía como el necesario para realizar investigación en distintas áreas sociales y, una vez más, eran graduadxs de otras carreras ya existentes lxs que manifestaban interés en formarse en sociología.

Sin embargo, me interesa marcar una diferencia fundamental con los sentidos que décadas atrás lxs graduadxs habían construido en relación a la sociología y a su interés por la creación de la carrera. El anhelo por la instalación de la carrera no supuso siempre la misma lucha. Desde los años sesenta y hasta mediados de los setenta la sociología fue, para estudiantes y docentes jóvenes, una herramienta científica para el cambio social; en los años ochenta, la Licenciatura se instaló con argumentos de formación académica. El proyecto que impulsó la creación de la Licenciatura en estos años estuvo articulado a una definición de la inserción de lxs sociólogxs en la vida académica como su principal característica. La impronta militante que había alcanzado tanta fuerza en décadas anteriores no estaba en este nuevo proyecto, y si bien se instaló la actividad de militancia entre lxs estudiantes de la carrera ya entrados los años noventa, fue con características y modalidades diferentes.

La sociología y las prácticas de lxs sociólogxs empezaron a definirse cada vez más claramente en estrecha vinculación con la investigación y el trabajo en la academia. Esto supuso, al mismo tiempo, una definición difusa y conflictiva de las incumbencias y saberes profesionales que podrían detentar lxs egresadxs de la carrera. Si tomamos en cuenta que el proyecto modernizador y científico de Germani para la disciplina incluía cierta claridad respecto de las áreas de intervención de lxs sociólogxs y de los saberes específicos que deberían manejar (Neiburg, 1998; Blois, 2018), entendiendo en este sentido a la sociología como "disciplina práctica" (Sidicaro, 2003), encontramos que este aspecto de las maneras en que la sociología ingresó a *Humanidades* también había cambiado.

No puede pasarse por alto aquí que la última dictadura había quebrado el clima político y las intensas actividades de militancia que gran parte de estudiantes y docentes llevaron a cabo entre los años sesenta y mediados de los setenta. También se había desarmado el Estado planificador que abría áreas de intervención para lxs sociólogxs, identificando un saber específico y necesario para el desarrollo del país. Además, es posible pensar que pudieron haber operado las explicaciones que desde el exilio, interno y externo, construyeron lxs propios actores en relación a todo lo que la dictadura cercenó y al propio proyecto revolucionario. Las "explicaciones de la derrota" (Suasnábar, 2009) que estxs actores elaboraron en esta etapa, tuvieron un corolario en la agenda de temas y problemáticas que se construyeron en la década de 1980.

La primera experiencia de Licenciatura tuvo algunos problemas que terminaron en el cierre de la inscripción unos años después. Uno de los principales inconvenientes fueron las objeciones del Ministerio de Cultura y Educación de la Nación. Este organismo objetó el plan de estudios de 1985 con el argumento de que en base a él no se podía otorgar incumbencias profesionales, ya que se trataba de algunas asignaturas de teoría sociológica, metodología de la investigación e historia social que pretendían complementar la formación que lxs aspirantes ya tenían de sus carreras iniciales. Pucciarelli recogió algo de este tema en la entrevista antes citada, mostrando que se trata aún de un asunto no resuelto a la hora de definir la formación de sociólogxs. Allí él dice: "*Pero ¿el título profesional para qué? En Sociología las incumbencias son irrelevantes porque no habilitan para el ejercicio exclusivo de ninguna tarea en especial. A pesar de todo lo que se ha dicho y hecho últimamente, sigue siendo un título de referencia académica*" (Tortti y Chama, 2003: 162).

En realidad, el título de sociólogx se transformó en uno de clara referencia académica y difusa definición de inserción profesional en los años ochenta, pero no antes. En los orígenes de la carrera de la UBA eran claras las áreas de intervención profesional y a medida que la radicalización política avanzó, la impronta de la investigación empírica y el vínculo con la academia se subordinó cada vez más a la denuncia e intervención política. En el escenario de los años ochenta, estas características no habían desaparecido completamente pero sí habían mutado. El compromiso político permaneció como elemento que define a *los sociólogos*, ahora articulado principalmente a la construcción de una perspectiva crítica desde la producción de conocimiento en espacios académicos.

La tensión que describí en el apartado anterior se fue reconfigurando, de nuevas maneras: la sociología como herramienta de práctica política y militancia fue mutando a una concepción de la sociología como herramienta de la crítica; el elemento de la investigación empírica fue reforzado, pero definido a partir del trabajo en espacios académicos y su profesionalización. Finalmente, la definición de la inserción "práctica" o profesional de lxs sociólogxs se hizo difusa y entró en tensión con la imagen del sociólogo crítico-académico. Esta tensión es analizada por algunos investigadores que se enfocan más en la carrera de la UBA pero que tienden a ampliar el alcance de sus análisis y a formular un problema que atravesaría a todas las carreras de sociología y lxs sociólogxs del país (Blois, 2012, 2013; Pereyra, 2017). En la actualidad, en un contexto en que la mayoría de lxs sociólogxs trabaja en organismos del Estado y buena parte de ellxs circula entre lugares de trabajo como organismos estatales, universidades, empresas privadas, consultoras, ONGs, entre otros (Rubinich y Beltrán, 2010; Blois, 2012), diversas asociaciones profesionales[33] así como algunas investigaciones, han buscado mostrar que en la carrera de sociología de la UBA se omite el problema de la profesionalización e incluso se censura la inserción profesional fuera de la academia (Grupo Taller Pensar la Facultad, 2009; Blois, 2012).

Esta censura suele proceder desde perspectivas que asumen que la sociología debe ser una práctica *"crítica"* y *"transformadora"* que no esté al servicio de los poderosos. Esta mirada conlleva la desvalorización del trabajo profesional fuera de los ámbitos académicos, asumiendo que en esos espacios el trabajo de lxs sociólogxs queda definido por los objetivos del empleador. Así, tales posiciones reivindican una representación del sociólogx que construye conocimiento *"crítico"* sobre la sociedad en "condiciones de autonomía", la que ofrecerían los espacios académicos.

En La Plata, la primera licenciatura funcionó hasta 1990, cuando las dificultades con el Ministerio de Educación y la escasez de recursos provocaron la decisión de cerrar la inscripción. En 1993 se creó el Área Sociológica, dependiente de la Secretaría Académica de la Facultad y a cargo de María Cristina Tortti; se re abrió la inscripción, ya como carrera de grado y dirigida a egresadxs del nivel medio del sistema educativo, por primera vez. El plan de estudios correspondiente presentaba una sorprendente similitud con el plan de la carrera de la UBA, lo que recuerda a la "importación cultural" que Turkenich (2003) señala para las primeras etapas de la sociología científica en La Plata.

En 1996 la carrera pasó a depender el Departamento de Sociología creado ese mismo año (Memoria de Gestión de la Secretaría Académica

---

33 Las posiciones que más se han difundido o que mayor resonancia han logrado al respecto corresponden al Consejo de Profesionales de Sociología de la Ciudad de Buenos Aires, el Colegio de Sociólogos de la Provincia de Buenos Aires y la Asociación de Sociólogos de la República Argentina.

FAHCE 1992-1995; Tortti y Chama, 2003) y continuó funcionando hasta el presente[34].

Llegados hasta aquí y habiendo recuperado los rasgos que atraviesan la historia de la sociología y lxs sociólogxs en *Humanidades*, queda reinstalar a la carrera y sus actores en el presente. En lo que sigue, presento descripciones de la vida cotidiana de la facultad y de *los sociólogos* allí. Abordaré estas descripciones a partir de los modos en que la pregunta por el lugar de la carrera de sociología y sus actores en *Humanidades* fue apareciendo durante el trabajo de campo etnográfico.

## 2. La facultad hoy: redescubriendo *Humanidades*

Mi primera interlocutora en el trabajo de campo fue Romina, una egresada de la carrera y luego becaria de investigación. Me habían hablado de ella porque estaba haciendo una investigación parecida en otra facultad de la UNLP. Nos vimos en un bar una tarde.

En ese encuentro intercambiamos consejos y experiencias de investigación, ella me contó cómo inició su trabajo de campo y cómo lo estaba desarrollando y, a medida que el diálogo se centraba más en mi etnografía, comenzó a contarme cosas de sociología, a nombrar espacios de la carrera donde podía empezar el trabajo de campo. Me habló del Departamento de Sociología, del Colegio de Sociólogos, la *comisión de alumnos*. *"Bueno, vos al conocer la facultad te va a resultar más fácil porque sabés dónde encontrar a la gente"*.

En parte, tenía razón. Sabía dónde encontrar a la gente, al menos sabía dónde están las oficinas y las aulas. Mi pertenencia a *Humanidades* me daba ventaja en ese sentido, pues no tuve que aprenderme los lugares, los nombres de actividades y espacios, los recorridos dentro del edificio. No me perdí buscando las aulas y me entendía fácilmente con la gente cuando quedábamos en encontrarnos en algún lugar.

---

34  En la actualidad, el Departamento de Sociología tiene a su cargo dos carreras: Licenciatura en Sociología y Profesorado en Sociología. El plan de estudios de ambas carreras es muy similar; la diferencia principal entre los dos radica en que al plan de profesorado se agregan las materias "pedagógicas", incluyendo las prácticas de enseñanza en el nivel medio; y el plan de licenciatura exige para la graduación la elaboración de un trabajo de tesina, de carácter individual.

La mayoría de lxs estudiantes se inscriben a la licenciatura. Aquellxs que se inscriben en el profesorado desde el ingreso son menos. Es usual que en cierto momento de la carrera de licenciatura, algunxs alumnxs opten por inscribirse además en el profesorado y realizar de manera paralela ambas carreras, por lo que se estima que son pocxs lxs estudiantes que realizan exclusivamente el profesorado. El Departamento de Sociología realizó un análisis estadístico de las tesinas y lxs graduadxs de licenciatura desde la creación de la carrera hasta el año 2010, que les permite manejar información en relación a esa carrera pero no al profesorado. De allí, la información que surge es que ingresan alrededor de 300 alumnxs por año, de lxs cuales unxs 50 ya estaban inscriptxs en profesorado o licenciatura y se inscriben a la otra carrera, por lo que consideran 250 ingresantes netxs. Egresan entre 25 y 30 por año.

Sin embargo, tuve que redescubrir la facultad. En parte porque hacía un tiempo considerable que no permanecía allí durante varios días seguidos a lo largo de varias horas, como cuando era estudiante; y principalmente porque al reencontrarla nuevamente como lugar donde realizaba mi trabajo de campo, tuve que hacer un esfuerzo de extrañamiento. Volver a estar allí me permitió ver cuántas cosas ya conocía y cuántas cosas habían cambiado. También me permitió vivir las cosas que ya conocía desde otro lugar, el de investigadora, y preguntarme por los lugares y maneras de habitarlos que *los sociólogos* despliegan allí. Pero antes de introducirnos en esto último, vale la pena ubicarnos en la facultad, conocerla para poder movernos en ella a lo largo de los capítulos que siguen.

La UNLP posee 17 facultades; *Humanidades* se encuentra entre las cinco con mayor cantidad de estudiantes, y la más grande en términos de la cantidad de carreras que se cursan allí. Entre los años 2007 y 2015 recibió entre 1.900 y 2.500 ingresantes[35]; en 2011, cuando realicé la mayor parte del trabajo de campo, contaba con 8.549 estudiantes y en 2015, último dato disponible, contaba con 10.312. Estxs estudiantes se distribuyen disparmente[36] entre las diversas carreras existentes[37]. En la actualidad, se dictan en *Humanidades* 30 carreras, nucleadas en 10 Departamentos Docentes.

La facultad contó hasta diciembre de 2013 con un edificio céntrico, que se ubica en la calle 48 entre 6 y 7, en el cual realicé la mayoría del trabajo de campo. Ese edificio está ubicado en pleno centro platense[38] y, por ello, la vida diaria de *Humanidades* tenía mucho que ver con el movimiento y la dinámica cotidianos en el centro de la ciudad. La construcción fue terminada a finales de la década de 1970; se trata de una edificación pensada para albergar a tres facultades: la de Ciencias Jurídicas y Sociales, la de Humanidades y Ciencias de la Educación y la de Ciencias Económicas[39].

---

35    En los mismos años, se registran en la facultad entre 330 y 441 egresadxs. Todos los datos tomados del Anuario Estadístico 2016 de la UNLP, disponible en: [www.unlp.edu.ar].

36    No hay disponibles estadísticas anuales por carrera. Para el manejo de esa información, cada Departamento se organiza y dispone de medidas tendientes a generarlas o no. Sin embargo, es notoria la diferencia entre la cantidad de ingresantes a Educación Física (que rondan y pueden superar los 1.000 cada año) y otras carreras que cuentan 300 o incluso 100 ingresantes por año.

37    Estxs estudiantes proceden en un 31,69% de la ciudad de La Plata; en un 30,97% del interior de la provincia de Buenos Aires; en un 19,42% de partidos próximos a La Plata, en un 15,25% de otras provincias y el restante 2,67% se distribuye entre Capital Federal, otros partidos del Gran Buenos Aires y otros países (datos provenientes del Anuario Estadístico 2013/2014 de la UNLP).

38    Como es conocido, la ciudad de La Plata fue creada a partir de un diseño planificado que se organiza en un cuadrado (que hoy constituye solo una parte de la superficie urbanizada) con calles numeradas, que van desde la calle 1 a la 31 y de la 32 a la 72.

39    A fines del año 2013 la facultad realizó su mudanza a un nuevo edificio construido especialmente para su funcionamiento, ubicado en un predio que había sido de uso militar, el Ex BIM 3 (al otro lado de la ciudad, detrás del bosque y relativamente alejado del centro), y donde se reubicaron varias facultades.

                  APRENDIENDO A SER SOCIÓLOGXS

Desde el principio, la iniciativa contó con poco consenso, por haber sido construido el edificio en la misma manzana donde se ubicaba el Rectorado de la Universidad, rodeado de parques que fueron ocupados con la nueva construcción, a la derecha y en la parte posterior de la edificación ya existente. De estilo marcadamente distinto al Rectorado, el nuevo edificio donde se ubicaría la Facultad de Humanidades, sobre la calle 48, tiene dos alas iguales y una escalera central que comparten ambas alas. Cuando ingresé a la facultad como estudiante, en el ala izquierda todavía funcionaba la Facultad de Ciencias Jurídicas y en el ala derecha la Facultad de Humanidades. Era así desde su construcción y fue así hasta 2006, en que la carrera de Psicología, entonces perteneciente a *Humanidades*, pasó a ser facultad y ocupó el ala izquierda, pasando Ciencias Jurídicas a otro edificio.

La edificación cuenta con nueve pisos en total; más un *"entrepiso"* y tres subsuelos. En los últimos dos subsuelos, pensados originalmente para albergar salas de máquinas, funcionaban aulas y algunas oficinas de computación; en el primer subsuelo funcionaba la biblioteca de la facultad, con ventanales que dan a la calle, a la altura de la vereda; en el entrepiso funcionaban varias oficinas administrativas y dos aulas; desde el primer piso hasta el tercero funcionaban aulas, más algunas oficinas y la Sala de Profesores; a partir del cuarto y hasta el octavo estaban las oficinas de los Departamentos Docentes[40] con sus respectivas carteleras en los pasillos, secretarías (de extensión, investigación, posgrado) y oficinas administrativas; también hay algunas aulas pequeñas, utilizadas por los mismos departamentos para reuniones o clases de pocas personas, generalmente de postgrado. En el sexto piso se encontraba el Decanato, la sala del Consejo Directivo y oficinas de gestión.

En el séptimo y octavo piso se ubicaban algunos Departamentos Docentes, las oficinas de centros de investigación y secretarías de programas de postgrado (especialización, maestría y doctorado[41]), y aulas más grandes para clases de postgrado.

Era notoria, en esta distribución, la diferencia en el movimiento cotidiano y en el espacio físico entre dos grandes sectores del edificio: desde el subsuelo hasta el tercer piso inclusive, por un lado, y desde el cuarto hasta el octavo piso, por otro. El ritmo de entrada y salida de gente, el sonido de voces, los carteles que en cada sector se colocaban en las paredes (de *agrupaciones* y grupos estudiantiles, listados de cursadas, asignación de aulas, en el primer sector; anuncios de congresos, becas y actividades de

---

40     Se trata de los departamentos que gestionan carreras. Las áreas sobre las que la FAHCE ofrece carreras (profesorados y licenciaturas, más traductorados en el caso de los idiomas), y que coinciden con los departamentos correspondientes, son: Bibliotecología, Ciencias de la Educación, Ciencias Exactas y Naturales (profesorados), Educación Física, Filosofía, Geografía, Historia, Lenguas y Literaturas Modernas, Letras, Sociología. Las oficinas de los departamentos se distribuyen entre el cuarto y el séptimo piso.

41     La facultad ofrece actualmente 20 carreras de Postgrado que atienden a más de 500 alumnos.

postgrado, en el segundo sector), las personas que frecuentaban uno y otro espacio iban marcando las características de un área habitada en su mayoría por estudiantes y un área habitada por docentes, investigadores, personal de gestión, personal administrativo y estudiantes de postgrado.

A medida que pasaba más tiempo en la facultad, sobre todo en el sector de los pisos bajos del edificio, me sorprendía con situaciones que siempre habían sido parte del flujo cotidiano. El hall del primer piso estaba lleno de carteles que colgaban en general las *agrupaciones* estudiantiles desde el 3er piso hasta el primero. Es un edificio de los clásicos panópticos, diseñados de tal forma que desde el 3er piso puede verse lo que ocurre en el 1ero, y viceversa.

El primer piso es un gran hall con aulas en los laterales, carteleras en las paredes y mesas y paneles en el centro, que utilizaban las *agrupaciones* políticas de estudiantes y la Secretaría de Asuntos Estudiantiles, cuya oficina se encontraba ubicada en ese sector del edificio. A las aulas del 2do y 3er piso se accede a través de "pasillos" con barandas de un lado y de otro, desde las cuales uno puede asomarse y mirar hacia abajo, como si fuera un balcón. Lxs estudiantes cruzaban palos largos de una baranda a otra del 2do piso, y de allí colgaban carteles enormes que quedaban a metro y medio del suelo del hall del 1er piso, de manera que era habitual que uno tuviera que esquivar algunos carteles cuando caminaba por allí.

Un día de semana cualquiera en cualquier horario era común ver grupos de estudiantes reunidos en el primer piso, sentadxs en el piso del hall (las *comisiones de estudiantes* suelen encontrarse en ese espacio). Era un sector del edificio muy transitado, donde las personas entraban y salían permanentemente.

En los primeros días de trabajo de campo me dediqué a caminar el edificio procurando construir una mirada extrañada del espacio que recorrí todas las semanas durante más de diez años. Volví a presenciar las asambleas y elecciones estudiantiles que se realizaban en el hall del primer piso y descubrí que había espacios como la biblioteca o la terraza del tercer piso, que cuando yo estudiaba no eran muy utilizados por lxs estudiantes.

La biblioteca se ha transformado en un lugar muy concurrido por lxs estudiantes. Esto se debe al acondicionamiento de salas de estudio con mesas grandes donde grupos de estudiantes se reúnen a estudiar o hacer trabajos durante mañanas o tardes enteras, con el mate y las galletitas o incluso el almuerzo. Pasé varias mañanas y tardes allí, leyendo, trabajando y observando los movimientos de alumnxs de variadas carreras de la facultad. Allí tuve oportunidad de dialogar con algunxs estudiantes de sociología que ya conocía y con otrxs que conocí allí.

La terraza del tercer piso es un espacio abierto donde el sol calienta desde el mediodía hasta que cae la tarde y en el que siempre podían verse estudiantes solxs o en grupo leyendo o charlando sentadxs en el piso. Tuve oportunidad de compartir allí algunos encuentros con estudiantes y varias actividades del *ENES*[42] y algunas del curso de ingreso. En varios momentos, tanto estudiantes como graduadxs jóvenes de sociología me hablaron de la terraza como uno de los lugares más típicos de encuentro y recreo de la facultad.

Imagen 1: carteles colgantes desde el pasillo derecho del 2do piso. Abajo, el hall del 1er piso casi desierto al finalizar el año. Diciembre 2011. Foto: Cecilia Carrera.

Durante una de esas recorridas, caminando por el pasillo del 2do piso en dirección al bufet[43], vi que había mucha gente reunida en el 1er piso, parecía una asamblea. Me quedé mirando, y se acercó una chica. Le pregunté si sabía de qué se trataba.

> — *Creo que es la asamblea del Aule[44] para discutir lo del albergue y el comedor, creo. Igual yo quería ver si alguno tenía yerba.*

---

42 El *ENES* es el Encuentro Nacional de Estudiantes de Sociología, realizado por primera vez en el año 2007 en Santa Fe. El *V ENES*, se realizó en septiembre de 2011 en La Plata. Allí se encontraron durante varios días estudiantes de carreras de sociología de diferentes universidades de Argentina. Se trata de un encuentro que cada año cambia de sede y que reúne a estudiantes de sociología de diversas universidades nacionales (que en el contexto del *ENES* se denominan *regionales*) para debatir y proponer acciones sobre temas de interés para lxs estudiantes.

43 En un sector del 2do piso del edificio se ubicaban las fotocopiadoras a cargo del Centro de Estudiantes; la sala de computación con acceso gratuito a PCs; y el bufet.

44 El Aule es una *agrupación* estudiantil, articulada a la COPA (Coordinadora de Organizaciones Populares Autónoma) y al Frente Popular Darío Santillán; fue segunda fuerza en la facultad en las elecciones estudiantiles de 2011, detrás de Utopía, *agrupación* perteneciente al MILES (Movimiento

*Di la vuelta y me paré en el pasillo de enfrente a mirar la asamblea.
Había un chico mirando, me acerqué a preguntarle si sabía de qué se
trataba.*

— *Asamblea (...) de las agrupaciones que no ganaron las últimas elecciones.*
— *O sea que son varias agrupaciones.*
— *Sí. Para discutir lo mismo de siempre y casi las mismas voces.*
— *¿Las mismas personas?*
— *Sí, el gordito ese* [se refiere al chico que está hablando] *ya lo escuché
como quince veces en cuatro años.* (Nota de campo, 12/05/2011).

A partir de situaciones como ésta se hizo cada vez más necesario para
mí empezar a reconocer las dinámicas y tiempos de movimiento en la
facultad, sobre todo porque la mayoría de la gente no tiene allí su lugar de
trabajo permanente, por lo que el flujo es notable.

Al mismo tiempo, ese reconocimiento debía ser hecho desde otro lugar.
¿Cómo "revisitar" la facultad para identificar allí a lxs actores de sociología, sus específicos espacios y formas de habitarla?

Imagen 2: las mesas del bufet. Detrás, el ventanal a través del que se ven los pasillos de
aulas del 2do piso, los carteles colgantes. Hacia abajo el hall del 1er piso y hacia arriba el
pasillo de aulas del 3er piso. Noviembre 2011. Foto: Federico Dutelli.

---

Nacional Latinoamericanista Estudiantil) y conductora del Centro de Estudiantes de *Humanidades*
hasta diciembre de 2012. Por su parte, la COPA (en alianza con la CePA –Corriente Estudiantil
Popular Antiimperialista– y el Movimiento Sur) es la actual conducción de la Federación Universitaria de La Plata (FULP), espacio gremial encargado de defender y negociar aspectos que atañen a
lxs estudiantes de toda la UNLP, tales como el comedor y el albergue universitarios. Por esta razón
la chica me dijo que la asamblea era "*del Aule*", *agrupación* integrada a la conducción de la FULP.

   

Entre cursadas, encuentros con amigxs, estudio en la biblioteca y militancia en alguna *agrupación* o *comisión de estudiantes*, lxs estudiantes pasan varios días a la semana y muchas horas allí. Por eso, en esos días de mi "vuelta" a *Humanidades* me encontré varias veces con Lucas, un estudiante de cuarto año de sociología.

*En el ínterin en que espero y observo quiénes van llegando y quiénes pueden ser alumnos de esta clase, aparece Lucas que me saluda y me pregunta en qué ando. Yo le digo que voy a observar una clase, y me dijo algo así como que ando de espía, o que ando en todos lados; lo dice riéndose, como si le resultara divertido o gracioso. Comentamos algo de los horarios y los espacios en la carrera de sociología. Le dije que a veces es difícil diferenciar la carrera del movimiento general de la facultad; él me dijo que los miércoles y jueves son los días de mayor concentración de cursadas de sociología.* (Nota de campo, 14/06/2011).

¿Qué significa que "*es difícil diferenciar la carrera del movimiento general de la facultad*"?

Si un completamente extraño entrara a *Humanidades* y tuviera que deducir quiénes pertenecen a la carrera de sociología, dónde se mueven, qué hacen, en qué tiempos y de qué maneras, le resultaría difícil hacerlo "a simple vista". Salvo que: en el hall del primer piso hay carteleras por carrera; allí está la correspondiente a sociología; también está la cartelera de la *comisión de estudiantes de sociología*. Allí hay algunos carteles que anuncian días y horarios de reunión de la *comisión* e invitan a lxs estudiantes a sumarse. También hay unas fotos con las caras de Marx, Weber y Durkheim (asumiendo que un completo extraño sabe quiénes eran Marx, Weber y Durkheim y cuál es su relación con la sociología).

También, si esa persona sube las escaleras y llega al 5to piso, se encontrará con un cartel que anuncia que, entre otras, allí se encuentra la oficina del *Departamento de Sociología*.

En términos visuales, no hay muchos más indicios que se puedan seguir para diferenciar, dentro del movimiento general de la facultad, la carrera de sociología. En lo que hace a la organización de la enseñanza: modalidades de cursadas, uso de aulas, horarios, etc. se integra al resto.

Cuando le dije a Lucas que es difícil diferenciar la carrera del movimiento de la facultad estaba comenzando a entender que ir a la facultad no significa necesariamente encontrarse con *sociólogos*; sino que hay que ir descubriendo dónde uno se encuentra con ellxs, cuándo, y haciendo qué cosas[45]. Pude comenzar a advertir esos movimientos particulares a partir de echar mano de redes de relaciones; esto es, de contactar a personas que

---

45 Lucas me ofreció un dato al respecto: miércoles y jueves son días donde se concentran cursadas de sociología.

conozco y que sabía que conocían a alguien de sociología. Pude hacer esto porque, como me había dicho Romina, ya conocía *Humanidades*.

Analizaré con mayor detalle algunos aspectos de mi ingreso al campo en el capítulo siguiente, pero voy a adelantar aquí que a medida que me iba adentrando en el trabajo de campo iba haciendo más evidentes esas redes de relaciones: en el caso de lxs estudiantes, comparten espacios físicos, académicos y políticos como clases de materias dirigidas a varias carreras, espacios de participación política como *intercomisiones*[46] y *agrupaciones* estudiantiles, en su mayoría articuladas a movimientos políticos más amplios y por fuera de la universidad.

En el caso de lxs graduadxs, el espacio de los posgrados funciona particularmente como ámbito donde se reúnen egresadxs de varias carreras y, para el caso de los docentes, la historia particular de la carrera de sociología hace que sus primeros egresadxs (de la experiencia iniciada en los años ochenta) hayan tenido un título previo, en general de otra carrera de la misma facultad. Así, muchos de lxs docentes actuales de la facultad fueron compañeros en esa primera promoción de la carrera y son además historiadorxs, antropólogxs, filósofxs, psicólogxs, abogadxs.

Posiblemente los modos en que la sociología ingresó y se fue instalando en la facultad a través de las cátedras en las que se desempeñaban graduadxs de formación diversa y que ejercían gran atractivo entre estudiantes y docentes jóvenes de diferentes carreras y, sobre todo, la experiencia de la licenciatura de los años ochenta en la que confluyeron personas de variadas carreras, haya dado a la carrera de sociología actual un anclaje que le permitió instalarse y consolidarse a partir de la participación de estudiantes y docentes que ya se desempeñaban en la facultad. Siendo una de las carreras más jóvenes de *Humanidades*, logró estabilizarse a partir de los años noventa y además convertirse en una de sus principales carreras en términos de la presencia de sus estudiantes, graduadxs y profesores en la vida académica y política de la institución[47].

---

46　*Intercomisiones* es un espacio que reúne a las *comisiones de estudiantes* que se organizan por carrera y algunxs estudiantes que no participan en las *comisiones*. Se constituyó a fines de 2008 y funcionó muy activamente hasta 2010 inclusive, pues lxs estudiantes se habían abocado a elaborar una propuesta para un nuevo reglamento de las entonces llamadas Juntas Consultivas Departamentales. Ese mismo año se discutió y aprobó en el Consejo Directivo de la Facultad la modificación del reglamento de las ahora denominadas Juntas Asesoras Departamentales. Explico en mayor detalle las características y formas de funcionamiento de estos grupos, espacios institucionales y organizaciones en el capítulo 3.

47　Durante las jornadas del *V ENES* (Encuentro Nacional de Estudiantes de Sociología), de las que participaron grupos de estudiantes de carreras de sociología de distintas universidades del país (UnCuyo, UBA, Villa María, San Juan, Comahue, UNLitoral, Santiago del Estero, Mar del Plata, UNLP) pude ver que la consolidación de sociología en *Humanidades* es notoria respecto de su juventud. En esas jornadas de septiembre lxs estudiantes de las distintas universidades relataron la situación institucional y académica de sus carreras. Salvo en la UBA y La Plata, la situación general es que, con variaciones en cantidad de estudiantes, las carreras de sociología, además de

　　　　　　　　　　　　APRENDIENDO A SER SOCIÓLOGXS

Inicié la descripción de este escenario mostrando algunas ideas y significaciones que se fueron construyendo en la facultad sobre la sociología y *los sociólogos*. Esas ideas y significaciones son manifestadas a través de diálogos, escritos y situaciones del presente en las que intervienen diversxs actores de *Humanidades*, y tienen una historia que me propuse reconstruir en este capítulo. Relaté esta historia como la historia de las llegadas de la sociología a *Humanidades*, atravesada por la vida institucional en distintos momentos y por las relaciones entre actores que ya estaban en la facultad: lxs estudiantes, graduadxs y docentes en las décadas de 1950 y 1960 y también en los años ochenta.

La trama contextual de este estudio se extiende, entonces, desde esa historia hasta llegar a la vida cotidiana de la institución en la actualidad y los modos en que diversxs actores de la carrera de sociología la habitan y se relacionan con otras personas y grupos.

Para comprender cómo *los sociólogos* habitan hoy la facultad hay que entender que allí se abren espacios y grupos que son distintos y que constituyen sus experiencias de participación en la "comunidad de sociólogxs" y, al mismo tiempo, constituyen la comunidad misma. Los espacios y grupos a través de los que se configura esta comunidad son transitados a partir de redes de relaciones, de las que me ocupo en el capítulo que sigue.

---

ser muy nuevas, tienen reiteradas dificultades para crecer y sostenerse, padeciendo inconvenientes como cierre de materias, intentos de cierre de carrera, carencia de profesores y/o de coordinador de carrera y falta de presupuesto.

# Capítulo 2

## Relaciones interpersonales, espacios y formas de sociabilidad en *Humanidades*

En este capítulo me propongo reconstruir algunos entramados de relaciones que se despliegan en *Humanidades* y en la carrera de sociología, constituidos por lazos de amistad, parentesco, procedencia geográfica común y jerarquía. El objetivo es conocer las maneras como se construyen formas de sociabilidad y se estructuran los entramados de relaciones entre personas y grupos en la facultad, para explorar de qué modo estos entramados pueden ayudarnos a comprender mejor las prácticas académicas y los sentidos que adquieren en el proceso de formación de sociólogxs en *Humanidades*. A través de esta reconstrucción podremos comprender la importancia de los vínculos basados en la identificación política, la confianza entre pares y la diferenciación jerárquica en la constitución de la *comunidad de sociólogxs*.

Al referirme a los entramados de relaciones, recupero los aportes de Norbert Elías ya referidos en la Introducción. La idea de *figuración* elaborada por Elías (1998, 1999) resulta fructífera para entender la constitución de grupos sociales y para iluminar las dinámicas con las que se construyen y reconstruyen los entramados que describo en este capítulo. Según este autor, el concepto de figuración permite comprender la vida social y la constitución de sociedades, instituciones, organizaciones. Para ello introduce la idea de entramado como red de individuos relacionados entre sí de manera interdependiente. Así, *"pueblos y ciudades, universidades y fábricas, estamentos y clases, familias y grupos profesionales, sociedades feudales y sociedades industriales, estados comunistas y estados capitalistas, todos son redes de individuos. Uno mismo se cuenta también entre estos individuos"* (Elías, 1999: 16).

La indagación en las dinámicas relacionales que dan lugar a la producción de las redes de individuos tiene, desde esta perspectiva, un lugar central en la comprensión de los procesos y estructuras sociales. El capítulo está organizado a partir del análisis de episodios, situaciones y diálogos ocurridos durante el trabajo de campo que iluminaron aspectos de estas dinámicas relacionales y permitieron conocer mejor algunas características que dan forma a la *comunidad de sociólogxs*. Este análisis está guiado por una pregunta: ¿De qué maneras las relaciones y formas de sociabilidad que describo aquí imprimen el proceso de formación de sociólogxs en *Humanidades* y operan en la producción y reproducción de la *"comunidad de sociólogxs platenses"*?

Las descripciones y análisis que realizo están atravesados por mi ingreso y reingreso a esas redes de relaciones, a las que ya estaba vinculada. Pude vincularme con diversas personas e ingresar a algunos espacios y grupos gracias a personas con las que tenía relaciones personales previas y que funcionaron como "presentadores", ayudándome a abrir vías de ingreso y comunicación y a generar mayor confianza entre quienes no me conocían.

Las diversas maneras de presentación estuvieron directamente relacionadas con la posición institucional del "presentadxr" y las personas y grupos a los que estaba presentándome. Estas maneras personales de ingresar estaban siguiendo la dinámica relacional de los distintos espacios a los que me acercaba (las cátedras, los grupos de estudiantes, los talleres y reuniones del curso de ingreso). Por ello, al analizar algunos episodios del trabajo de campo en los que me vi involucrada, fui acercándome a una mejor comprensión de estas dinámicas y de la naturaleza de las relaciones sociales en las que yo misma participaba. Lxs "presentadorxs" y mi recurso a ellxs fueron una estrategia en el trabajo de campo y también un analizador de las formas de sociabilidad académica.

## 1. Redes de relaciones personales: origen geográfico, amistad y parentesco

Conozco a Lucas, a quien presenté en el capítulo anterior, desde hace muchos años porque somos oriundos del mismo pueblo, en la provincia de Buenos Aires. Él es 7 u 8 años menor que yo. Un día que estaba recorriendo la facultad, lo encontré en el bufet. Nos saludamos, sorprendidos de encontrarnos, aunque ya nos habíamos cruzado varias veces allí, sobre todo en la *mesa* de Utopía, la *agrupación* en la que Lucas milita y que era en ese momento conducción del centro de estudiantes[48]. La *mesa* de Utopía estaba ubicada en el hall de ingreso a la facultad, al pie de las escaleras, por lo que era inevitable pasar por allí al ingresar al edificio. Estaba con la remera amarilla distintiva de la *agrupación* y había ido al bufet a buscar agua para el mate.

---

48    La *agrupación* Utopía fue ganadora en elecciones estudiantiles por dos años consecutivos. Estuvo a cargo de la conducción del centro de estudiantes desde diciembre de 2010 hasta diciembre de 2012.

*Lucas me preguntó qué estaba haciendo a esa hora en la facultad (eran casi las 20hs).*

*Le conté que estaba empezando mi trabajo de campo en la carrera de sociología.*

*— Ah, ¿es sobre la carrera? O sea que estoy en tu universo (…).*
*— Entre los sujetos (…).*
*— Tu unidad de análisis.*
*— Claro –ambos sonreímos.*
*— ¿Y qué es lo que hacés?*

*Le conté que estaba empezando a observar, merodeando pasillos y otros espacios y que en un rato iba a participar de una clase de Sociología General, asignatura del primer año. Pero que la idea es ir metiéndome en todos los espacios que pueda, de a poco.*

*— Ah, ¿y vas a todos lados con el cuadernito?*
*— Sí.*
*— Yo podría conseguirte, si querés, todos los horarios y aulas de todas las materias de Socio de este primer cuatrimestre, así sabés qué se está dando y donde podés ir.*
*— Ah, ¡re bien! Estaría buenísimo.*
*— Sí, es un laburito que tengo que hacer, me llevaría un tiempito, pero lo consigo.*
*— Buenísimo. ¿Y qué estás cursando ahora?*
*— Y yo estoy en cuarto año (…). Estoy cursando socio de las organizaciones, historia social contemporánea y un taller sobre sociología de la dominación.*
*— Ah, porque tienen talleres optativos, materias optativas, algo así, ¿no?*
*— Sí, en realidad lo estoy haciendo como un taller de 100hs, podés hacer materias optativas o talleres, tenés que cumplir con las horas (…) es medio complicado.* (Registro de campo, 5/5/2011).

A partir de ese diálogo, mis encuentros con Lucas en la facultad o en el pueblo fueron siempre casuales, pero me acompañaron durante todos los meses que duró mi trabajo de campo. Siempre que nos encontrábamos él me preguntaba *"¿cómo vas con tu trabajo?"*, y terminábamos hablando de la carrera de sociología o de alguna cuestión de la facultad.

En realidad, no había pensado antes en Lucas como un interlocutor con quien intercambiar reflexiones sobre mi investigación, sino hasta estos diálogos en los que nuestra relación anterior se "mezclaba" con mi nueva condición de investigadora. El hecho es que fue esa relación anterior, vinculada a nuestro origen geográfico común, la que permitió que en casi todos nuestros encuentros, dentro y fuera de la facultad, pudiéramos charlar sobre la carrera de sociología, sobre algunas personas y grupos, sobre su recorrido y sobre mi investigación sin que yo tuviera que pedirle expresamente que dialoguemos sobre eso.

Es muy habitual en La Plata –y particularmente en la universidad– que se den encuentros entre personas oriundas del mismo pueblo o ciudad, también de la misma zona o región. Se trata de una universidad que históricamente recibe gran cantidad de estudiantes del interior del país, principalmente del interior de la provincia de Buenos Aires: el 30,97% de lxs estudiantes de *Humanidades* provienen de alguna localidad del interior de esta provincia[49].

La UNLP es una de las universidades más antiguas del país y su ubicación la convierte en uno de los destinos más elegidos por lxs jóvenes del interior que buscan estudiar una carrera: La Plata es una ciudad accesible, grande pero no como Buenos Aires (que suele ser algo avasallante para quienes venimos de localidades pequeñas) y lo mismo sucede con su universidad[50]. Por ello, se ha ido instalando durante décadas una imagen de La Plata como "ciudad universitaria", colmada de estudiantes que llegan desde sus pueblos a estudiar y se vacía en enero cuando todxs vuelven a sus casas[51].

La experiencia de "ir a estudiar a La Plata" supone para lxs estudiantes alejarse del hogar y lugar de origen, comenzar a vivir solxs o con compañerxs y para algunxs también supone empezar a trabajar. Esta situación favorece el establecimiento de fuertes lazos de solidaridad y amistad con otrxs estudiantes que se encuentran en la misma situación: quienes estudian otras carreras pero son de la misma localidad o quienes estudian la misma carrera y también son del interior. Y estos lazos se amplían: se van conociendo amigxs con lxs que se comparte carrera, origen, vivienda, militancia o, simplemente, amigxs. Además, estos lazos suelen conservarse durante años, incluso luego de finalizada la carrera.

No fue necesario siquiera presentarme con Lucas, cada unx sabía quién era el otrx. Compartíamos códigos comunes de pertenencia a *Humanidades*

---

49    Vale considerar que el porcentaje de estudiantes de la facultad provenientes de la ciudad de La Plata es del 31,69%. Datos obtenidos del anuario 2013/2014 de la UNLP.

50    Desde los años noventa, en que se produjo una notable expansión del sistema universitario a través de la creación de universidades públicas y privadas en todo el territorio nacional (Tiramonti, 1999; Marano, 2010; Carli, 2012), el flujo de estudiantes del interior de las provincias hacia la UNLP se ha desconcentrado en parte. Sin embargo, el prestigio de la universidad y las tradiciones creadas por generaciones de familiares que estudiaron en La Plata juegan todavía, por lo que aquellos oriundos del interior de la provincia de Buenos Aires son aún el segundo sector más numeroso de estudiantes que componen la matrícula de la UNLP.

51    Un indicio de la presencia de grupos de estudiantes del interior de la provincia de Buenos Aires y el resto del país en la ciudad de La Plata, es la existencia de las "casas de estudiantes" de varias provincias (Santa Cruz, Chubut, Santiago del Estero, La Pampa) y de distintos distritos bonaerenses (Azul, Bahía Blanca, Rojas, Saladillo, 9 de Julio, Trenque Lauquen, Pehuajó, entre otros). Allí se ofrece alojamiento a estudiantes oriundxs de la provincia o localidad que sostiene la casa, además de organizarse habitualmente fiestas a las que asisten estudiantes de diversas carreras y orígenes geográficos.
El flujo constante de estudiantes desde las localidades del interior hacia La Plata provoca que en esta ciudad existan siempre grupos de estudiantes del mismo pueblo o provincia y que lxs estudiantes tengan en estos grupos familiares o amigxs. Esto influye fuertemente en la elección de la ciudad platense como destino, pues garantiza la existencia de redes de relaciones que sirven de contención ante todo lo nuevo que supone "migrar" a La Plata.

 

aunque fuéramos de generaciones diferentes (Lucas ingresó a la carrera cuando yo ya era graduada y me desempeñaba como docente). También compartíamos códigos comunes por haber vivido hasta los 18 años en el mismo pueblo y haber transitado vivencias similares de alejamiento de un lugar y apropiación de otro. Su disposición a ayudarme con mi trabajo (al ofrecerme los horarios de cursada pero también al dialogar conmigo en las reiteradas veces que nos encontramos) estaba directamente relacionada con los lazos de solidaridad que genera la procedencia geográfica común.

Durante mi trabajo fui comprobando que las relaciones que se construyen en la facultad en base a la experiencia común de "ir a estudiar a La Plata" están muy extendidas y en algunos casos me ayudaron a seguir estableciendo vínculos en el trabajo de campo.

Agustín es otro estudiante de sociología, en etapa final de la carrera, oriundo también de una ciudad del interior de la provincia de Buenos Aires. Llegué a él a través de un "presentador", que fue Nico, un amigo mío, estudiante de ciencias de la educación. Luego, el mismo Agustín oficiaría de presentador ante lxs chicxs de la *comisión de estudiantes de sociología*.

Nico había conocido a Agustín en el *espacio intercomisiones*[52] el año anterior y ahora compartían vivienda. Supe de esto charlando con él un día, durante esas primeras semanas de trabajo de campo. Me encontraba buscando maneras de vincularme con estudiantes de sociología, y le pregunté si conocía a alguno. "*¡Sí! De hecho vivo con uno*", me respondió. Me contó que Agustín estaba en ese momento entre 4to y 5to año de la carrera, que militaba en una *agrupación*, La Llamarada[53], y también en la *comisión de estudiantes de sociología, "aunque ahora como quiere recibirse está yendo menos"*.

Nico se interesó en mi búsqueda y me orientó.

— *Un espacio que puede estar bueno que vayas es la comisión de socio —me dijo— ahí se junta gente que le interesa su formación, que discute sobre la carrera.*

— *¡Qué bueno! –respondí–. ¿Y te parece que se pueden copar si yo quiero charlar con ellos?*

— *Sí, yo no creo que haya problemas. Ellos hacen muchas cosas, incluso tienen un curso de ingreso que sostienen ellos y que el departamento les quiso institucionalizar pero no lo logró. Porque los excluían, lo hacían como cátedra. Así que no quisieron. Está bueno porque aparte hay chicos de Utopía, Aule, La Llamarada, Pisando Charcos, de todo*[54]. (Registro de campo, 11/5/2011).

---

52    Expliqué de qué se trata el espacio *intercomisiones* en el capítulo anterior.

53    Esta *agrupación* se disolvió unos meses más tarde. De esa ruptura se originaron dos nuevas agrupaciones distintas: Lupas y Cienfuegos.

54    Las mencionadas son *agrupaciones* políticas estudiantiles que funcionan en *Humanidades* y están conformadas por estudiantes de diversas carreras de la Facultad, no sólo de Sociología.

La *comisión de socio* empezaba a aparecer como un espacio muy interesante y rico para conocer las perspectivas de lxs estudiantes sobre la carrera y sobre la sociología. Nico me ofreció contactarme con Agustín, lo que agradecí mucho pues me estaba proporcionando la forma de conocer a *los chicos de la comisión* a partir de una vía que había sido la mejor hasta ese momento de mi experiencia de campo: la del "presentadxr".

Nico forma parte de la *comisión de estudiantes de ciencias* (de la educación) y era en ese momento representante estudiantil en la Junta Asesora del Departamento de Ciencias de la Educación; Agustín formaba parte de la *comisión de socio* y también era, cuando ambos se conocieron, representante en el Departamento de Sociología. Por eso se habían conocido en las reuniones de *intercomisiones*, un espacio de la facultad que reúne estudiantes de diversas carreras. Allí no sólo se habían hecho amigos, sino que, como comparten orígenes "no platenses" y la experiencia de "ir a estudiar a La Plata", habían decidido convivir.

De esta manera, Nico fue un efectivo presentador pues se trataba de un amigo de ambos, que no es de La Plata y que comparte espacios de participación política en la facultad. Es decir, la figura del presentador no legitimaba mi intento de contacto por ser "oficial" o formal, tampoco por estar académicamente fundamentado, sino por venir de un amigo en común.

Nico se constituyó en interlocutor a lo largo de mi trabajo, pues solíamos dialogar sobre la carrera de sociología y también sobre cuestiones de la vida política de la facultad. Es que sus vínculos con estudiantes de sociología y con la vida política de *Humanidades* le permitían conocer aspectos de la vida cotidiana de la carrera y de las preocupaciones de lxs estudiantes; esto estaba directamente relacionado con su propia actuación política como estudiante de ciencias de la educación en la Facultad de Humanidades.

Mis primeras comunicaciones personales con Agustín fueron por correo electrónico, medio que utilicé para sostener algunas relaciones con quienes no solía encontrarme en *Humanidades*. En sus primeros correos él me contó:

> *(...) recién recién acabo de dejar de militar en la comisión de socio (...) fui delegado en la Junta por dos años y ahora ya dejé (...) igualmente, además de mí, podés hablar con el resto. Es más (...) van a estar encantados porque su idea es comenzar, de a poco, a hacer un análisis del plan y de nuestra formación de grado (en general y materia por materia), de cara a una futura reforma. En fin (...) cuando quieras charlamos, y/o te paso algunos correos electrónicos para que coordines con los chicos de la comisión. Quienes militan ahora son chicos de 2º, 3º y 4º año. Yo estoy en 5º y también puedo pasarte contactos de gente que esté terminando (con una visión más global de la carrera). ¡O lo que necesites!*[55]. (Nota de campo, 12/5/2011).

---

55 No era la primera vez que oía hablar de la participación en la *comisión* en términos de *militancia*, lo cual llamó mi atención, pues me preguntaba de qué manera Agustín relacionaba su formación

    

De esta manera, mis primeros contactos con estudiantes de sociología se realizaron de la mano de vínculos anteriores que forman parte de una red de relaciones construida en algún aspecto sobre la base de compartir la condición de la amistad y de "ser del interior". El concepto de *figuración* permitió iluminar esta dinámica relacional y las formas en que se pone en funcionamiento. En esta trama, algunxs amigxs y amigxs de amigxs oficiaron de presentadores ante personas nuevas, en un movimiento por el cual las redes se fueron multiplicando y dando lugar a que se expresen múltiples *figuraciones*, como potencialidades que se actualizan en situaciones concretas.

¿Qué tipo de relaciones de interdependencia se pusieron en juego? Si nos detenemos un momento en los diálogos que mantuve con mis interlocutores y en cuáles fueron las características de cada uno de ellos que los ligaron entre sí y conmigo, vemos que los lazos de amistad y la participación política en la facultad resultan centrales para comprender estos vínculos.

Nico fue un "presentador" porque era amigo de Agustín y otros, y eso generó cierta apertura colocándome a mí también como "amiga de". Además, cuando Nico me contactó con Agustín y me habló de la *comisión*, me estaba mostrando relaciones de amistad y espacios y grupos de militancia (me habló de la *comisión* y de las *agrupaciones*) que resultaban significativos para mi exploración sobre la formación de sociólogxs.

Así, ante mis preguntas sobre la formación de sociólogxs en mis primeros diálogos con estudiantes, sus respuestas y sugerencias me conducían hacia grupos de militancia y lazos de amistad. Al mismo tiempo, las actividades de participación política, así como los espacios de militancia y las relaciones de amistad eran definidos por mis interlocutores haciendo referencia a la formación: Agustín me contaba que en la *comisión* estaban planeando hacer "*un análisis de su formación de grado*"; y Nico me decía que el espacio de la *comisión* es significativo porque "*ahí se junta gente que le interesa su formación, que discute sobre la carrera (...) hacen un montón de cosas*" y hay chicos de varias *agrupaciones*.

De manera que, según lo que estos estudiantes me contaban, las redes de amistad estaban ligadas a su condición de estudiantes de sociología y los espacios de participación política se constituían también en espacios donde se desplegaba parte de su experiencia académica y su formación.

Más tarde, al vincularme con los grupos de la *comisión* y el *ENES*, la importancia de los lazos de amistad y confianza construidos en grupos de militancia volvería a mostrarse como un componente clave de las prácticas y relaciones académicas en la formación de *los sociólogos*.

---

como sociólogo, su condición de estudiante de sociología, con la experiencia de militancia. De este tema trata el capítulo 3.

## 1.1. Parentesco e identificación política

Lxs chicxs de la *comisión de estudiantes* no me conocían, ni yo a ellxs. Me recibieron bien al principio, aunque con algo de distancia. Lxs contacté por primera vez por mail, presentándome como una estudiante de posgrado que se encuentra realizando el trabajo de campo para su tesis de maestría, y comentando que Agustín me había facilitado sus direcciones de correo. Me respondió uno de ellos, Mariano, invitándome a una reunión.

Allí les conté sobre mi trabajo y les dije por qué me interesaba conocerlxs y compartir con ellxs las reuniones. A partir de esa primera reunión a fines del mes de junio, asistí a casi todas las que se hicieron durante la segunda parte del año 2011.

Durante ese tiempo fui conociendo a lxs estudiantes que participaban allí: en qué año de la carrera se encontraba cada unx, en qué *agrupaciones* militaban algunxs de ellos, que varixs se desempeñan como colaboradores o adscriptos de cátedras, que algunxs participan de grupos de lectura y estudio conformados por otrxs estudiantes y docentes, que forman parte de organizaciones sociales y movimientos políticos por fuera de la universidad. La diversidad de lazos que arman redes de relaciones en la facultad se constituye a través de vínculos generados por orígenes geográficos compartidos, por la experiencia común de "ir a estudiar a La Plata" sin familia, por intereses asociados a los estudios, o a la política y la militancia; o por compartir vivienda, tiempo libre, amigxs. Estos lazos arman y amplían redes de relaciones que encuentran en la facultad espacios de desarrollo como las *comisiones*, *intercomisiones*, *agrupaciones*, *cursadas*, fiestas, salidas, tardes en la terraza y mañanas en la biblioteca preparando exámenes.

La experiencia de participación en las reuniones de *comisión* me fue mostrando aristas de la formación de *los sociólogos* que no se manifestaban en otros momentos como las clases o incluso algunas charlas con estudiantes y profesores fuera de las clases. Aparecieron nuevas personas, problemas que se estaban discutiendo en el Departamento y no circulaban en las clases o en los pasillos, historias y anécdotas que al principio no entendía y, sobre todo, la participación misma en la *comisión* se mostraba como una práctica que requería ser comprendida.

Al inicio tuve un lugar de espectadora en las reuniones; me limitaba a escuchar lo que allí se decía, en gran parte porque fue el lugar que lxs estudiantes me dieron[56]. Sin embargo, al pasar dos o tres reuniones me di cuenta de que nunca había estado fuera de la escena para ellxs, que de un momento a otro comenzaron a incluirme en los diálogos, principalmente preguntándome cosas de mi carrera e incluso mis opiniones en cuanto a

---

56   Al punto que en una de las primeras reuniones intervine diciendo algo y todos hicieron caso omiso, como si no hubiera emitido palabra.

 Aprendiendo a ser sociólogxs

asuntos que ellxs consideraban relacionados con mi formación en ciencias de la educación.

A medida que mi presencia se fue haciendo más constante, el trato con algunxs estudiantes se hizo más fluido, aunque otrxs seguían mirándome como "de reojo". A raíz de un episodio casual, entendí que conocer y compartir con lxs estudiantes lo que pasaba en *la comisión* exigía algo más que "presentadores".

Hubo un momento clave para que se modificara mi relación con dos de las estudiantes que forman parte de la *comisión*: fue el día que, de manera casual, supieron que uno de sus compañeros de militancia en una organización política de alcance nacional vinculada a la *agrupación* estudiantil a la que pertenecen[57], era mi hermano. Candela y Juliana se enteraron de que éramos hermanos mediando el mes de septiembre (yo había comenzado a asistir a las reuniones de *comisión* a fines de junio), fuera de la facultad, mientras charlaban con él en un centro cultural articulado a la organización en la que militan.

La noticia de que "*ahora sabían quién es mi hermano*" me llegó en pleno *ENES*, mientras lxs estudiantes de Villa María, Córdoba, se presentaban ante lxs asistentes al encuentro. Candela pasó al lado mío y me saludó. Ahí me contó que se había encontrado con mi hermano en el centro cultural: "*me encontré con Iñaki el otro día en el centro cultural ¡y me contó que son hermanos!*". Candela me contaba, reproduciendo el diálogo: "*Me dijo 'mi hermana estudia a los sociólogos', entonces le digo pará, ¿quién es tu hermana? 'Cecilia', me dijo. ¡Tu hermana me estudia a mí!, le dije. ¡Ahora que sé me doy cuenta que son re parecidos!*".

Menos de diez minutos después, se acercó Juliana, amiga de Candela, quien también me saludó y me dijo, mientras seguía caminando: "*¡me enteré quién es tu hermano! ahora me cierra más, el parecido, ¡todo!*".

A partir de allí, se modificaron nuestros diálogos, me ofrecieron materiales e información que hasta el momento no habían mencionado, y cambió su actitud ante mi presencia en las reuniones de *comisión*, en las que comencé a ser mejor recibida e incluida. Además, se multiplicaron las oportunidades de encuentro fuera de las reuniones, las encontraba en los pasillos de la facultad y solíamos quedarnos charlando; también me ofrecieron materiales sobre la carrera que elaboran con otros compañeros de la *agrupación* Aule y me invitaron a participar de una marcha organizada por el Frente Popular Darío Santillán.

---

57    Se trata del Frente Popular Darío Santillán, organización con la cual articula el Aule, una *agrupación* estudiantil de la facultad, en ese momento segunda fuerza en las últimas elecciones estudiantiles. En 2012, el Aule integró una coalición de *agrupaciones* y *estudiantes independientes de Humanidades* llamada El Frente, que ganó las elecciones en 2012 y 2013. En 2014, el Aule conformó otra coalición llamada Estudiantes al Frente (con el Partido Obrero), que ganó las elecciones ese año y en 2015. En los años siguientes y hasta la actualidad, el Aule ganó las elecciones del Centro de Estudiantes sin formar parte de ninguna coalición.

La relación fraternal aparecía con una importancia insospechada. Candela y Juliana consideraron que ser hermanos era suficiente referencia tanto para el aspecto físico: "*Ahora veo que son re parecidos*", como para otros aspectos que manifestaron diciendo "*ahora me cierra más*". ¿Qué es lo que antes no "les cerraba"? ¿Qué aspectos referenciaron con el parentesco, además del parecido físico?

Las explicaciones que había proporcionado de lo que estaba haciendo, en qué otros espacios y con qué otras personas me estaba relacionando durante la investigación no alcanzaban para que "les cierre" mi participación y presencia creciente. Les "cerró" cuando pudieron identificarme, a partir de un lazo de sangre, con alguien que comparte ideas políticas y grupos de militancia.

Por ello, el impacto que tuvo en la investigación que conocieran a mi hermano, debe ser interpretado desde la pregunta por la articulación que se estableció entre las relaciones y prácticas políticas en las que mi hermano y las estudiantes participaban, y la relación de parentesco en la que yo ingresaba. Candela y Juliana marcaron mi persona y mi presencia con la postura y prácticas políticas de mi hermano, que ellas comparten. Al encontrar que él es militante en la misma organización que ellas, pudieron identificarme e identificarse políticamente, lo que parecía colocarme como perteneciente a un mismo grupo no de estudiantes, sino de militancia.

Y si esto era así, ¿cuál era la relevancia de pertenecer a un mismo grupo de militancia? ¿En qué sentidos podía entenderse esa pertenencia? ¿Cómo puede explicarse la importancia que adquirió la relación de parentesco en el establecimiento de esa pertenencia?

Las relaciones y el lenguaje del parentesco tienen efectividad para *emparentar* personas entre sí y con causas y prácticas políticas. Ya desde principios del siglo XX la antropología social destacó, en diversas etnografías, primero en las llamadas "sociedades primitivas" y luego en "sociedades modernas", la ligazón entre relaciones de parentesco y política (Abélès, 1997; Frederic y Soprano, 2005). Ante la pregunta por cómo se constituye la política en sociedades sin Estado y sin gobierno explícito en África, Meyer Fortes y Evans Pritchard (1940) presentaron etnografías que revelaban que las estructuras de parentesco pueden cumplir no sólo funciones de organización doméstica y afectiva, sino también de política y de gobierno, a través de sistemas de linajes y lealtades al grupo de pertenencia. De manera que reconocer la efectividad política del parentesco y el lenguaje del parentesco no supone identificar relaciones privadas y domésticas que "entran" a operar en una "esfera política" que por esencia se encuentra diferenciada. En realidad, tiene que ver con que las relaciones personalizadas en general y las de parentesco en particular forman parte de la constitución de procesos y prácticas políticas.

En la Argentina contemporánea, algunas investigaciones han mostrado que el parentesco se constituye en un instrumento en la articulación de las relaciones sociales y políticas en la sociedad nacional. Exploraron las formas en que el lenguaje del parentesco, la metáfora familiar y las relaciones filiales se erigen en recursos que muchos grupos sociales movilizan para presentar reclamos y desplegar su acción política en el espacio público, puntualmente ante el Estado y en nombre de la Nación. Durante las disputas por la construcción de la memoria sobre la guerra de Malvinas, por las responsabilidades de la derrota y por el lugar social que se forjaría para los ex soldados (Guber, 2009b), así como en la consolidación del movimiento por los derechos humanos durante y después de la última dictadura militar (Vecchiolli, 2005), la familia se presentó como legítimo sujeto reclamante en un contexto en el que los lazos de sangre son concebidos como naturales y por ello contribuyen a naturalizar el compromiso (político) de quien es familiar de las víctimas o se proclama como tal.

Recupero estos análisis porque sirven de insumo para comprender por qué el parentesco se asoció a la pertenencia política y esta asociación tuvo efectos en el campo de mi investigación, constituyéndose en un analizador de formas de sociabilidad y prácticas académicas relevantes en el proceso de formación de sociólogxs.

En el caso que analizo, el lazo de hermandad no se constituyó sólo en un lazo de sangre, o no estaba funcionando sólo en el seno de la familia y el ámbito privado, sino posicionándome en el ámbito público y político: resulté ser "la hermana de" el militante reconocido por sus compañeras. Lejos de tener significación sólo en el espacio doméstico, este vínculo me *emparentó* con su posición política y militante, reubicándome en relación con mis interlocutores en el contexto de la facultad.

Así fue posible comprender la importancia que adquiere entre lxs estudiantes de sociología la identificación política y la militancia. Las actividades políticas y de militancia, la pertenencia a grupos y movimientos universitarios y extrauniversitarios y principalmente las relaciones basadas en la identificación política, se encuentran estrechamente vinculadas a relaciones y actividades académicas, de estudio y de formación como estudiantes de sociología. Candela y Juliana me ofrecieron un mejor diálogo sobre la facultad y la carrera; parte de ese diálogo tenía que ver, para ellas, con sus actividades de militancia en la *agrupación* estudiantil y en la organización política más amplia.

En cuanto a la identificación política con el grupo, en este caso no se dio por mi permanencia en las reuniones, sino por el lazo de hermandad, que funcionó como vía de pertenencia al mismo grupo político. Las actividades de militancia forman parte de la construcción de pertenencias a grupos políticos, que se constituyen, en parte, en diferenciación con otros grupos políticos de la misma facultad. Las formas de pertenencia e identificación están atravesadas por la construcción de relaciones de confianza, ligadas a la amistad y el parentesco. Militancia, amistad, parentesco son prácticas y relaciones que se ponen en juego cotidianamente entre estudiantes de sociología y es lo que pude poner en juego, sin saberlo ni entenderlo al principio, para que me consideraran como alguien que podía integrar el grupo.

Al hablar de identificación política me refiero a una práctica que implica, por un lado, *identificarse* políticamente al hallar ideas, relaciones y actividades políticas compartidas; y por el otro, *identificar* la posición y relaciones políticas del otrx. Al identificarme e identificarse políticamente, a Candela y Juliana "todo les cerró". La identificación política es un componente a partir del cual se construyen muchas relaciones en la facultad; es una forma de sociabilidad, de establecimiento de lazos de solidaridad y amistad –o enemistad– que atraviesa y constituye las prácticas académicas en la carrera y, si bien nadie "enseña" a hacerlo, se aprende en el proceso mismo de relacionarse con otrxs allí. Como veremos en el capítulo 4, se trata de un saber que adquiere relevancia en el proceso de formación de sociólogxs y se pone en juego en diversas situaciones, no sólo de militancia.

## 1.2. *"¡Pero son todos parientes!"*

El asunto de *"los parientes"* no quedó allí. Durante el periodo en que participé de las reuniones de la *comisión de socio*, el tema que más tiempo y preocupaciones consumió fue el del curso de ingreso a la carrera. En 2010, la dirección del Departamento manifestó su interés por poner en funcionamiento un Curso de Ingreso[58], con presupuesto específico y un equipo docente dedicado a ello[59]. El plan inicial fue implementar el curso en febrero de 2011, pero no se llegó a un acuerdo entre los *claustros*. El claustro estudiantil reclamó que sus intereses no estaban contemplados en la propuesta que se pretendía implementar y que se los estaba excluyendo de la toma de decisiones[60].

Durante 2011 se rediscutió, en el marco de la Junta Asesora Departamental, una propuesta de ingreso, esta vez con la decisión indeclinable por parte del Departamento de implementarlo en febrero de 2012. Así, en el mes de octubre de 2011 lxs representantes en la Junta Asesora Departamental llegaron a un acuerdo por el cual se formuló un proyecto de ingreso para el siguiente año.

---

58  La carrera se sociología no contaba hasta el año 2011 con curso de ingreso, a diferencia de la mayoría de las carreras de la facultad. Desde hacía al menos tres años, la *comisión de estudiantes* llevaba adelante un Taller de Ingreso, diseñado e implementado por ellxs. El taller no era obligatorio y planteaba objetivos de ambientación e integración a la vida académica y política de la facultad.

59  Esto en relación a una política de la facultad y a que la universidad emite partidas presupuestarias especiales para los cursos de ingreso.

60  A esta falta de acuerdo entre los *claustros* y la postergación de la implementación del curso de ingreso en 2011 se refería Nico cuando me contó que *"el departamento les quiso institucionalizar* [el curso, a lxs estudiantes de la *comisión*] *pero no lo logró"*.

   

Después de varios meses de discusión en las reuniones *de Junta*, se formuló un proyecto departamental de curso de ingreso y se decidió convocar a la selección del docente que estaría a cargo de la coordinación del curso. En el marco de *la Junta* se consideró pertinente que esa persona fuera unx graduadx y docente de la carrera, joven pero con cierta experiencia y, sobre la base de ese perfil, se habían sugerido algunos nombres posibles[61], que lxs representantes estudiantiles habían transmitido al resto de la *comisión* en una reunión que presencié. Allí supe que uno de los candidatos a desempeñarse como coordinador es primo mío.

Todxs lxs estudiantes acordaron que, como docentes, les gustaban dos de los candidatos: mi primo era uno de ellos. Ni bien encontré oportunidad de contarles, lo hice. Tenía el temor de que lxs estudiantes se sintieran inhibidxs de hablar con espontaneidad en las reuniones si pensaban que yo iba a contar a todos mis conocidos lo que allí se discutía. Después de todo, ésta era la segunda vez que una persona con quien tengo lazos de parentesco aparecía vinculada a algunx de lxs estudiantes de la *comisión* o a la carrera y las actividades que allí se desarrollan. En este caso, el lazo era con un docente, que participa de la vida institucional y está ubicado en una posición jerárquica en relación a lxs estudiantes. Si yo difundía lo que allí se decía, esto podía llegar a oídos de un docente. Por ello me preocupaba cuidar la confianza que lxs participantes de la *comisión* estaban depositando en mí al discutir en mi presencia sobre cuestiones de la política departamental, al hablar de historias y anécdotas que incluían a diversas personas.

Un día, un rato antes de que comenzara una reunión de la *comisión*, pregunté a Juliana si ya había arrancado la selección de coordinador del curso de ingreso. Juliana me contestó que la selección todavía no se había iniciado (para ello, los postulantes debían presentar una propuesta escrita). Entonces le conté que, Santiago, uno de los docentes que se había nombrado como posible candidato a la coordinación, es primo mío. Juliana se mostró muy sorprendida:

— *Naaaa (...) ¡pero son todos parientes! ¿Escucharon eso? –les dijo a Mariano, Diego y Rosario, que no habían oído, y les contó.*
— *¡¿En serio?! ¡Y nosotros justo hablando de él! –exclamó Rosario.*
— *Uy justo que estuvimos hablando, ¡menos mal que hablamos bien! –dijo Diego.*
— *Si hablaban mal no les decía nada –dije en chiste.* (Registro de campo, 26/10/2011).

---

61 Lxs representantes del claustro de profesores y la dirección del Departamento habían considerado también pertinente constituir una co-conducción, a cargo de un docente de Letras, que aportara sus conocimientos en el área de "*lecto-escritura académica*", eje al que mayor importancia dieron estxs actores en el proyecto de ingreso.

Había dicho esto último un poco para quitarle importancia al asunto que, como había temido, lo primero que les hizo pensar fue que habían hablado de él en mi presencia. Todxs nos reímos y en ese momento el tema quedó ahí, pero en reuniones posteriores el tema volvió.

Hablaban en una ocasión de la cercanía que genera Santiago con lxs estudiantes; que en sus clases hay buen clima y humor. Entonces Candela, que estaba sentada en una silla y quedaba más alta que el resto, que estábamos en el piso, dijo: "*¡¿todos saben que Santiago es primo de Chechu?!*", con una sonrisa enorme y revoleando los ojos, como tratando de mirar a todxs al mismo tiempo. Algunxs asintieron, porque ya sabían, otrxs se sorprendieron. Me preguntaron entonces cuáles son mis lazos familiares con él, por dónde viene el parentesco y qué trato tenemos. Les conté que somos primos hermanos y que nuestra relación no era cotidiana; de hecho mi primo aún no sabía que yo estaba realizando esta investigación.

Las preguntas de lxs estudiantes sobre mi relación con Santiago mostraban que la noticia tenía significación para ellxs, y que también les provocaba ciertas dudas respecto de lo que yo pudiera charlar con él. Estas dudas tenían que ver con la importancia que adquiere la confianza entre lxs participantes de este espacio y que se traduce en la necesidad de discreción.

El de la *comisión* es un espacio donde lxs estudiantes están entre compañeros, entre pares. Este estar entre compañerxs genera cierta complicidad, un espacio donde se siente la confianza necesaria para decir aquello que no puede ser dicho públicamente, en otros espacios o en presencia de otrxs actores. Allí lxs estudiantes discuten sobre lo que se trata en la Junta Departamental, intercambian opiniones (críticas, muestras de admiración, elogios, desprecios) sobre lxs docentes y sus prácticas, cuentan anécdotas, hacen chistes sobre otrxs estudiantes, sobre algunxs profesores; intercambian chimentos, rumores sobre lxs docentes, sus vínculos con otrxs, sus vidas personales. También se pelean, muestran sus desacuerdos, sus conflictos internos. Todas estas son cuestiones que eligen no difundir abiertamente a otros espacios y actores, principalmente a lxs docentes. Mi parentesco con un docente podía ser una vía directa de difusión entre lxs profesores de lo que se dice entre lxs estudiantes.

Santiago fue finalmente elegido coordinador del curso de ingreso. Supe de esa decisión porque me lo contó él mismo, en un encuentro casual que tuvimos en unas jornadas en Buenos Aires. Allí le conté sobre la investigación que estaba llevando adelante, y que estaba al tanto de su candidatura pero no de la definición.

Un tiempo después de ese encuentro, contacté por mail a Santiago para preguntarle si era posible participar del curso. Pude participar de las actividades del ingreso, además de mantener con él algunas charlas sobre ese tema y sobre su propia carrera. El hecho de nuestro parentesco también preocupaba a Santiago, tal como me comentó:

   

*(...) ahí les mandé mail a los chicos[62] diciéndoles que estabas intere-
sada en ir a la reunión[63], preguntando si alguno tenía problema. Yo voy
a decir que sos mi prima. En el mail no dije nada, pensaba, les digo, no
les digo, no quería que se sintieran presionados o comprometidos por
eso. No creo que ninguno tenga historia con que vayas, por ahí a nadie
le calienta, que se yo, pero bueno, prefiero preguntar y que el que no
quiera pueda plantearlo.* (Nota de campo, 6/2/2012).

Ambxs teníamos nuestros propios temores respecto del impacto que
podría producir la relación de parentesco. Sin embargo, en un sentido similar al efecto que había tenido la relación con mi hermano, lo que finalmente sucedió fue que esta relación resultó un punto de referencia para
varixs de los graduadxs y estudiantes con que me fui vinculando, pudiendo
"anclarme" en algún lugar conocido para ellxs y no resultar totalmente
extraña y hasta sospechosa. Mi primo estaba oficiando de "presentador".
Una vez más, esta figura hacía posible el acceso a personas, grupos y espacios sin tratarse de una presentación oficial sino a través de un vínculo personal que es conocido por todxs.

En este caso, lo que aparece claramente es que mi parentesco con Santiago tenía relevancia no solamente para lxs estudiantes sino también para
él, en su rol de docente y coordinador del curso de ingreso. Sus dudas a
la hora de comunicar a lxs ayudantes que yo era su prima estaban relacionadas con la función que comenzaba a ejercer: decir que yo soy su prima
en el mismo momento en que les comunica mi interés en participar de las
actividades del curso de ingreso podía ser leído como un acto de presión
o imposición. El parentesco parecía incómodo en algún sentido, pues no
quería aparecer como quien usa discrecionalmente el espacio a su cargo
para hacer favores personales.

Por mi parte, también tenía mis temores respecto del impacto que podía
causar mi parentesco "con el coordinador". En primera instancia, mis dudas
radicaban en que tanto estudiantes como ayudantes me identificaran con la
posición jerárquica de Santiago y eso dificultara mi diálogo con ellxs. Si
bien los lazos de amistad y parentesco son muy habituales entre los actores en *Humanidades*, y se trata de algo que cotidianamente se experimenta,
mis temores ponían en juego una serie de ideas y prenociones respecto de
lo que la universidad, la investigación y lxs académicxs debieran ser. Estas
ideas no condicen con la presencia de relaciones familiares y los compromisos morales que éstas pueden generar en la definición del curso de una
investigación, de la trayectoria de lxs universitarixs o la toma de decisio-

---

62    Se refiere al grupo de 6 graduadxs y 12 estudiantes avanzadxs que habían sido seleccionadxs para
      llevar a cabo los talleres del curso durante las cuatro semanas planificadas.

63    Hace referencia a una reunión previa al comienzo del curso, organizada para planificar su desa-
      rrollo y coordinar formas de funcionamiento entre lxs graduadxs y estudiantes avanzadxs que
      llevarían adelante los talleres.

nes académicas. Por el contrario, colocan a la universidad como institución científica donde prima la autonomía académica, despojada de determinaciones y condicionamientos de cualquier tipo, incluidos los provenientes de relaciones personalizadas entre actores universitarios.

Sin embargo, lo relatado hasta aquí muestra que las relaciones personalizadas de amistad y parentesco como las que se desarrollan entre lxs estudiantes de la *comisión*, entre estudiantes de sociología y de otras carreras, entre mi hermano, algunxs estudiantes y yo, o entre mi primo, sus alumnxs y yo, tienen efectos en la vida política y académica que procuro comprender en esta investigación. Retomar algunos aportes de la investigación antropológica sobre las relaciones y prácticas políticas en diversos contextos puede resultar productivo para comprender por qué el parentesco y la amistad resultaron ser componentes importantes de las formas de sociabilidad que describo en este capítulo. Si asumimos que los lazos de parentesco y amistad no operan sólo en el seno familiar y privado, podemos preguntarnos cómo funcionan en otros contextos, como la política y las relaciones y posiciones académicas. En términos de Eric Wolf, tanto en el ámbito de los Estados como de las instituciones, el marco formal del poder político existe en convivencia con varias otras formas de estructuras informales que son intersticiales, suplementarias y paralelas a él. Los grupos y relaciones informales, como la amistad y el parentesco, adquieren, según el autor, importancia funcional, siendo en muchos casos responsables del "*(...) proceso metabólico requerido para mantener la institución formal operando*" (1966: 2[64]). Lo dicho supone, entre otras cosas, prácticas de cooperación del parentesco en situaciones no parentales, trasladándose la relación privada de confianza y cooperación al ámbito de lo público, tal como sucedió con las redes de relaciones en las que me vi involucrada. Estas redes funcionaron revelando su articulación con actividades políticas y académicas que pude compartir, como las reuniones de la *comisión* y el curso de ingreso.

Asimismo, los episodios descriptos permiten advertir que las relaciones personalizadas tienen efectos en la conformación de lealtades e identificaciones y en la construcción de divisiones y grupos que no responden necesaria o directamente a la estructura formal de gobierno pero que operan en los procesos de toma de decisiones y, lo que más importa aquí, en procesos educativos. Ya otros estudios etnográficos sobre la universidad han planteado que "*(...) no puede ser desconsiderada la eficacia social de esas relaciones personalizadas en la producción y reproducción cotidiana del mundo universitario*" (Soprano, 2010: 9). Algunos lazos como los de parentesco, amistad y procedencia geográfica común se evidenciaron como estructurantes de las relaciones personalizadas en las que mis interlocutores y yo participamos. Las situaciones y episodios descriptos en los que estos lazos se actualizaron, me mostraron que el compromiso moral, la confianza

---

64    La traducción es propia.

                                                    

y la identificación política adquieren una enorme relevancia como formas de vinculación entre las personas que construyen el proceso de formación de sociólogxs.

## 1.3. Espacios de intimidad entre compañerxs

El compromiso y la confianza se constituyen en elementos que caracterizan las relaciones interpersonales en la vida académica. La *comisión de estudiantes* y el *ENES* pueden ser analizados como espacios a través de los que lxs estudiantes ponen en juego estos elementos como formas de significar sus propias relaciones en la facultad y la carrera. Al finalizar un taller del curso de ingreso mantuve un diálogo con Candela que resulta fecundo para pensar en esto:

*Estábamos charlando de la lluvia que había caído y de repente Candela se acordó de algo.*

*— ¡¡Ah!! ¿Viste que vos le enviaste a Leandro el registro del ENES[65]?*
*— Sí –respondí.*
*— Bueno, como Leandro lo reenvió al grupo y vos estuviste el año pasado en las reuniones de comisión (...).*
*— ¿Quieren que les mande los registros? –me adelanté.*
*— No, no, lo que queríamos pedirte es que, como nosotros dijimos muchas cosas, hablamos de muchas personas, que no trascienda eso, porque hablamos desde que tal está bueno hasta que tal profesor no sé qué (...) –me lo decía con un tono entre preocupado y avergonzado. Yo respondí:*
*— Sí, no se hagan problema. Hay cosas de las intimidades que a mí no me interesan como tales. Yo sé perfectamente que las relaciones en la facultad son jerárquicas y ustedes no están bien ubicados en ese sentido, que hay cuotas de poder que no tienen y que serían los más afectados (...).*
*— Claro, eso (...) –se apresuró– las relaciones de poder.*
*— Entonces qué se dice en la comisión de este o de aquél no va a aparecer en ningún lado.*
*— Ah, ok.*
*— Eso sí –aclaré– la cuestión de cuáles son las condiciones de discusión y que existen relaciones de poder sí, es probable que aparezca. Es decir, por ejemplo, en qué condiciones se dio la discusión sobre el curso de ingreso, cuáles fueron las posiciones y qué se decidió finalmente sí (...).*

---

65 Unas semanas antes le había enviado por correo electrónico a Leandro el registro de campo que había elaborado luego de los días en que participé del *V ENES* que se había realizado en la facultad en septiembre.

> *— No, sí, sí, claro, eso no hay problema. Como una vez tuvimos un problema con un compañero que mandó un mail general a un grupo viejo de la comisión hablando mal de un profesor, y resulta que el mail lo vieron personas que ya no eran estudiantes e incluso algunos trabajaban con ese profesor y tuvimos problemas. Y como en el registro se ven nombres (...).*
> *— ¿Pero hubo algún problema con el registro? ¿Decía algo que no podía leer alguien?*
> *— ¡¡No, no!! Incluso está muy divertido cuando lo lees, pero como ya teníamos esa experiencia y Leandro lo mandó al grupo completo dijimos "vamos a decirle por las dudas".* (Registro de campo, 5/3/2012).

El pedido de Candela, que no era a título personal sino como parte del grupo de la *comisión* y del *ENES*, ponía en evidencia los compromisos morales tácitos que se generan cuando se comparten "intimidades" entre compañerxs. El estar entre compañerxs y el clima de interacción que se crea en esas ocasiones recuerda al análisis que María Pozzio (2011) realiza sobre el estar "entre mujeres". En su etnografía sobre usos y sentidos de género en la gestión cotidiana de políticas de salud, la autora observa cómo se modifican las interacciones cuando las mujeres se encuentran entre pares (otras mujeres, vecinas, madres, que no son médicas, con quienes se actualizan relaciones de autoridad). Allí aparece el humor, la complicidad al hablar de cosas "de mujeres" que no hablan en otros espacios como la sala de espera en el centro de salud o el consultorio médico.

Como se indica en ese estudio, el espacio de la intimidad puede ser definido como un espacio reservado de la mirada pública, sujeto a discreción. De esta manera, si bien el estudio de Pozzio fue desarrollado en un contexto muy diferente del que aquí analizo, la autora introduce la categoría de *intimidad* con una perspectiva que resulta útil para analizar las relaciones e interacciones que se construyen entre estudiantes en espacios generados y sostenidos por ellxs mismxs.

En las reuniones de *comisión* o del *ENES* se pone en juego una faceta de su experiencia como estudiantes de sociología. Allí comparten historias y anécdotas sobre algunxs docentes, relacionadas con sus vidas laborales y personales; por ejemplo, hablan de vínculos que lxs docentes mantienen entre sí (de quiénes son amigxs, con quiénes trabajan, entre quiénes hay enemistades o conflictos). También intercambian opiniones y comentarios chistosos sobre gestos y formas de hablar de algunxs profesores y profesoras, modos de vestirse, sobre su apariencia física, etc.

Comparten además opiniones sobre las materias, sobre los estilos y personalidades de lxs docentes a la hora de dar clases (definen a algunos como "loco" o "loca", como "colgado", como exigente), sobre los contenidos de las asignaturas, sobre estrategias de estudio, experiencias durante las cursadas, lecturas que les interesan o no.

En estos intercambios lxs estudiantes formulan ideas sobre a quiénes consideran buenos y malos docentes. En una ocasión, Juliana se refirió a un profesor diciendo que "*dando clases es una bestia*", usando este calificativo en un sentido positivo, destacando las cualidades de oratoria de ese profesor. Pero luego ella y otrxs coincidieron en que también es un profesor que "*baja línea*", esto es, que intenta, desde su posición, que lxs estudiantes compartan su perspectiva política sin explicitar esa intención[66].

En las reuniones de *comisión* también circulan ideas sobre las trayectorias laborales y académicas de docentes y graduadxs; algunas de esas trayectorias producen cierta admiración entre lxs estudiantes, que se preguntan, por ejemplo, "*cómo* [tal persona] *hace todo lo que hace*" o si "*es un obsesivo/a*".

Asimismo, circulan historias y chistes sobre otrxs estudiantes, sobre *agrupaciones* o militantes, sobre conflictos y discusiones que se dan en otros espacios como el centro de estudiantes, *la Junta*, el Consejo Directivo, las asambleas estudiantiles. Participé de algunas conversaciones en las que algunxs dijeron que estos conflictos y vínculos personales a veces se relacionan con las decisiones que se toman en diversos ámbitos. Por ejemplo, en más de una oportunidad explicaron las actitudes de algunxs docentes y graduadxs en *la Junta Departamental* en base a relaciones de amistad y cooperación "no oficiales" entre ellxs, de las que lxs estudiantes se enteran justamente en estos espacios en los que se habla de las intimidades, los rumores, lo que nadie dice públicamente.

Conocer algunos de estos diálogos y situaciones que suceden cuando lxs estudiantes están entre compañerxs me permitió acceder a una forma particular que ellxs encuentran de dar sentido a sus experiencias y vínculos en la facultad, a las prácticas y discursos de lxs docentes, de otrxs estudiantes, de las *agrupaciones* y a las suyas propias. La formación académica de lxs estudiantes de sociología también se da en estos espacios no sólo porque allí discuten temas de la carrera, sino porque es un espacio de sociabilidad en el que se ponen en juego dimensiones de la vida académica y de las relaciones y saberes que allí se construyen. De esta manera, lo íntimo puede constituirse como escenario fundador de significados sociales sobre la vida académica. A partir del humor y complicidad que se producen cuando lxs estudiantes están entre compañerxs, construyen sentidos sobre qué es ser estudiante de sociología y qué es ser docente; sobre distintas formas de entender el trabajo académico; sobre las relaciones entre personas que ocupan diversas posiciones institucionales, sobre la vida política de la carrera y la facultad y sus propias posiciones allí. Entienden que su posición como estudiantes está subordinada a otras posiciones, y lo manifiestan de varias maneras. Cuando le dije a Candela que yo era consciente de que ellxs no

---

66 Volveré sobre los sentidos relacionados con las perspectivas políticas de los docentes y lo que los estudiantes llamaron "*bajar línea*" en el capítulo 4.

estaban bien ubicados jerárquicamente, ella asintió rápidamente y me habló de *las relaciones de poder*. También, como veremos en el capítulo 3, el proceso de discusión sobre el curso de ingreso que se desarrolló en *la Junta* fue vivido por lxs estudiantes como una lucha constante con personas de antemano mejor posicionadas que ellxs y con pocas intenciones de dar lugar a la participación de lxs alumnxs. En este caso, el grupo de la *comisión* sirvió no solamente para pensar conjuntamente estrategias de negociación, sino para compartir las sensaciones, dificultades y satisfacciones que les producía participar en la *Junta Departamental*.

Además, en estos contextos donde operan vínculos de intimidad, se constituyen sentidos asociados al valor de ser confiable y discreto. Esto nos conduce a plantear otro aspecto relacionado con la importancia que adquiere la confianza entre quienes participan de la *comisión* y el *ENES*, y es que ésta se traduce en la necesidad de cierta lealtad y discreción.

Buena parte de la confianza mutua que suponen las relaciones de amistad y compañerismo se gana con discreción y lealtad a aquello que une a las personas. En este caso, lxs estudiantes asumieron ese compromiso al participar de los espacios en los que están entre pares y parte de cuidar la confianza es identificar las posiciones y relaciones políticas de quienes participan y no difundir lo que se dice "en confianza".

Que yo tuviera presencia en otros espacios y relaciones con otrxs actores en la facultad, implicaba posibilidades de difundir la información, vulnerando el espacio construido entre pares. Que lxs estudiantes me permitieran presenciar las reuniones de *comisión* y conocer algunas de esas intimidades y, al mismo tiempo, que me viera vinculada a redes de relaciones de parentesco, de amistad y laborales en la facultad, me mostró que la participación supone compromisos morales de discreción, al introducirme a mí en ellos. Estos compromisos morales se generan a partir de relaciones personales de amistad y parentesco, y lazos de confianza que se ponen en juego como elementos de las prácticas académicas y de las formas de sociabilidad entre *los sociólogos*.

## 2. Dinámicas de diferenciación jerárquica

Hasta aquí he planteado la relevancia de los vínculos personales de amistad y parentesco que forman parte de redes de relaciones que resultan significativas en el proceso educativo que analizo. Cabe indicar ahora que estas relaciones personales están atravesadas por dinámicas de diferenciación jerárquica, que también son formas de sociabilidad que se despliegan en la facultad y la carrera.

En el caso de los episodios en que se conocieron mis vínculos de parentesco, es importante distinguir que, si bien ambos vínculos resultaron significativos para mis interlocutores, los efectos que produjeron en el desarrollo de mi relación con ellxs fueron diferentes. En un caso, el parentesco con un par militante produjo la identificación con su posición política, lo que condujo a la apertura de nuevas posibilidades en la investigación y a conocer la importancia de la identificación política entre lxs estudiantes de sociología. En el otro caso, el vínculo con un docente produjo inicialmente cierta preocupación entre lxs estudiantes por cuidar la confianza y la discreción sobre lo que sucede en el espacio de la *comisión*. También produjo cierta incomodidad para Santiago y para mí, relacionada precisamente con la dificultad que nos producía ubicar la relación de parentesco en un marco de relaciones de jerarquía académica, entre el coordinador del curso de ingreso y lxs ayudantes.

Estos diferentes efectos mostraban distintas formas de relación entre lxs actores, directamente articuladas a la posición institucional de las personas con que en cada caso me vinculaba. Así como había sucedido con los "presentadores", cuyas diversas maneras de presentación me mostraron las dinámicas relacionales de los espacios a los que me acercaba, las diferentes reacciones que mis lazos de parentesco generaron me condujeron a pensar que, en algunos casos, las formas de vinculación que aquí describo están atravesadas por la autoridad y la jerarquía. Mi parentesco no fue con cualquiera de lxs ayudantes del curso de ingreso, sino con el coordinador y eso tenía consecuencias específicas; lxs estudiantes de la *comisión* y el *ENES* mostraron especial interés en que lxs docentes (no otrxs estudiantes) no supieran lo que ellxs conversan en las reuniones.

El espacio de intimidad entre compañerxs que analicé antes, se constituye en un escenario que lxs estudiantes viven como propio, en un marco de relaciones de poder y jerarquía que intervienen en el desarrollo cotidiano de las prácticas de estudiantes y docentes. La complicidad, intimidad y confianza que forman parte de los vínculos entre estudiantes se construyen a partir de experiencias compartidas y en diferenciación con otrxs actores de la carrera, que ocupan otras posiciones en la trama de relaciones de poder y jerarquía.

De modo que en los entramados de relaciones que analizo en este capítulo se construyen relaciones de confianza entre pares, de identificación política y de diferenciación jerárquica, estas últimas atravesadas por el espacio de la cátedra y las distintas posiciones y funciones que se definen allí[67].

---

67 Como el resto de las facultades de la UNLP, el desarrollo de la enseñanza en *Humanidades* se organiza en cátedras, cada una de las cuales, en su mayoría, tiene a su cargo una asignatura de la carrera a la que pertenece –de hecho los grupos de cátedras se organizan, crean y eliminan de acuerdo a la creación o eliminación de asignaturas, y llevan el mismo nombre que éstas–. Existe una estructura de cátedra, determinada para el conjunto de la Universidad, que supone cargos docentes, jerarquías y funciones diferenciales, aunque no todas las cátedras de la facultad completan el plantel de docentes que formalmente existe en el estatuto de la Universidad. La estructura de cátedra define, además, los grupos que componen el co-gobierno de la universidad y las facultades, sobre el que volveré en el próximo capítulo.

Lxs profesores, graduadxs y estudiantes se encuentran jerarquizadxs, y esta jerarquía se manifiesta y es reconocida formalmente a través de cargos en las cátedras estructurados según un escalafón (adscriptxs, ayudantes, jefes de trabajos prácticos, adjuntxs, titulares), a través de rentas al trabajo de lxs docentes, del establecimiento de categorías de investigadores según las cuales se puede o no dirigir proyectos de investigación, de la dirección de publicaciones, de la formación y dirección de becarixs y estudiantes de posgrado, de la conducción de actividades de extensión.

Al mismo tiempo, las relaciones de jerarquía son puestas en juego y actualizadas en las interacciones cotidianas, en las relaciones que se establecen entre profesores titulares y otrxs docentes, entre ayudantes y estudiantes, entre profesor titular y estudiantes, entre adscriptxs y otrxs docentes de la cátedra. La posición jerárquica y la concentración de poder de unxs y otrxs se pone de manifiesto en la desigual intervención en la definición de las actividades de enseñanza, sus objetivos y características (bibliografía del programa de la asignatura, temas y materiales a trabajar en las clases, modalidades de evaluación, entre otros); y en la decisión de a quién o a quiénes se les piden o exigen determinadas tareas, quién es promovidx, quién participa o no en una publicación, quién obtiene una renta. En algunos casos, los estilos personalistas de ejercer autoridad por parte de algunxs profesores convierten a las relaciones personales en un factor de peso en la distribución de tareas, posiciones y responsabilidades dentro de la cátedra y sus actividades. Al mismo tiempo, la afectividad juega un papel importante en el desenvolvimiento de estas relaciones, pues no todo lo que sucede en las cátedras es percibido como la imposición implacable de la jerarquía, sino que el trabajo cotidiano conjunto y el compartir actividades diversas (no sólo laborales) contribuye a la construcción de lazos de amistad y afecto que forman parte de la autoridad y el reconocimiento que construyen lxs profesores de mayor jerarquía.

La diferenciación jerárquica y la concentración de poder se ponen en juego también en las formas de participación en espacios institucionales de toma de decisiones, que distintxs actores desarrollan. Como indiqué antes, la participación en la *Junta Departamental* significó para lxs estudiantes de la *comisión* el desafío de participar en la toma de decisiones (por ejemplo, sobre el curso de ingreso) desde una posición subordinada jerárquicamente y en situaciones de interacción en las que estas dinámicas de diferenciación jerárquica eran puestas de manifiesto por lxs profesores. Según sus relatos, uno de lxs docentes detentaba el poder de definir el rumbo de los debates y las decisiones sobre el curso de ingreso, gozando del reconocimiento de otros pares, lo que le permitía asumir cierto rol de liderazgo en el contexto de las reuniones. Registré en mis notas esta situación:

> *Los chicos debaten el tema* [de las características que debería tener en curso de ingreso] *entre ellos asumiendo que tienen todas las de perder, y proponiéndose conseguir un espacio en la toma de decisiones.*

   APRENDIENDO A SER SOCIÓLOGXS

*Quienes estuvieron en la última reunión de Junta contaron que* [un profesor] *volvió a plantear algunos puntos sobre los que según él hay que tomar decisiones, y Franco dijo que el "según él" se vuelve norma en el espacio de la Junta. Los chicos habían llevado una propuesta de cronograma del curso que, contaba Juliana,* [este profesor y otra docente] *sacaron de discusión con el argumento de que "esto lo va a decidir el equipo docente". A partir de allí los representantes relataron lo que les costó y lo que les va a costar instalar la discusión sobre cómo va a estar conformado el equipo que lleve adelante el curso de ingreso, entre otras cosas porque este docente controla por momentos lo que se discute.*
*Rosario contó: "Ahí Franco intervino y dijo 'a mí me parece que se están dando muchas cosas por supuestas y creo que en realidad son cosas que vamos a tener que discutir '".*
*Los chicos festejan de alguna forma cuando alguno "se atreve" a ser más duro en su posición con los docentes en Junta. Pienso que la participación política de los estudiantes está atravesada fuertemente por las relaciones de poder propias del espacio académico; los chicos piensan constantemente en si tienen que rendir un examen o no con el mismo docente con el que discuten en la Junta.*
*Luego Franco dijo que "hay que tener cuidado con* [ese profesor] *porque agarra lo que vos dijiste, lo sintetiza y te larga otra cosa. Es un peligro, si lo dejás te pasa por encima".* (Nota de campo, 24/08/2011).

El espacio de confianza e intimidad entre compañerxs es un espacio que encuentra parte de su sentido en la diferenciación con otrxs actores, como lxs docentes; y al mismo tiempo es utilizado por lxs estudiantes para generar lazos entre ellxs que lxs ayuden a lidiar con las dinámicas de diferenciación jerárquica, que pueden *"pasarlos por encima"*. Estas operaciones de diferenciación otorgan a lxs profesores mayor legitimidad a la hora de discutir y negociar en espacios como *la Junta*.

De modo que la diferenciación jerárquica también constituye formas de sociabilidad que se desarrollan en la comunidad, que lxs estudiantes aprenden y de las cuales participan. La jerarquía define posiciones institucionales que atraviesan las relaciones de amistad y parentesco, como muestran los diversos efectos que mis vínculos anteriores tuvieron entre mis interlocutores, así como las diferentes formas de interacción que se dan por una parte en los espacios de compañerxs, y por otra en los espacios atravesados por posiciones de autoridad y jerarquía.

## 3. Tramas de relaciones y formas de sociabilidad en la formación de *los sociólogos*

En este capítulo me propuse describir y analizar determinados entramados que iluminan una dimensión cotidiana del proceso educativo que busco explicar y comprender, constituyendo redes de relaciones sociales en las que se despliegan las interacciones de lxs actores entre sí y con las prácticas y saberes que producen. A través de estas descripciones busqué mostrar cómo el desarrollo de relaciones personales, de amistad, parentesco y procedencia geográfica común, da forma política a la *comunidad* y produce sentidos sobre la formación de sociólogxs.

La participación en estas formas de sociabilidad genera saberes y prácticas, como la identificación política, la generación de espacios propios basados en la confianza y la discreción, las formas de vincularse con profesores y equipos de cátedras, la identificación de posiciones institucionales y redes de amistad y trabajo de las que otrxs actores participan.

En este punto me interesa retomar las interpretaciones que realizan algunas investigaciones sobre la universidad respecto de las relaciones sociales que se establecen en el contexto académico. Me refiero puntualmente a la etnografía sobre la universidad brasilera realizada por Rocha Pinto y a la clásica obra de Bourdieu y Passeron sobre los estudiantes universitarios franceses, *Los herederos. Los estudiantes y la cultura*.

Estos trabajos establecen que las prácticas y relaciones desarrolladas en las universidades responden a una función del sistema educativo, que es la reproducción de desigualdades sociales. Rocha Pinto hace referencia a la existencia de *"mecanismos de inclusión/exclusión"* que se ponen en marcha en las universidades brasileras, basados en *"relaciones personalizadas"*, en redes de relaciones que atraviesan los mecanismos formales e institucionales del mérito (1999, 2009; Rocha Pinto y Clemente Junior, 2004). Según el autor, la informalidad y personalidad que marcan las relaciones pedagógicas en las universidades, relacionadas con la oralidad como modalidad predominante y legítima de transmisión y consagración del conocimiento, constituyen la base por la cual el desempeño académico queda ligado a los recursos que lxs estudiantes poseen individualmente, asociados a su capital cultural y su origen social.

En *Los herederos. Los estudiantes y la cultura*, los autores sostienen que las diferencias sociales de origen de lxs estudiantes se consagran y perpetúan en el espacio universitario a través de procedimientos más o menos sutiles de eliminación de estudiantes provenientes de los grupos menos favorecidos de la sociedad, o su relegamiento a ciertas disciplinas. De esta manera, el sistema universitario contribuye a legitimar las desigualdades de oportunidad ante la cultura, transmutando –mediante los criterios de juicio escolar– los privilegios socialmente condicionados en méritos o dones personales.

Los hallazgos que surgen de la etnografía que realizo me llevan a proponer que los planteos de estos autores no deben ocultar las características específicas que adquieren las relaciones sociales en contextos académicos locales y particulares. Bourdieu y Passeron afirman que, entre los estudiantes universitarios franceses

   

*Las únicas redes de interconocimiento que tienen alguna continuidad o alguna consistencia son las que surgen de una escolaridad anterior o que se basan en vínculos sociales externos, como el origen geográfico común, la filiación religiosa o política y sobre todo la pertenencia a las clases sociales más acomodadas.* (2003: 56).

Los autores afirman que la falta de prácticas y relaciones en común entre los estudiantes universitarios tiene su base en las diferencias de origen social que existen entre ellos y pueden hablarnos, más que de una práctica universitaria, de *"las desigualdades sociales frente a la educación y ante la cultura transmitida por la educación"* (2003: 58).

El valor de la obra de Bourdieu y Passeron es innegable a la hora de reconocer que las aparentes libertades y la autonomía de que gozan lxs estudiantes universitarios no despojan a la institución de prácticas de diferenciación y perpetuación de desigualdades de origen social. Sin embargo, hay que decir que la constatación que realizan los autores sobre la falta de interconocimiento entre estudiantes no condice con los hallazgos de esta investigación y deja poco margen para preguntarse por el lugar que juegan las relaciones sociales que efectivamente se establecen, en procesos educativos concretos. Desde una perspectiva que se propone comprender el proceso de incorporación de "recién llegados" a un grupo social, que aquí conceptualizo en términos de *comunidad de práctica*, podríamos preguntarnos cómo funcionan los vínculos que los autores definen como "externos" en el desarrollo de la vida académica. El análisis que desarrollo aquí no considera estos vínculos como "externos" a otros que podrían ser definidos como "académicos". Al contrario, a lo largo de las descripciones y análisis desarrollados en el capítulo fue posible ver que los vínculos de amistad, de origen geográfico común y de parentesco se despliegan y desarrollan en espacios y grupos dentro de la facultad y forman parte de las relaciones y prácticas académicas.

Retomando a Elías, diremos que *"toda relación entre personas es un proceso"* (1999: 93) y por ello todo entramado de relaciones es un proceso; por lo que no se trata de dar cuenta de entidades fijas en las que los vínculos entre personas se puedan inventariar (Abèlés, 1997). Las maneras en que se actualizaron redes de relaciones y se expresaron nuevas figuraciones a partir de situaciones concretas en que se manifestaban relaciones personales previas, dan cuenta de este carácter procesual, que tiene importantes implicancias a la hora de comprender cómo juegan estas redes en la definición de procesos sociales como la formación de sociólogxs en *Humanidades*.

Sin negar los mecanismos de reproducción social y cultural que se ponen en juego en la institución universitaria, tal como lo proponen las investigaciones mencionadas, lo que aquí sostengo es que si entendemos esas relaciones como *figuración*, es decir, como *"(...) un* proceso de entramado [donde] *sólo es posible entender y explicar la sucesión de los actos de ambas partes en su mutua interdependencia"* (Elías, 1999: 94. El destacado es mío), veremos estas redes desde otra óptica. En estas redes de interdependencia no sólo entra en juego el mérito o las posibilidades de trabajo dentro de la facultad o de una carrera académica. También entran en juego las concepciones sobre la sociología y el "ser sociólogx" y los sentidos que van adquiriendo ambos en el proceso de formación. Los sentidos que adquieren las actividades de participación política, de generación de grupos de pares, de discusión e implementación de un curso de ingreso, de participación en órganos de gobierno y toma de decisiones como *la Junta*, difícilmente podrían ser comprendidos si desconociéramos el andamiaje de relaciones sociales en el que se despliegan y que producen ciertas formas de sociabilidad en la comunidad y ciertas experiencias académicas.

En los "entramados en proceso", como la *comunidad de sociólogxs platenses*, las relaciones y formas de sociabilidad suponen valores y creencias compartidas o en disputa sobre la misma comunidad, sus saberes y sus prácticas. Por ello es posible pensar la producción y reproducción de la *comunidad de práctica* a través del recorrido por las formas de sociabilidad y las redes de relaciones personales que promueven y sostienen diversas formas de participación de lxs actores en la vida cotidiana de la facultad y entre *los sociólogos*.

Por ejemplo, desde mis primeras conversaciones con interlocutores en el campo, "*¿sociología para qué?*" y "*¿qué es ser sociólogo?*" aparecieron como preguntas que muchxs actores se plantean. Lxs estudiantes que participan en la *comisión* y el *ENES* formulan esas preguntas en diversos contextos, desde folletos dirigidos a ingresantes, textos elaborados para los encuentros de estudiantes, conversaciones informales. Además, la pregunta *¿sociología para qué?* constituye el título de una de las unidades didácticas del programa de la asignatura Sociología General, de primer año.

Luego de las descripciones y análisis efectuados en este capítulo podemos pensar que las respuestas que lxs diversxs actores ensayan a estas preguntas tienen que ver con sus trayectorias y sus relaciones, con los espacios de los que participan, sus nexos con la historia de la carrera y con actores de otras carreras, disciplinas, universidades.

Respecto de las respuestas que circulan sobre qué es hacer sociología y "ser sociólogx", algunas personas en distintas oportunidades me hablaron de *transformar la realidad*, de desarrollar *prácticas sociológicas*; otras de *desnaturalizar el sentido común*, discutir y *argumentar sociológicamente*, de investigar y vivir de la academia; de tener una posición política formada y aprender a "leer" la de lxs demás aunque no la expliciten.

Ahora bien, esto no quiere decir que los sentidos del *para qué y el qué es hacer sociología y ser sociólogo* se resuelvan individualmente; podemos entender que estas preguntas y sus posibles respuestas son también objetos de disputa sobre el sentido que adquiere la formación y el "ser sociólogx". Justamente como puede entenderse en términos de figuración, puede decirse que hay diferenciaciones, exclusiones, discursos sociales sobre esto y hay también formas dominantes y alternativas de concebirlo. De esas formas me ocuparé en los próximos capítulos.

   

# Capítulo 3

## *"Queremos transmitir un espíritu militante desde la sociología"*. **Las militancias en la formación de *los sociólogos*[68]**

En este capítulo me concentro en las relaciones entre el proceso de formación de sociólogxs y las formas de militancia política de lxs estudiantes. En las universidades argentinas existe una fuerte tradición de participación estudiantil en *agrupaciones* políticas universitarias, estrechamente vinculada a la intervención de lxs alumnxs en el co-gobierno de la institución.

Todos los años se realizan elecciones estudiantiles en el mes de noviembre, que son obligatorias[69]. En ellas lxs estudiantes de todas las carreras votan para elegir representantes estudiantiles en los Consejos Superior y Directivo –máximos órganos de gobierno de la universidad y la facultad respectivamente, compuestos por representantes de todos los *claustros*– y *agrupación* encargada de la conducción del Centro de Estudiantes. Es decir, por un lado se trata de la elección de representantes en la estructura de co-gobierno universitario y por otro de la elección de los grupos que conducirán los gremios estudiantiles, como el Centro de Estudiantes de la Facultad (que representa a lxs estudiantes de todas las carreras) y la FULP[70].

Como vimos en capítulos anteriores, además de participar en *agrupaciones* políticas, muchxs estudiantes de sociología participan en espacios como la *comisión de estudiantes* y el *ENES*, en donde desarrollan actividades que ellxs mismos llaman *militar en la carrera*. Me pregunto: ¿de qué manera lxs estudiantes relacionan su condición de estudiantes de sociología con la experiencia de militancia y de militancia *en la carrera*? ¿Cómo

---

68  Una versión preliminar de este capítulo fue publicada en el libro compilado por Antonio Camou, Marcelo Prati y Sebastián Varela, titulado *¿Ya votaste? Experiencias de participación política de jóvenes estudiantes de la UNLP* y publicado en 2018 por EdULP.

69  Para el caso de profesores y graduadxs, las elecciones a Consejos Superior y Directivo se hacen cada cuatro años, que es la duración de los mandatos.

70  Federación Universitaria de La Plata. Representa a los Centros de Estudiantes de la UNLP. Cada año se realiza el Congreso de la FULP, en que se elige qué *agrupación* o frente de *agrupaciones* la conducirá, a partir de los votos que cada *agrupación* haya sumado en las elecciones de cada facultad.

viven esa relación? En este punto planteo que la *militancia en la carrera* es una forma que lxs estudiantes encuentran para disputar sentidos sobre el para qué de la sociología y qué es "ser sociólogx", con otrxs actores al interior de la universidad.

Intento acercarme a las prácticas de militancia que despliegan lxs estudiantes sin definir o discutir cómo y para qué deben desarrollarse, sino preguntándome cómo lxs actores las viven, qué significados se asocian a ellas y por qué la militancia se encuentra, para muchxs de mis interlocutores, tan pegada a la idea de formación. En este sentido, "militancia" (y términos asociados como "militar", "militante") no se constituye en una categoría analítica, sino nativa, que forma parte del mundo de actores, prácticas y significaciones que busco comprender.

## 1. Prácticas y espacios de militancia estudiantil en *Humanidades*

En el paisaje cotidiano de *Humanidades*, un elemento siempre presente son las *agrupaciones* estudiantiles (conformadas por estudiantes de diversas carreras de la facultad) y las maneras que encuentran de hacerse visibles, estar presentes y dejar huellas en el espacio material: los carteles colgantes en el hall con los colores que identifican a cada una y las *mesas*. Así, desde que se ingresa al edificio y hasta el hall del primer piso se van sucediendo las *mesas* de Aule, Utopía, Franja Morada, Unite, La Jauretche, Ya Basta, Cienfuegos, Lupas, Pisando Charcos, Tesis XI, Colectivo de Trabajo, La Freire, El Viraje, entre otras[71]. En las *mesas* casi siempre hay volantes, folletos, afiches elaborados por la misma *agrupación* y al menos un estudiante militante de la *agrupación*. Lo más habitual es que haya más de unx y también que otrxs estudiantes, no militantes, se acerquen a charlar, preguntar algo o saludar a algún amigx.

La mayoría de las *agrupaciones* estudiantiles forman parte de organizaciones (partidos, frentes, movimientos) de alcance mayor, ya sea universitario o nacional. En la historia de la universidad argentina pueden hallarse vinculaciones entre la dinámica política de las *agrupaciones* y procesos políticos más amplios. Esas vinculaciones de algunas *agrupaciones* con otras organizaciones políticas no universitarias tienen su contracara en la constitución, al menos desde la década de 1980, de *agrupaciones* autode-

---

71    Se trata de algunos nombres que adoptan las *agrupaciones* en *Humanidades*. La mayoría de ellas forman parte de movimientos, partidos o *agrupaciones* más amplias que también tienen presencia en otras facultades de la UNLP, manteniendo en algunos casos la misma denominación y en otros no. También hay *agrupaciones* en otras facultades que no están en *Humanidades*.
      En los años que transcurrieron desde el trabajo de campo ese mapa político estudiantil tuvo modificaciones, sobre todo de algunas *agrupaciones* que se disolvieron o fusionaron, y otras que se crearon o reconstruyeron.

    APRENDIENDO A SER SOCIÓLOGXS

nominadas *independientes*[72]. Esta independencia se define en relación a la no pertenencia a partidos políticos que existen por fuera de la universidad. A su vez, el calificativo de *independiente* se utiliza en la facultad para nombrar a lxs estudiantes que no militan en ninguna *agrupación*, si bien hay quienes llaman a estxs estudiantes como *no agrupados*.

Entre las *agrupaciones* de *Humanidades* existe una gran diversidad de extracciones políticas. Según las definiciones de las propias *agrupaciones*, encontramos: peronistas, kirchneristas (*agrupaciones* articuladas al Frente para la Victoria, a La Cámpora, a la Juventud Peronista); izquierda independiente (se trata de una variedad de *agrupaciones* que se ubican a sí mismas en este espectro; se definen como de izquierda pero no adscriben a ningún partido de izquierda constituido como tal, sino a movimientos o frentes que fueron generados luego de la crisis de 2001, como el Frente Popular Darío Santillán o la Juventud Guevarista[73]; incluso hay *agrupaciones* que no adscriben a ningún movimiento mayor); izquierda vinculada a partidos políticos de diversas orientaciones, como trotskistas (Partido de los Trabajadores Socialistas, Movimiento al Socialismo, Partido Obrero, Partido Socialista de los Trabajadores Unificado) o maoístas (Partido Comunista Revolucionario); radicales (Unión Cívica Radical), socialistas (Frente Amplio Progresista); nacional-populares y latinoamericanistas (Movimiento Nacional Latinoamericanista Estudiantil).

Parte de la vida político-estudiantil de la facultad también está caracterizada por las asambleas estudiantiles que se realizan varias veces al año. En ellas participan lxs estudiantes que militan en *agrupaciones* y también algunxs que no pertenecen a ninguna *agrupación*, lxs llamados *independientes*. Estas asambleas pueden ser muy numerosas, aunque la fuerza de la convocatoria depende del temario a tratar y de la *agrupación* o conjunto de *agrupaciones* que convoquen. Se realizan en el hall del primer piso, donde se conecta un micrófono que utilizan los oradores que se van sucediendo. Cuando se realizan asambleas es muy habitual que haya estudiantes en el

---

72    Un punto de inflexión en la trayectoria de las *agrupaciones independientes* de La Plata fue la movilización creciente a partir de 1994 y a raíz de la implementación de reformas en las universidades nacionales impulsadas desde el Estado nacional, en el marco de la sanción y puesta en marcha de la Ley de Educación Superior. Según los sectores estudiantiles movilizados en contra de esta Ley, su sanción suponía una amenaza a la autonomía universitaria y una restricción del acceso a la educación superior para grandes sectores sociales. Las actividades de organización y movilización que impulsaron las *agrupaciones independientes* en este periodo iniciaron el establecimiento de relaciones con *agrupaciones* independientes de otras facultades de la UNLP, la realización de actividades y proyectos conjuntos y en algunos casos la conformación de frentes políticos universitarios (Pinedo, 2009).

73    Vale aclarar que muchas de estas *agrupaciones* fueron creadas a mediados de la década de 1990, como *agrupaciones* independientes dentro de la facultad movilizadas principalmente por el rechazo a la Ley de Educación Superior, sancionada el 20 de julio de 1995. Su adscripción a movimientos más amplios fue posterior.

2do y 3er piso mirando hacia el hall, para seguir el transcurso de los debates; algunas de estas situaciones fueron descriptas en el capítulo 1.

También es muy común, especialmente en épocas previas a elecciones estudiantiles, que haya *militantes* de las agrupaciones paradxs en las escaleras o entradas (al edificio, al hall del primer piso, a los pasillos) repartiendo volantes, boletines, folletos, plataformas electorales para difundir sus ideas o invitar a actividades organizadas por las *agrupaciones* o las organizaciones más amplias que las nuclean.

En épocas de elecciones aumenta además la presencia de lxs *militantes* en las clases, lo que en la facultad se conoce como "*pasar por las cursadas*". Se trata de grupos de dos o tres estudiantes, vestidxs con la remera de su *agrupación*, que solicitan al docente unos minutos de la clase para "*hablar con los chicos*". Allí cuentan brevemente sus posiciones en relación a la conducción vigente del Centro de Estudiantes (enumerando principalmente críticas si se trata de una *agrupación* que no lo conduce y logros en el caso de la *agrupación* que pretende mantenerse en la conducción del Centro) y a algunos temas de la política nacional. También reparten sus plataformas electorales o balances del año. Es común que estas "*pasadas*" se den durante todo el año, pero aumentan significativamente en octubre, el mes anterior a las elecciones.

Imagen 1: el hall del 1er piso durante elecciones estudiantiles, con carteles colgando desde los pasillos del 2do y 3er piso. Noviembre 2011. Foto: Federico Dutelli.

   APRENDIENDO A SER SOCIÓLOGXS

Otras elecciones que se realizan en *Humanidades* son para votar representantes en Juntas Asesoras Departamentales. Éstas se constituyen en cada Departamento Docente y son órganos asesores del Consejo Directivo. Están compuestas por profesores, graduadxs y estudiantes, además del director o directora del Departamento, que las preside. Entre los temas que tratan hay aspectos de gestión de las carreras, concursos y selecciones docentes, programas de materias, cursos de ingreso, planes de estudio, entre otros. Estas elecciones no son obligatorias y se realizan cada dos años. En ellas no compiten las *agrupaciones* sino que se conforman listas de estudiantes para cada carrera, que se someten a elecciones para ser representantes *en Junta*[74]. En este caso, lxs estudiantes votan sólo lxs representantes para la Junta del Departamento según la carrera que cursan.

Estas listas de candidatxs para conformar *las Juntas* emanan de las *comisiones de estudiantes* que se organizan por carreras. Como parte de una tradición de participación política que se remonta al menos a los años ochenta, lxs estudiantes de *Humanidades* han conformado de manera variable en distintos momentos históricos las llamadas *comisiones de estudiantes*.

La conformación de las *comisiones* no es obligatoria y tampoco es reconocida en las normativas de la facultad, a diferencia del Centro de Estudiantes. Son sostenidas por estudiantes, que las consideran desde hace años espacios legítimos de participación, gozando de reconocimiento variable por parte de otrxs actores como profesores, ayudantes y autoridades, según la carrera. En la práctica, se ha establecido que lxs delegadxs estudiantiles *en Junta* deben participar de la *comisión* de su carrera, ya que es el espacio donde se discute sobre su rol y objetivos en las reuniones *de Junta* y donde informan al resto de lxs estudiantes sobre lo tratado y decidido allí.

Aparte de la *comisión de sociología*, lxs estudiantes de sociología reconocen como espacio de participación y militancia *en la carrera* al *ENES* (Encuentro Nacional de Estudiantes de Sociología). Además del encuentro anual, el *ENES* funciona como espacio permanente donde un grupo de estudiantes realiza actividades no sólo para la organización del evento –en el caso en que se hizo en La Plata– o del viaje –para cuando se hace en otra ciudad–, sino que también realizan durante el año fiestas para recaudar dinero y talleres sobre temáticas como género, educación, medios de comunicación, trabajo, organizaciones y movimientos sociales, seguridad y control social, entre otros. Ellxs llaman a estas reuniones *"encuentros pre ENES"*, porque anticipan la modalidad de trabajo del *ENES*. Son instancias a las que lxs estudiantes convocan a participar a otrxs que no lo están haciendo, para que conozcan de qué se trata el Encuentro y cómo se trabaja allí.

---

74 A diferencia de las elecciones para Consejo Directivo y Superior, estas elecciones se realizan en todos los casos cada dos años, ya que lxs representantes de todos los *claustros* en Juntas Asesoras Departamentales se renuevan con la misma periodicidad.

Imagen 2: la cartelera de la *comisión de sociología* en el hall del primer piso, vacía en el mes de diciembre, con las imágenes de Marx, Durkheim y Weber pegadas como distintivo. Diciembre 2011. Foto: Cecilia Carrera.

Imagen 3: imagen difundida por la *comisión de sociología* como presentación en redes sociales y páginas webs.

Lxs estudiantes hablan de la participación en estos espacios como *estar en el ENES, estar en la comisión*; o *militar en el ENES, militar en la comisión*. Si bien se trata de dos espacios diferenciados, que lxs mismxs estudiantes se encargan de distinguir, existen relaciones entre ellos. Muchxs de quienes militan en la *comisión* también lo hacen en el *ENES*. Además, ambos grupos se autodefinen como espacios *independientes*, por no res-

   APRENDIENDO A SER SOCIÓLOGXS

ponder a ninguna *agrupación* en particular y en los cuales *"participan y militan tanto estudiantes agrupados como no agrupados de nuestra facultad"*[75]. En el *ENES* la cantidad de participantes oscila según el momento del año, ya que aumenta significativamente a medida que se acerca la fecha del próximo Encuentro. En ambas instancias *militan* estudiantes a partir del segundo año de la carrera[76].

## 2. *Militar en la carrera*

Como mencioné en el capítulo anterior Nico, mi amigo estudiante de ciencias de la educación, me recomendó ir a las reuniones de la *comisión de socio*, ya que

*(...) ahí se junta gente que le interesa su formación, que discute sobre la carrera. (...) Ellos hacen muchas cosas, incluso tienen un curso de ingreso que sostienen ellos. (...) Después otro espacio que tienen es el encuentro de estudiantes de sociología. Ahí son una banda, están re organizados y piden plata y la consiguen.* (Registro de campo, 11/05/2011).

También Soledad, una docente en cuyas clases yo estaba participando, me dijo

*(...) el de la comisión de alumnos es un espacio clave para pensar la carrera. Porque es un espacio importante por el que transitan muchos estudiantes, donde se juega mucho de la formación, también la formación política. Aparte porque les da visibilidad, los representantes en junta salen de ahí, eso les da visibilidad y trato con profesores y graduados, que de otra manera por ahí no habría tanto contacto. Entonces después abre puertas en cátedras, institutos (...).* (Registro de campo, 18/05/2011).

La relación entre *"formación"* y *"formación política"* empezaba a plantearse como un lugar importante desde el cual comprender algunos sentidos que lxs actores otorgan a su formación como sociólogxs. Cuando mantuve esa conversación con Soledad, ya había iniciado contacto con Agustín[77],

---

75  Palabras citadas del Comunicado titulado *"Borrón y ¿Foro nuevo?"*, emitido por el grupo del ENES a mediados del año 2012, y difundido por mail y en redes sociales.

76  La carrera de sociología prevé 5 años de cursada, más una tesina en el caso de la licenciatura y prácticas de enseñanza en el caso del profesorado. Quienes se encuentran participando en la *comisión* o el *ENES* están todavía cursando alguna asignatura o taller y quienes finalizaron sus cursadas y se encuentran realizando la tesina, tienden a dejar de participar de ambas instancias.

77  Soledad es docente de una materia de segundo año de la carrera y tenía a su cargo las clases de trabajos prácticos con dos grupos. Asistí a las clases que ella dictó en el primer cuatrimestre de 2011; también mantuvimos varias conversaciones sobre su experiencia de tránsito por la carrera, sobre historias y personajes que yo iba escuchando en charlas con otros o encontrando en redes sociales en internet. Soledad se había graduado unos tres años antes y hacía dos que se desempeñaba como ayudante en esta asignatura. Presenté a Nico y Agustín en el capítulo 2.

un estudiante avanzado que estaba dejando de *militar* para graduarse. Con él sostuve una entrevista extensa en la que charlamos sobre su experiencia en la carrera, en la *comisión* y en el *ENES*. Agustín me dijo, cuando comenzábamos nuestra charla:

> *Sí tengo algo bien pensado, que el año pasado solía pensarlo, que cómo la militancia en la carrera, no la militancia en una agrupación, sino militancia en la carrera, en la comisión, organizando el encuentro de sociología, cómo me ancló en la sociología.* (Entrevista, 20/05/2011).

Agustín hablaba de la militancia *en la carrera* como algo que lo "*ancló en la sociología*". Ahora bien, para definirse, esa militancia necesita ser diferenciada de otras formas de militancia. *Militar en la carrera* no es militar en una *agrupación*[78]. ¿Qué significa, entonces, *militar en la carrera* y qué diferencias tiene con militar en una *agrupación*?

Desde la *comisión* y el *ENES* se convoca a estudiantes de sociología que estén interesadxs en pensar y replantear "*el sentido de la formación académica*"; ya sea a través de las actividades de reflexión, debate y organización que se realizan en el *ENES* o a través de la participación en la toma de decisiones que afectan directamente al desarrollo de la carrera, como el caso de la *comisión*, en la que se discute lo tratado *en Junta Departamental*.

En este sentido, es importante precisar que lxs estudiantes definen estos espacios desde la vinculación con su proceso de formación como sociólogxs y a partir de ellos construyen posiciones que disputan los sentidos de esa formación con otrxs actores de la carrera y de la facultad.

Esta disputa es expresada por lxs estudiantes a través de preguntas o tópicos que se repiten en diferentes circunstancias y bajo formas que pueden variar, como "¿sociología para qué?" o "¿cuál debería ser el rol de los sociólogos y sociólogas en nuestra sociedad?" o "¿qué hace un sociólogo?". También se desarrolla de manera cotidiana a través de pujas en distintos espacios institucionales (como la *Junta* o el centro de estudiantes) que se dan en torno a temas sobre los que hay que tomar decisiones.

La pugna con otrxs actores se concentra principalmente en dos direcciones: una jerárquica, que pelea con la visión, acciones y posicionamientos de profesores y graduadxs respecto de las orientaciones de la carrera, el perfil de sociólogx buscado, los espacios de cursada ofrecidos, las características del curso de ingreso a la carrera o de las tesinas requeridas para licenciarse, etc. Pude ver que en el espacio de la *comisión* gran parte de las energías y del tiempo de las reuniones se los lleva esta pugna. Me ocuparé de estas disputas en el siguiente apartado.

En el caso del *ENES*, la tensión con profesores y graduadxs no se manifiesta con esta apertura por tratarse de un espacio que manejan lxs estu-

---

78   Recordemos que Agustín militaba, también, en una *agrupación* que participaba en elecciones estudiantiles.

                                                      

diantes. Pero tanto en la *comisión* como en el *ENES* se hace evidente la otra dirección en la que se disputa, que es el mismo escenario político estudiantil de la facultad. Allí existen tensiones muchas veces solapadas con las *agrupaciones* estudiantiles, donde entran en conflicto tanto los sentidos sobre el para qué de la sociología como la legitimidad de los mismos espacios de lucha. En este caso, el escenario es complejo porque muchos de lxs estudiantes que militan en la *comisión* o el *ENES*, también lo hacen en alguna *agrupación*. Esta es una característica de la que suelen jactarse ambos grupos pero que, lejos de darse sin tensiones, constituye una fuente de conflicto latente. Como veremos más adelante, si bien la *comisión* y el *ENES* son grupos abiertos, en los que puede participar cualquier estudiante de sociología interesadx, en algunas circunstancias los intereses de estos grupos y los de las *agrupaciones* no son fácilmente compatibles.

Las tensiones con las *agrupaciones*, sobre todo con las que concentran mayor cantidad de votos en las elecciones, se manifiestan alrededor de los asuntos en los que cada grupo (*comisión*, *agrupación*, centro de estudiantes) considera legítimo intervenir. Durante el año 2011 y 2012, se desataron conflictos entre la *comisión* y el *ENES* con algunas *agrupaciones*, así como conflictos dentro de esos espacios de *militancia en la carrera*, entre militantes de *agrupaciones*.

En reuniones de *comisión* se dieron algunas peleas entre militantes de distintas *agrupaciones* en torno a las maneras con que debería llevarse adelante la comunicación entre lxs representantes estudiantiles en el Consejo Directivo y las *comisiones de estudiantes*. Particularmente, el conflicto mayor tuvo que ver con la sanción del *nuevo REP*. El Régimen de Enseñanza y Promoción (*REP*) de la facultad dispone la organización del calendario académico, de las actividades y de los equipos de cátedra para el dictado de las asignaturas, la elaboración y aprobación de programas de materias, la toma de exámenes y las modalidades de promoción. Su modificación se venía tratando desde hacía dos años en la Comisión de Enseñanza del Consejo Directivo. También el espacio *intercomisiones* había tenido alguna reunión para proponer modificaciones al régimen. En la *comisión de socio* habían acordado trabajar sobre eso cuando el tema del curso de ingreso ya no ocupara todas las reuniones. Finalmente, el reglamento modificado se trató y aprobó en el Consejo Directivo una mañana de fines de octubre de 2011. Ese mismo día al mediodía estaba programada una reunión de *comisión*. Llegué temprano al hall y me encontré con Juliana que estaba en la *mesa* de Cienfuegos[79] leyendo la *plataforma* que la *agrupación*

---

79    Cienfuegos era en ese momento una *agrupación* recientemente creada. Se trata de una de las derivaciones de la *agrupación* La Llamarada, que rompió ese mismo año anunciándolo en un comunicado que repartieron en volantes y se difundió en redes sociales. La otra derivación fue la *agrupación* Lupas.

había elaborado para las elecciones estudiantiles que se harían la semana siguiente. Charlamos unos minutos y luego llegó Mariano diciendo:

> — *Che, hoy somos re pocos. Diego no viene, Candela no viene, no sé Darío, ni Rosario (…).*
> — *Franco creo que sí; ¿y viste lo que pasó? –contestó Juliana.*
> — *No, ¿qué pasó?*
> — *Hoy se aprobó el REP en el Directivo, y Franco no avisó nada, ¡es para matarlo![80].*
> — *Uy (…) sí, me imagino lo que va a ser hoy.*
> — *No, pero algo hay que decirle, nosotros lo íbamos a discutir hoy[81] y él no avisó nada. El temario* [del Consejo Directivo] *está hace dos semanas (…).*
> — *Ah, ¿y son públicos los temarios? ¿Se puede acceder? –pregunté yo.*
> — *Podés acceder pero te ponen todas las trabas, tu representante lo tiene que bajar –me respondió ella.*

*En eso llegó Rosario y saludó. Volvieron a decir que somos pocos y Juliana propuso esperar un poco más.*
*(…)*
*Luego de un rato de reunión, cuando hubieron trabajado sobre otros temas y viendo que no quedaban más asuntos, Juliana dijo:*

> — *Bueno, y queda lo del REP. La verdad yo no sé qué decirte, Franco –Juliana miraba a Franco con una expresión entre sorprendida e irónica.*
> — *¿Por? –respondió él.*

*Entonces Juliana le planteó que no les había avisado que el REP se aprobaba hoy y que "finalmente se aprobó sin consultar al claustro estudiantil", ya que las comisiones se disponían a trabajar sobre el tema justo la misma semana en que sería aprobado, y que él "les había dado la espalda como representante".*
*Franco opuso sus argumentos a la acusación de Juliana diciendo que él no sabía la semana anterior que hoy se aprobaría el REP, que "hace dos años que se viene discutiendo, no les dije nada porque no sabía si se iba a aprobar o no". En su intervención también hubo acusaciones como "¡vos sos de Aule y tenés algo personal con Utopía, nosotros representamos 2000 estudiantes!".*

---

80  Franco era en ese momento consejero directivo representante del claustro estudiantil por Utopía. Como parte de esa función, constituía la Comisión de Enseñanza, encargada de elaborar y proponer las modificaciones al *REP*. Juliana se mostró enojada porque consideraba que Franco estaba al tanto de que el REP sería tratado y aprobado en reunión del Consejo Directivo y debería haber avisado a sus compañerxs de la *comisión* antes de que sucediera.

81  En la reunión de la semana anterior habían acordado que cada unx leyera el proyecto del *nuevo REP* para discutirlo en esta reunión y ver si proponían modificaciones para plantearlas en la próxima reunión de Junta en el Departamento de Sociología.

 

*Juliana rechazó los argumentos relacionados con la cantidad de votos recibidos en las últimas elecciones y dijo que él tenía la responsabilidad de socializar la información y que no le creía que no sabía nada.*
*Rosario intervino (la discusión se estaba dando casi exclusivamente entre Franco y Juliana) y le dijo a Franco que "no es con vos o con Utopía, sino que a cualquiera le diríamos todo esto si no hubiera avisado".*
*Franco argumentaba: "otras juntas lo trataron y nosotros estuvimos con lo del curso [de ingreso]".*

*— De los profesores no me sorprende, pero vos tenías que avisar en los espacios de base como este. Nosotros nos quedamos ahora con las anotaciones del REP como unos estúpidos –le reclamaba Juliana, haciendo referencia a las cosas que habían marcado para discutir en el borrador del nuevo REP que había circulado.*
*— ¿Vos leíste los borradores? –le preguntó Franco.*
*— Claro que los leí y pienso que es una generalidad que no habla ni de las [materias] optativas, ¿para qué nos sirve esto a nosotros?*

*Hubo otras intervenciones y a los pocos minutos la discusión sobre el REP finalizó; no porque se hayan puesto de acuerdo sino porque fueron paulatinamente cambiando de tema. Pasaron a las fechas de próximas reuniones; decidieron no hacer reunión la semana próxima porque son las elecciones estudiantiles y muchos de los militantes se dedican esa semana a las tareas que sus agrupaciones definen.* (Registro de campo, 26/10/2011).

Las disputas entre *agrupaciones* atraviesan a la *comisión* no sólo porque algunas discusiones se dan en el espacio de las reuniones sino porque allí disputan la intervención en temas en los cuales la *comisión* también está interesada. El caso del *REP* fue claro en ese sentido, ya que se trata de un reglamento que dispone condiciones de cursada y aprobación de materias y la *comisión* quería ocuparse y pronunciarse. De hecho, Juliana le hizo el reclamo a Franco en nombre de la *comisión* y éste la acusó de hacerlo en calidad de miembro de Aule, la *agrupación* directamente enfrentada a la suya, Utopía.

Lo interesante de esta escena es que los demás presentes también perecen haber leído la situación como disputa "de *agrupaciones*", pues casi no intervinieron y es Juliana, miembro de una *agrupación*, quien realizó el reclamo. El comentario de Mariano antes de la reunión (*"me imagino lo que va a ser hoy"*) da cuenta de cierta incomodidad con la disputa entre *militantes* de la que no se siente parte, y también da cuenta de que no es la primera vez que una discusión "de *agrupaciones*" se da en el marco de actividades de la *comisión*.

En el grupo del *ENES* los conflictos se revelaron a raíz de la creación, por parte de Utopía, la *agrupación* que condujo el Centro de Estudiantes hasta 2012, del Primer *"Foro de Sociología de la FAHCE"*. Los militantes del *ENES* emitieron un comunicado que difundieron a través de Facebook y correo electrónico en el que repudiaban la organización de ese Foro. Allí manifestaron que el Foro replicaba los temas que desde hace años se trataban en el *ENES*, pero desconociendo esta experiencia. Según el comunicado, titulado *"Borrón y ¿Foro nuevo?"*, la *agrupación* en cuestión ha desconocido

> *(...) la construcción política de los espacios independientes de nuestra carrera. Han apostado a vaciar de contenido y participación a espacios legítimos de organización que se basan en el trabajo conjunto, plural y horizontal. Y lo hacen sabiendo que de esta manera rechazan de hecho toda voluntad de acumular discusiones como claustro y como estudiantes de sociología.*

Si bien estas tensiones con la *agrupación* se venían dando hacía tiempo, ésta fue la primera vez que el grupo del *ENES* decidió manifestar públicamente su posición crítica hacia las maneras en que Utopía venía conduciendo el Centro de Estudiantes y la relación con *"los espacios independientes"*.

Estas disputas, que expusieron algunas tensiones en el escenario político-estudiantil de *Humanidades*, no fueron episodios aislados sino que se acumularon y culminaron a fin del año 2012 con la conformación de una alianza electoral entre varias *agrupaciones* y algunxs estudiantes *independientes* (muchxs militantes del *ENES* y la *comisión*). Esa coalición, que se llamó "El Frente", logró ganar las elecciones de 2012 y con ello la conducción del Centro de Estudiantes (que venía conduciendo Utopía desde 2011). Fue la primera vez que lxs estudiantes *independientes* se unieron como tales a una alianza para elecciones, lo que muestra el crecimiento y visibilidad de los grupos de militancia *en la carrera* y su intervención en asuntos de política gremial (recordemos que la *comisión* y el *ENES* son definidos como grupos autoconvocados y voluntarios, que no disputan en elecciones la conducción del Centro de Estudiantes o la representación en el Consejo Directivo, sino que se caracterizan por ocuparse de la discusión sobre temas de la carrera y la formación académica).

## 2.1. La comisión de socio

Las reuniones de *comisión* suelen consistir principalmente en la reconstrucción por parte de lxs delegadxs de lo tratado en la última reunión de *Junta*, la discusión de posiciones respecto de los temas que se tratan allí, la formulación de estrategias para ser escuchadxs o lograr que se tome alguna decisión que ellxs proponen y/o la planificación de alguna actividad destinada al conjunto de lxs estudiantes[82]. Desde las primeras reuniones en las

---

82 Durante el tiempo que estuve participando de las reuniones y en contacto con sus actividades, la *comisión* organizó actividades como: debate previo a las elecciones entre las *agrupaciones* de la

   

que estuve lxs estudiantes que representan al claustro en *la Junta* platearon una dificultad respecto de cómo intervenir en ese espacio, ante docentes y graduadxs. En una ocasión, Franco dijo que lxs docentes y graduadxs *"ya tienen bien definido lo que quieren y que si los dejás avanzan y te pasan por arriba"*. Candela replicó a eso que ellxs tienen que poder *"plantarse como un actor que quiere participar, como un actor legítimo"* (Nota de campo, 23/06/2011).

Las diferencias con otros *claustros* se manifestaron claramente cuando se iniciaron en *la Junta* las discusiones para la elaboración de un curso de ingreso[83] a la carrera, durante el año 2011. Sociología no contaba con curso de ingreso hasta el año 2012, en que se dio su primera edición. Sin embargo, desde hacía unos años lxs estudiantes de la *comisión* venían organizando un *"taller de ingresantes"* de cuatro días de duración, que ellxs mismxs conducían. El taller no era obligatorio y planteaba objetivos de ambientación e integración a la vida académica y política de la facultad. La decisión del Departamento de Sociología de implementar un curso como parte de una política general de la facultad, supuso la eliminación de ese taller y la formulación de otro proyecto.

Como indiqué en el Capítulo 2, la conducción del Departamento había intentado poner en funcionamiento un Curso de Ingreso a partir de 2011, pero no se llegó a un acuerdo entre los *claustros* ya que, como me contó Agustín en nuestra charla y como consta en el *"Balance de Delegados"*[84], lxs estudiantes reclamaron que sus intereses no estaban contemplados en la propuesta y que se lxs estaba excluyendo de la toma de decisiones al respecto.

Durante 2011 se rediscutió en el marco de *la Junta* una propuesta de ingreso, que culminó con un proyecto que se implementó en febrero y marzo de 2012. En la pelea por el curso de ingreso se actualizaron, disputaron, reinterpretaron perspectivas sobre la carrera de sociología, el lugar

---

facultad; charlas informativas sobre materias optativas, tesinas, curso de ingreso; proyección de películas y debate; talleres sobre historia del movimiento estudiantil y sobre educación.

83    Respecto del ingreso a las carreras, se registra en los últimos años un crecimiento de los cursos de ingreso, como modalidad y política cada vez más instalada en la UNLP, que también rige para todas las carreras de la Facultad de Humanidades. El ingreso a la universidad comenzó a plantearse como asunto de política educativa y discusión político-pedagógica a partir del registro de la fuerte expansión de la matrícula universitaria en la segunda mitad del siglo XX. Desde entonces hasta la actualidad, los debates y las estrategias implementadas han adquirido diversos matices, desde el ingreso abierto y directo al cursado de las carreras hasta exámenes y cursos de ingreso eliminatorios, pasando por los llamados "cursos de nivelación" y los cursos de ingreso optativos u obligatorios no eliminatorios. Desde la sanción de la Ley de Educación Superior (LES) en 1995, cada universidad establece su propia política de ingreso y, en el caso de universidades con más de 50.000 alumnos, cada facultad puede establecer sus estrategias de ingreso.

84    Se trata del documento titulado "Balance sobre la participación estudiantil en Junta Departamental de Sociología. 2009-2010", elaborado por lxs estudiantes que se desempañaron como delegadxs *en Junta* durante esos años.

de lxs estudiantes allí y de otrxs actores y también de la sociología y lxs sociólogxs, y los sentidos que lxs actores construyen alrededor de eso.

Hubo dos principales líneas de divergencia entre lxs estudiantes y lxs profesores y graduadxs en *la Junta*, durante la discusión sobre el curso de ingreso. Una de ellas relacionada con cuál debía ser el objetivo principal del curso: lxs estudiantes elaboraron una propuesta en la que apuntaban a la inserción de lxs ingresantes en la vida política de la facultad y a la reflexión sobre lo que llaman *prácticas sociológicas*; y lxs profesores y graduadxs elaboraron otra propuesta que apuntaba al trabajo con textos académicos. La otra línea de divergencia estaba relacionada con la forma que tomaría la dirección del curso: si replicaría la estructura de cátedra o se generaría otro modelo.

A lo largo de las reuniones de *comisión* que presencié, el tema del curso de ingreso fue ganando espacio hasta coparlo casi por completo en algunos momentos. Así lo recuperé en mi registro de campo:

> *Los delegados contaron que* "en el departamento quieren armar una cátedra de ingreso" *y ellos sienten que están desconociendo su experiencia en los talleres de ingresantes,* "que fue la única experiencia que se ocupó de los ingresantes, porque el departamento nunca tuvo una política en ese sentido", *manifestó Candela. (...)*
> *Coincidieron todos los que estaban en que el tema de la organización y estructura de funcionamiento del curso* "va a ser difícil en la discusión con los otros claustros", *porque desde su perspectiva, si se arma una cátedra no les van a dar espacio. (...) Otro de los temas que les llevó casi toda la reunión es cómo van a presentar su propio reclamo, es decir, la participación estudiantil. Como nadie les negó de plano esa participación, ellos interpretan que la lucha va a estar dada por cómo pensarla, en qué espacios y niveles. (...) Este tema sigue siendo el terreno donde los chicos ven la pelea más difícil a dar en este momento. La disputa por la modalidad del ingreso y la gente que va a estar encargada de eso se plantea cada vez más claramente en las reuniones de* Junta. (Registro de campo, 24/08/2011).

La discusión sobre la estructura organizativa del curso y el lugar que se les daría allí a lxs estudiantes puso de manifiesto que la lucha que en ese punto se actualizó estaba relacionada con los espacios y formas de participación que se habilitaban en la *comunidad de práctica*, a quienes se están formando.

Lave y Wenger (1991) proponen utilizar el concepto de "participación periférica legítima" para comprender el proceso de incorporación creciente de "recién llegados" a comunidades de práctica que manejan conocimientos, valores, relaciones, actividades específicos. El concepto de participación periférica legítima nos permite pensar en las relaciones entre lxs recién llegadxs y lxs experimentadxs, y en las actividades que se despliegan en las comunidades de conocimiento y práctica. "[Este concepto] *se ocupa del proceso por el cual los recién llegados se convierten en parte de una comunidad de práctica. (...) el significado del aprendizaje es configurado a través del proceso de convertirse en un participante pleno en una práctica sociocultural*" (1991: 29). Los autores plantean que la forma que toma la legitimidad de la participación en una comunidad de práctica es una característica definitoria de las maneras de pertenecer, y es por eso no sólo una condición crucial del aprendizaje, sino un elemento constitutivo del contenido del aprendizaje.

Podemos entender los reclamos de lxs estudiantes por mayor participación como intentos por no quedar afuera de un espacio, el curso de ingreso. Pero desde una perspectiva más amplia, que busque comprender estas luchas como parte de un proceso educativo, también podemos entenderlos como constitutivos del proceso de aprendizaje que supone incorporarse a una comunidad de práctica y las disputas que se generan en relación a las formas y espacios de participación creciente de "los recién llegados".

En varias oportunidades lxs delegadxs *en Junta* relataron lo que les costó instalar la discusión sobre cómo iba a estar conformado el equipo que lleve adelante el curso de ingreso. Desde su perspectiva, lxs docentes daban por sentado que se conformaría un equipo muy parecido a una cátedra, con todo lo que ello comporta: roles, jerarquía y principalmente cierto lugar subordinado para lxs alumnos. Es en este punto donde la disputa de lxs estudiantes por tener un lugar en el curso de ingreso reinstaló y reinterpretó tensiones en torno a las formas de participación que se habilitan, o no, en la *comunidad*.

Para comprender mejor estas disputas, es necesario recordar lo referido en la Introducción sobre el concepto de *comunidad de práctica* como herramienta para dar cuenta de manera compleja de un proceso educativo en el que entran en juego formas de relacionarse, saberes, actividades, roles, valores, a través de los que se aprende a ser sociólogx en esta carrera. La pelea de lxs estudiantes por "quedar adentro" del *proyecto de ingreso* suponía no solamente que se tuviera en cuenta la experiencia previa de los talleres de ingresantes y los objetivos que esos talleres sostenían, sino también poder participar de las decisiones, no sólo de los lineamientos generales sino también sobre los talleres. Como dijo Franco en una de las reuniones, *"Tenemos que lograr que el que planifique, el que evalúe y el que ejecute no sean personas distintas"* (Registro de campo, 24/08/2011).

Esta pelea conectaba con otro asunto que surgió en las discusiones en la *comisión* y en la *Junta*: el de los cursos de ingreso y las carreras "referentes". Como la carrera de sociología fue la última en la facultad en implementar una política de ingreso, en el transcurso de los debates los distintos grupos retomaron como referentes a los cursos de ingreso que ya se implementaban en otras carreras de la facultad. Lxs estudiantes mantuvieron como referente, durante una primera etapa, al curso de ingreso de ciencias de la educación, por haber sido organizado en base a una *"comisión de ingreso interclaustro"*. Lxs estudiantes rescataron en varios momentos esa forma de funcionamiento, porque desde su perspectiva no replicó la estructura de cátedra y permitió a lxs estudiantes de ciencias de la educación participar activamente en el diseño del curso y de cada uno de los talleres.

En el contexto de *la Junta*, esta referencia no les ayudó a posicionarse mejor, pues lxs docentes y graduadxs desecharon rápidamente esa experiencia como insumo. Lo que estxs actores propusieron fue trabajar junto con personas de la carrera de Letras, entendiendo que se trata de expertos en escritura académica, lo que consideraron central para promover la inserción de lxs ingresantes en lo que definieron como una *cultura escrita*.

A mediados del mes de octubre, se habían presentado dos propuestas de ingreso: una la habían redactado lxs estudiantes y otra, como se dijo en las reuniones de *comisión*, *"el departamento"*. Este último proyecto, que fue el que se implementó, fue leído y discutido por lxs estudiantes en una reunión de *comisión* en ese mismo mes. La propuesta planteaba un objetivo general, que es facilitar el tránsito de lxs ingresantes de la escuela media a la universidad, promover la ambientación a la vida universitaria y el manejo de herramientas de lectura y escritura. También incluía objetivos específicos: desarrollar las habilidades necesarias para el trabajo con textos académicos a través del trabajo con la lectura y escritura; igualar las diferencias de la formación en los niveles educativos anteriores; reducir la deserción que se produce entre la inscripción y el primer cuatrimestre de cursada; discutir y reflexionar sobre el gobierno de la universidad, el movimiento estudiantil y el plan de estudios de la carrera.

En la misma reunión, Rosario tenía en su mano un borrador del proyecto que habían presentado ellxs inicialmente y propuso leer los objetivos, para comparar ambos proyectos. Eran bastantes más, al menos ocho. Entre otros, aludían al trabajo colectivo, a trabajar sobre el sentido de la sociología y la práctica sociológica, sobre la historia del movimiento estudiantil, a promover lazos que contrarresten la descolectivización y el crecimiento del trabajo individual que ellxs ven en la facultad. *"¿Se acuerdan eso que habíamos puesto y que trabajábamos en los talleres sobre la práctica sociológica, el sentido de la sociología, etcétera? Bueno, no está más"*, dijo Luciana con ironía y algo de desazón (Registro de campo, 12/10/2011).

El concepto de participación periférica legítima permite comprender lo relatado hasta aquí como maneras diferentes, que cada grupo de actores construye, de entender la participación legítima en la *comunidad* y los saberes y prácticas asociados a ella. Desde aquí podemos empezar a ver qué estructuras de participación, roles, sentidos sobre el "ser sociólogx" entran en lucha dentro de la misma comunidad y la constituyen. Lxs profesores entendieron que la participación legítima de lxs ingresantes se define por su inserción en una *cultura escrita* a través del manejo de la escritura y la lectura académicas. Lxs estudiantes entendieron que esta participación se constituye no solamente en relación al conocimiento académico. En la misma reunión en que leyeron ambos proyectos, Luciana planteó que

*(...) es reduccionista que la cultura académica se circunscriba a la lectura y la escritura. También es la relación con tus compañeros, las distintas modalidades en el aula, distintos docentes, manejo de los tiempos, cantidad de lecturas, no sólo el tipo de lectura. Creo que tendrían que tener claro que la cultura universitaria y ser estudiante universitario es más que rendir* [exámenes] *parciales.* (Registro de campo, 12/10/2012).

A través de estas mismas actividades lxs estudiantes desmentían que la inserción a la vida académica se produce sólo a través del manejo de una *cultura escrita.* Ellxs mismos incorporan a su formación como sociólogxs la *militancia en la carrera*, es decir, las actividades que se desarrollan en la *comisión*, las discusiones sobre el curso de ingreso, la elaboración de propuestas y argumentaciones, el cuestionamiento de las formas de participación que otrxs actores (docentes, autoridades, *agrupaciones*) proponen.

## 2.2. El ENES

En los volantes y programas que lxs estudiantes elaboraron para el *V ENES*, realizado en septiembre de 2011 en La Plata, se podía leer la frase: "*Encuentro Nacional de Estudiantes de Sociología. Criticar para transformar, encontrarnos para construir*". Lxs estudiantes que participan en el *ENES* suelen definirlo como un espacio de encuentro, socialización y construcción colectiva, donde se discuten y ponen en práctica conocimientos "*desde una lógica que va en contra no de la academia sino del academicismo*", me dijo Leandro, un estudiante del último año.

De manera similar a las anteriores, la edición de 2011 tuvo entre sus consignas de convocatoria la siguiente: "*Para poner en común algunas ideas sobre política académica, y discutir sobre formas de participación estudiantil y organización estudiantil, funciones y rol de la Universidad, planes de estudio, estructuras de gobierno*". En el programa de actividades del Encuentro se incluyó una tarde de trabajo en talleres sobre *Política académica*, organizados en dos bloques temáticos: *Bloque I: el sentido de nuestra formación académica* y *Bloque II: política académica y procesos de democratización*.

El encuentro duró cuatro días e incluyó: talleres de trabajo sobre temáticas específicas[85]; "*charlas de experiencias platenses*" con invitados sobre diversos temas (medios y cultura; educación y religión; géneros; trabajo, medio ambiente y acción colectiva; Estado y seguridad); plenarios en los

---

85  Los talleres fueron: géneros, diversidad y opresión; medios de comunicación; cultura; educación; religiosidades y sistemas de creencias; trabajo y desigualdades; acción colectiva, organizaciones y movimientos sociales; medio ambiente y territorio; delito, seguridad y control social; Estado, ciudadanía y democracia.

que ponían en común las conclusiones de cada taller; un espacio para "*repensar el ENES*"; momentos de recreo y comida (que la misma organización del encuentro proveyó) donde algunxs tocaban la guitarra y cantaban, otrxs charlaban o salían por la ciudad; momentos para dormir y una fiesta. Todo, menos la fiesta, se realizó dentro del edificio de la facultad.

Al igual que los encuentros anteriores, éste incorporó actividades de apertura y cierre. En estas actividades cada grupo de estudiantes de las carreras de distintos lugares del país que habían asistido (las *regionales*), se presentó o se despidió a través de canciones y teatralizaciones creadas por lxs estudiantes, indicando alguna característica del lugar de donde vienen, alguna cuestión referida al lugar o la universidad donde se hace el encuentro y casi siempre alguna referencia al espacio del *ENES* y a la sociología, recurriendo todos al humor (chistes y guiños que muchas veces entienden sólo estudiantes de sociología o afín, como referencias a autores y sus obras).

Estas presentaciones se hicieron el primer día de encuentro y algunas se repitieron el día de despedida. Se generó un ambiente lúdico, de diversión y risas; había más de cien personas cantando y riendo en la terraza del tercer piso, lo que llamó la atención de quienes estaban en ese momento en la facultad y provocó que se detuvieran a mirar lo que sucedía desde alguna ventana.

Como parte de esta actividad y después de que todas las *regionales* se hubieron presentado, cada grupo relató la situación de su carrera. Allí, salvo las *regionales Buenos Aires* y *La Plata*, los grupos de las demás universidades describieron situaciones de inestabilidad, falta de recursos y problemas de funcionamiento diversos en sus carreras de sociología.

Según me contó Leandro, en algunas reuniones del *ENES* se había manifestado una preocupación entre quienes *militan* allí, por dejar "*camino avanzado*" para lxs estudiantes que vienen. "*Muchas cosas que se hicieron después, salieron de ahí* [del *ENES*]". Me habló de los plenarios, los talleres, el trabajo en grupos y equipos, "*cosas muy básicas, pero que las hacemos sólo ahí*".

Lxs estudiantes viven al *ENES* como un espacio propio, donde buscan hacer cosas que en otros espacios no hacen: otras formas de participación a través de las cuales se proponen reflexionar sobre su formación como sociólogxs.

La experiencia de *militancia en la carrera* marca una particularidad que adquieren las relaciones sociales y políticas en esta carrera de sociología, en la UNLP, en comparación con carreras de sociología de otras universidades. Por ejemplo en la UBA, según se destaca en la investigación realizada por el Grupo Taller Pensar la Facultad (2009), el trayecto de lxs estudiantes de sociología encuentra una marcada ruptura entre una primera parte (los tres años iniciales, caracterizados por el involucramiento en actividades de diverso tipo, pero sobre todo políticas, que se realizan en la facultad, por la admiración hacia lxs profesores y el entusiasmo) y una segunda parte de la carrera, vinculada al cambio en la modalidad de cursada entre uno y otro tramo. Los autores resaltan el enfriamiento que se produce en la relación de lxs estudiantes de la segunda etapa con la vida política de la facultad (y en muchos casos con la política en general) y la creciente individualización de los recorridos y decisiones, que va debilitando las fuertes redes sociales que en los primeros años se construyen entre estudiantes.

Para lxs estudiantes de La Plata que *"militan en la carrera"*, esta militancia se constituye en un espacio desde el cual buscan construir y vivir experiencias colectivas que ellxs asocian a la política (y que caracterizan como *"experiencias de organización"*) y a su formación como sociólogxs, a lo largo de todo el recorrido curricular. Es decir, lxs estudiantes que participan entienden esa participación como *militancia*, pero diferente de otras formas de militar que también se practican en la facultad. Ellxs militan *en la carrera* y lo que hacen como parte de esa actividad es entendido como constitutivo de su formación como sociólogxs.

## 3. Formas de *"transitar la facultad"*. Quienes militan y quienes no militan

En nuestra conversación al principio de mi trabajo de campo, Romina[86] definió la militancia en la facultad de esta manera:

[Me contó que mientras estudiaba militó en Utopía,] *es una forma de transitar la facultad. Tuve compañeras que no militaron y es otra forma de transitarla; justo ellas son las que más enojadas están con la carrera hoy. Yo tuve esa forma de transitar; estudiaba mucho y además militaba. En ese momento yo decía, al menos estos términos utilizaba, que me permitía materializar lo que estaba aprendiendo. No sé si hay un mandato, es verdad que muchos militan. Hoy el contexto es favorable a eso. Yo arranqué en 2000, justo vino lo de 2001, estuve en las tomas de la facultad ese año.* (Registro de campo, 18/03/2011).

Su recuerdo apelaba a un tránsito por la universidad como estudiante en el que militar fue una forma de "materializar" lo que estaba aprendiendo y una forma de habitar la institución, diferente de la que realizaron sus compañeras que no militaron. La militancia (en este caso, en una *agrupación*) puede dar un sentido particular a las experiencias como estudiante de sociología, en el que estudiar y militar forman parte del mismo tránsito por la facultad.

En cuanto a las maneras y condiciones de acercamiento a la *militancia*, los contextos que la favorecen pueden estar dados por acontecimientos a nivel nacional (como la crisis de 2001 o la sanción de la Ley de Educación

---

86    Presenté a Romina en el capítulo 1.

Superior en los años noventa), pero que tienen un correlato de movilización en la facultad que es lo que convoca a lxs estudiantes a involucrarse. Esto se da a partir de la experiencia cotidiana allí, de la participación en debates, asambleas y tomas, de las relaciones de amistad con otrxs compañerxs que también militan.

Comprender la variedad de modos militantes y la diversidad de sentidos que la militancia puede adquirir en un mismo espacio, como *Humanidades*, hace necesario pensar la militancia como una construcción que debe analizarse "en cada caso, tiempo y lugar" (Guber, 2008: 71). En la variedad de actividades que se vinculan con la militancia en la facultad y en la carrera de sociología, también están implicados lxs estudiantes que no militan.

En *Humanidades* y en sociología en particular, los grupos y espacios de participación política son variados y tienen una alta participación de estudiantes. Pero no son todos lxs estudiantes los que militan, ni siquiera se trata de la mayoría. Existe una multiplicidad de experiencias estudiantiles y variadas formas de relacionarse e implicarse con la facultad y con la carrera. Si bien no contamos con datos que permitan dar cuenta de la totalidad de esas realidades, el estudio que realizó el Grupo Taller Pensar la Facultad sobre la experiencia de los estudiantes de sociología en la UBA avanza en algunos aspectos que pueden ayudarnos a entender cómo se despliega esa variedad. Allí se indica que las maneras en que lxs estudiantes usan y se apropian del espacio físico puede ser un indicio de esos grados de implicación con la vida institucional. Afirma:

> *(...) podría establecerse una primera clasificación de la multiplicidad de experiencias estudiantiles según hayan tenido oportunidad o no de pegar algún cartel en las paredes de la facultad. Las diferencias que se expresan en esa simple práctica son suficientes para constatar que las paredes no están igualmente disponibles para todos.* (2009: 141).

En relación al uso y apropiación del espacio en *Humanidades*, es interesante notar, por ejemplo, que lxs militantes suelen ocupar durante horas tramos del piso del hall y otras áreas amplias con metros de papel para diseñar y pintar los carteles que luego cuelgan desde el 2do piso, haciéndose visibles en el área más transitada de la facultad y haciendo que las personas que transitan por allí los esquiven y caminen por los lugares que dejan libres. Esta práctica indica un uso activo y poderoso del espacio físico que no todxs lxs estudiantes realizan, y que está presente también en otras actividades que desarrollan quienes militan.

Imagen 4: pintando carteles en el piso del hall.
Foto tomada desde el tercer piso. 2010. Foto: Federico Dutelli.

En mis registros de campo pude encontrar numerosos pasajes en los que estudiantes militantes usan intensamente el espacio físico de la facultad y pasan largas horas allí. Más de un sábado me encontré con militantes de Utopía que había conocido en alguna cursada, trabajando en la fotocopiadora del Centro de Estudiantes o el bufet. También me crucé varias veces con Candela y Juliana, mientras pintaban y colgaban carteles de la *agrupación*, o estaban en la *mesa* de Aule. Lxs *militantes*, además de estudiar y cursar, suelen pasar mucho tiempo en la facultad y dedicar energías a las actividades de militancia, como ir a las asambleas, estar en la *mesa, pasar por las cursadas*, repartir volantes, diseñar, pintar y colgar carteles, recibir consultas de otrxs estudiantes, organizar charlas y reuniones, estar durante las elecciones (fiscalizando mesas, hablando con estudiantes, peleando con *militantes* de otras *agrupaciones*, contando votos), participar de reuniones y talleres de su *agrupación* o de la *comisión* y el *ENES*, en el caso de lxs estudiantes de sociología. Estas actividades no son realizadas por todxs con la misma intensidad ni idéntico compromiso, por lo que entre quienes militan también encontramos variadas formas de implicación. Como parte de estas modalidades militantes de habitar la institución, es válido recordar que las actividades del *V ENES* se realizaron enteramente en el edificio de la facultad, lo que mostró una fuerte apropiación del espacio de parte de lxs estudiantes, que invitaron a estudiantes de otras universidades y les dieron allí alojamiento, almorzaron y durmieron en el edificio durante cuatro días y utilizaron aulas y espacios abiertos para los talleres.

Pude hallar también en mis registros situaciones en las que es posible ver que muchxs otrxs estudiantes asisten a la facultad principalmente a cursar, rendir exámenes y estudiar con compañerxs en la biblioteca y se involucran escasamente en actividades que excedan el recorrido estrictamente curricular. Conocí a Adriana, una estudiante de tercer año de sociología, una tarde en la biblioteca. Ella estaba estudiando con una amiga, alumna de una carrera que se dicta en otra facultad, en la misma mesa en que yo trabajaba. Charlando de temas varios (era febrero y hablábamos de San Valentín), supe que era estudiante de sociología y entonces le conté de la investigación que estaba realizando. Encontré que Adriana no estaba al tanto de algunas cuestiones que sucedían en la carrera, como la implementación del primer curso de ingreso y otros temas relacionados con las materias y las tesinas, y que tampoco pasaba mucho tiempo en la facultad, ya que generalmente estudiaba con su amiga en otra biblioteca o en su casa.

Al igual que Adriana, Celina era una estudiante de segundo año que no militaba en ningún grupo. Solía encontrarme con ella en las clases o la fotocopiadora. En una entrevista que mantuvimos, hablamos de la militancia:

> — *¿Vos militás?*
> — *No, no milito en nada, no.* [Se ríe]. *No, en la facultad porque no me atrae ninguna agrupación. Eh (...) bueno, y afuera más o menos por lo mismo* [vuelve a reírse]. *Bueno, a nivel partidario ni loca militaría (...) por lo menos por ahora porque no me convence.*
> — *Y en la comisión tampoco.*
> — *No (...) está bueno el espacio de la comisión, me parece re bueno, pero no sé, es como que (...) nunca me acerqué, no sé por qué. Los conozco igual a los pibes* [de la *comisión*], *son re piolas, pero no, nunca me acerqué.*
> — *¿Y tenés compañeros que militan?*
> — *Sí, tengo una compañera que milita. No a nivel facultad, sino en el PTS. Y después hay otros (...) sí, hay un montón. Inclusive hay gente que militaba antes de ingresar a la facultad y que se metieron en las agrupaciones de la facultad algunos, otros no. Conozco varios. Me interesa saber de las actividades que hacen y demás y cuando puedo trato de ir. Me parece interesante pero no (...) voy, pero participo así como de coté.* (Entrevista, 15/07/2011).

Hay variedad de experiencias estudiantiles y diferencias en los usos de espacio y tiempo en la facultad que realizan quienes militan y quienes no lo hacen. Ahora bien, estas diferencias no implican que militantes y no militantes sean dos grupos escindidos de estudiantes. Al contrario, comparten algunas actividades dentro y fuera de las aulas y suelen unirlos relaciones de amistad, compañerismo, simpatía e interés que no necesariamente se traducen en el compromiso con grupos de militancia pero tampoco suponen una total desafección.

   

Asimismo, las actividades que lxs militantes realizan durante el tiempo que pasan en la facultad son en gran parte dirigidas a quienes no militan. En el caso de la *comisión de socio* y el *ENES*, las estrategias de convocatoria y difusión de actividades marcan el constante trabajo de quienes *militan en la carrera* para sumar a estudiantes que no lo hacen. La cuestión de cómo difundir lo que se discute y lo que se hace entre los que no participan suele ser un tema de debate en estos grupos. En la *comisión*, algunxs propusieron varias veces pasar por las cursadas para informar e invitar a participar de diversas actividades, sobre todo en los momentos en que se debatía sobre el curso de ingreso en la *Junta*. Un día que me encontré con Candela charlamos sobre eso:

> *Le pregunté cómo les había ido en la última reunión de Junta. Me dijo que la tienen difícil, pero que ya decidieron ampliar la participación, pasar por cursadas informando e invitando a participar. Que ella lo viene diciendo hace un montón y sus compañeros de la comisión "no le daban bola": "me decían sí, sí, pero nada". Agregó que ella piensa que si no abren el tema a otros estudiantes no van a lograr nada, que ni siquiera está actualizado el horario de reunión de comisión en la cartelera, que "así nunca vamos a lograr que aumente la participación".* (Registro de campo, 23/09/2011).

Lo que me contaba Candela muestra la preocupación por sumar estudiantes a estos espacios, y también que no hay acuerdo sobre los modos de convocar. La estrategia de pasar por las cursadas nunca había ganado demasiado consenso, posiblemente porque está muy identificada como práctica de las *agrupaciones*.

Ambos grupos encontraron, sin embargo, otra alternativa para difundir sus actividades, los temas que se discuten en *la Junta* y las novedades en la organización de encuentros, así como entrar en contacto con estudiantes que no *militan en la carrera*: el Facebook. Decidieron armar un Facebook de la *comisión*, y también del *ENES*, a partir de los cuales logran amplia difusión de lo que quieren informar y mayor participación en las actividades que proponen. Mariela, la estudiante que propuso hacer un Facebook de la *comisión*, expresó claramente el potencial de convocatoria que podían lograr con esta herramienta: "*Si ponés hoy hay reunión, se enteran todos*", dijo (Registro de campo, 18/10/2011). En reuniones posteriores dedicaron tiempo a pensar cómo armar eventos en Facebook con las actividades que proyectaban, ideando títulos e invitaciones que permitieran que lxs demás estudiantes "*se sientan interpelados*".

Las prácticas de militancia estudiantil se desarrollan, entonces, en un escenario donde la mayor parte de lxs estudiantes no participan de *agrupaciones*, movimientos, grupos o espacios políticos dentro de la facultad.

Asimismo, la militancia no es un tipo de actividad que responde a una única forma. Las prácticas y relaciones cotidianas vinculadas con la militancia entre lxs estudiantes de sociología descriptas hasta aquí, permiten visualizar la diversidad y complejidad que contienen. Estas prácticas militantes no quedan encerradas en el reducido espacio de un departamento universitario, sino que sus actores mantienen vínculos permanentes con *agrupaciones* estudiantiles y partidos políticos más amplios, organizaciones y movimientos sociales y de trabajadores que exceden el espacio universitario[87].

Además de haber una pluralidad de sentidos atribuidos a la política y a la participación en grupos dentro de la universidad, estas prácticas y relaciones se complejizan al entrar en articulación con procesos educativos y con formas de sociabilidad en la vida académica. El relato de Romina que presenté más arriba incursiona en el terreno de lo que se aprende en las aulas y lo que se aprende militando, al indicar que la militancia le permitía *"materializar"* lo que estaba aprendiendo en la carrera. La materialidad puede encontrarse a través de las actividades y relaciones que se generan con la militancia. Por ejemplo, en una charla que tuvimos durante un encuentro casual en la facultad, Lucas vinculó su acercamiento a la militancia directamente con una falencia de la carrera de sociología:

> *Es que es muy académico el perfil (...) a mí me gustó la carrera, me abrió la cabeza en un montón de cosas, pero me dejó un límite en eso que es el de la práctica. Es pura teoría sin relación con la realidad. Es muy académica, muy academicista en el sentido conceptual, es bien conceptual. Se pelean por las comas de los conceptos, ¿me entendés? Por eso es una carrera con un perfil muy académico, muy orientado a la investigación. Ni siquiera al profesorado (...).*
> *Ellos piensan que vamos a ser unos teóricos* [buenísimos], *pero en realidad no tiene relación con la realidad, con los problemas de la realidad. Es como que esperan que vos hagas la aplicación. Yo entré en crisis con eso y un poco por eso empecé a militar, igual que muchos compañeros que entraron en crisis con eso.* (Registro de campo, 06/03/2012).

Hay una dimensión práctica y de *"vinculación con la realidad"* que muchxs estudiantes de sociología buscan en la militancia y que no encuentran en la oferta curricular, las clases o las relaciones con lxs profesores. Esta dimensión práctica suele estar vinculada a ciertas oportunidades de intervención que la militancia ofrece, no sólo en la política universitaria, sino también en otras realidades a través de actividades y espacios desa-

---

87  Muchxs de los estudiantes de sociología con que dialogué militan en *agrupaciones* que adscriben, entre otros, al Frente Popular Darío Santillán, la Juventud Guevarista, el Partido de los Trabajadores Socialistas, así como al peronismo y al kirchnerismo. Estas adscripciones muestran que en Argentina nunca la política estudiantil universitaria ha quedado encerrada en los claustros académicos. Los análisis sobre el movimiento estudiantil argentino desde principios de siglo XX abordan esta cuestión (Toer, 1988; Bonavena y otros, 2007; Buchbinder, 2010). También lo hacen algunos trabajos que abordan las articulaciones entre política universitaria y política nacional (Neiburg, 1998, 1999).

rrollados fuera de la universidad. La mayoría, si no todas, las *agrupaciones* desarrollan actividades en *"los barrios"*. Son barrios o asentamientos pobres en los que realizan tareas como apoyo escolar para lxs niñxs, alfabetización de adultxs, colaboración en la organización de cooperativas, ayuda en reclamos al Estado, entre otras.

Lucas manifestó un malestar con el *perfil muy académico, academicista* y *teórico* de la carrera. También en las convocatorias de lxs estudiantes que militan en el *ENES* podemos encontrar una crítica al *academicismo*, que ellxs buscan cuestionar y transformar a partir de las actividades y debates que desarrollan en ese grupo. En las variadas maneras y grupos en que se practica (*agrupaciones, ENES, comisión,* talleres, trabajo en barrios, etc.), la militancia resulta ser un espacio de relaciones y prácticas que les permite poner en cuestión la falta de *"vinculación con la realidad"* que implica el *academicismo*, y buscar caminos para contrarrestarlo. De esta manera, para entender qué sentidos asocian estxs estudiantes de sociología a la militancia, a militar y ser militante, es preciso hacer visible su vinculación con una búsqueda propia de la experiencia de ser estudiante y estar aprendiendo.

## 3.1. Militar y ser estudiante

A principios de 2012, la *comisión de socio* organizó una actividad de cine y debate con la película *El Estudiante*[88]. Allí se cuenta la historia de un joven del interior de la provincia de Buenos Aires que se va a estudiar a la UBA y se va involucrando de a poco en una *agrupación* que está peleando por ganar las elecciones del Centro de Estudiantes de su facultad y que aspira a ubicar a su candidato del claustro docente como Rector de la universidad. El protagonista aumenta cada vez más sus actividades políticas y va dejando paulatinamente la carrera que había comenzado.

La propuesta de la actividad organizada por la *comisión* consistía en mirar el film en la sala audiovisual de la facultad y luego debatir sobre ella entre lxs asistentes. Fuimos unas cuarenta personas, entre las que había estudiantes de sociología, algunxs docentes jóvenes y estudiantes de otras carreras. En el debate realizado luego de la proyección, varixs estudiantes manifestaron cierta molestia con una forma de hacer política que muestra la película y que ellxs encontraron muy "condenatoria y simplista". Decían que, según el relato del film, una persona puede pasar en poco tiempo de no entender nada de lo que sucede en la facultad (quién es quién, cuáles son las *agrupaciones*, cuáles son los objetos de lucha) a ser líder de su *agrupación*, sólo por gestionar recursos materiales[89]. De esta manera, lxs estudiantes

---

88   Dirigida y escrita por Santiago Mitre, estrenada en 2011.

89   En la película, el protagonista hace crecer su liderazgo manejando la logística de organización de eventos a través de la gestión de recursos como lugares donde desarrollar asambleas, dinero y materiales para la fotocopiadora del Centro de Estudiantes, entre otros. El protagonista utiliza

entendían que el mensaje de la película es que la política es mala, vuelve corruptos a sus practicantes y la redención se alcanza al dejarla (como lo hace finalmente el protagonista al enterarse de maniobras y negociaciones que se le habían ocultado).

Para entender el interés de lxs estudiantes de la *comisión* por proyectar la película y debatir sobre ella, resulta preciso señalar que desde su estreno ésta generó discusiones sobre la política universitaria y la militancia estudiantil en diferentes ámbitos de las universidades, poniendo en debate cierto imaginario sobre lxs estudiantes que militan, sus actividades e intereses. Este contexto permite entender también la asistencia de una significativa cantidad de estudiantes de varias carreras y de algunxs docentes a la proyección, así como el enojo de lxs estudiantes con lo que muestra el film.

En relación al imaginario al que me referí, algunxs autores (Tiramonti, 1999; Buchbinder, 2010; Garatte, 2012) destacan que en nuestro país muchxs políticxs, candidatxs y funcionarixs en el gobierno universitario, los partidos políticos y las funciones estatales, comenzaron su trayectoria política como militantes universitarios, y que esto sucede también en otros países de Latinoamérica (Lomnitz, 1977, 1998). Analizan el papel de la militancia estudiantil en la universidad pública como momento de entrenamiento de líderes políticos y subrayan que la formación y socialización de líderes políticos es una de las principales funciones que ha ejercido históricamente la universidad pública en estos países (Lomnitz, 1977; Tiramonti, 1999).

La relación histórica entre la universidad pública y los sistemas políticos nacionales sostenida a través de la formación de las elites políticas, ha calado en el imaginario social y universitario produciendo cierta visión que pone en tensión las actividades académicas con las actividades propias de la militancia, definiendo a lxs militantes como personas cuyo vínculo principal con la universidad tiene que ver más con las actividades políticas que con las académicas, a las que descuidan o directamente no se dedican.

Algo de ese imaginario y la relación de tensión que abre entre militar y estudiar, fue puesto en juego algunas veces por lxs estudiantes de la *comisión*. Durante las charlas en las reuniones mostraron cierta preocupación por cómo era conceptualizada por lxs docentes de la *Junta* su participación allí y sus posiciones sobre los temas que se tratan. En una de las reuniones, algunxs de ellxs lo manifestaron en un diálogo que tomo de mi registro de campo:

*Mariano: No es que nos vamos a agarrar a trompadas o a trabar todo, creo que* [los profesores de la *Junta*] *tienen miedo de eso, de que trabajar con nosotros sea una traba constante.*

---

esta capacidad de conseguir recursos para presionar a sus rivales y conseguir la aceptación de un profesor líder de la *agrupación*, quien comienza a hacerlo partícipe de negociaciones en las que otros compañeros no participan.

　　　　　　　　　　　Aprendiendo a ser sociólogxs

*Luciana: Pero además, creo que si ven cómo nos estamos manejando en la Junta, que estamos organizados, que llevamos cosas que ellos no llevan, no somos un cachivache (...).*
*Diego interrumpió: ¡y si no que miren nuestro promedio!* (Registro de campo, 12/10/2011).

Las evaluaciones morales sobre lxs estudiantes que militan y sobre "hacer política" en la universidad también atraviesan las representaciones de quienes participan en la *comisión*. Al marcarse como buenxs estudiantes y como representantes *organizados, que no son un cachivache*, intentan separarse de una imagen del *militante* que no sale de su posición, que todo lo cuestiona, que especula con trabar las negociaciones y no se compromete con el trabajo.

El comentario de Diego sobre el promedio hace referencia a la contraposición que aparece entre esta imagen del militante y la del estudiante con buen rendimiento académico. Sin embargo, las trayectorias académicas de lxs estudiantes de sociología que militan en la *comisión* y el *ENES* desmienten esta asociación de la militancia estudiantil con la figura del militante eterno que no termina su carrera o demora mucho en hacerlo y tiene mejor inserción en partidos y movimientos políticos que en las actividades académicas. Su tránsito por la carrera es exitoso, logran buenas inserciones académicas y establecen relaciones con docentes y graduadxs a través de su participación. Muchxs de quienes conocí durante mi trabajo de campo ya eran adscriptxs en cátedras, en grupos de estudio donde participan docentes, o en proyectos de investigación. También algunxs suelen intervenir como organizadores de las jornadas bianuales que realiza el Departamento.

Para estxs estudiantes que *militan en la carrera* y para otrxs como Lucas o Romina, que militan en una *agrupación*, la experiencia de militancia se articula a la experiencia de tránsito por la carrera no sólo porque son simultáneas, sino porque se producen mutuamente. Esta articulación habilita a pensar las militancias como prácticas a partir de las cuales entran en juego saberes sobre el "ser sociólogx".

## 4. *¿Sociología para qué? ¿Qué es ser sociólogo?*

Tanto durante el *V ENES* como a lo largo de la discusión que se dio en la *Junta Departamental* en torno al proyecto del curso de ingreso, y también en el "*Taller de ingresantes*" que *la comisión* organizó durante varios años, se mantuvieron los cuestionamientos acerca de "*¿sociología para qué?, ¿qué es ser sociólogo?*". A través de sostener estos cuestionamientos lxs estudiantes buscan tensionar las posiciones de otrxs actores en relación con la dirección y contenido que debería adquirir la formación de lxs sociólogxs.

Quienes *militan en la carrera* marcan y critican ciertas características de la manera en que se organizan la universidad, la profesión académica y la inserción laboral de lxs sociólogxs. A través de esas críticas buscan discutir cuál es y debería ser el *"rol del sociólogo en nuestra sociedad"*. En el módulo IV del *"Taller de Ingresantes"* de 2010 puede leerse:

> *¿Sociología para qué? ¿Cómo? ¿Desde dónde? (...) Nos interesan las prácticas sociológicas construidas colectivamente y protagonistas en la comprensión y transformación de nuestra realidad. Creemos que la sociología es una construcción cotidiana, o mejor dicho una deconstrucción de lo cotidiano, que se realiza día a día, así que muchachas y muchachos ¡a no dormirse! Van a ver desfilar escépticos y utópicos, ratones de departamentos y cazadores de variables, pero no desesperen, no estamos solos en la duda sincera (...) al fin y al cabo en eso consiste gran parte de la disputa por el sentido de nuestras prácticas y teorías: como diría Baumann, en incomodar(nos).*

Se explicitan en este texto ciertas perspectivas respecto de qué es "ser sociólogx" que, según la visión de estxs estudiantes, son dominantes entre graduadxs y profesores. A éstas oponen otras formas de concebir y *"practicar la sociología"*: la *"democratización del conocimiento"* en contra de, tal como expresó una estudiante durante el *V ENES*, la *"lógica nefastoide que es la del perfil académico de la ciencia por la ciencia y el saber por el saber"*.

También, la sociología académica limitada a la investigación individual (Agustín se refirió más de una vez al trabajo de los becarios de CONICET como ejemplo de esto) versus las *prácticas sociológicas*, que ellxs definen como colectivas y que se pueden desarrollar incluso antes de tener el título de sociólogx.

Estxs estudiantes explicitan que se llaman a sí mismos "sociólogos y sociólogas" aunque todavía no lo sean, porque sostienen que se pueden desarrollar prácticas sociológicas sin el título. Mediante estos planteos intentan cuestionar también una visión según la cual ser sociólogx es sinónimo de profesional titulado.

> *Si bien aún no tenemos nuestros "títulos" (que no son más que eso: títulos), nosotros gustamos de llamarnos sociólogos y sociólogas. En este sentido, entendemos que es posible practicar la sociología desde ahora, a partir de los conocimientos que traemos y los que vamos adquiriendo; es por eso que la frontera entre "estudiante de sociología" y "graduado en sociología" se nos vuelve difusa y nos permite plantear esta charla a través de un eje mas amplio que nos interpela: ¿Sociología para qué? ¿Cómo? ¿Desde dónde?* (Módulo IV del Taller de Ingresantes 2010).

En discusión con estas otras perspectivas lxs participantes de *la comisión* y el *ENES* buscan, como me dijo Agustín, *"transmitir un espíritu militante, incluso desde la sociología. O sea, transmitir la idea de que la sociología es una herramienta para la transformación; o que queremos que sea eso"* (Entrevista, 20/05/2011).

¿Qué significa que la sociología sea una herramienta de transformación? No hay respuestas concretas y menos unívocas en relación a esto. Escuché hablar de la sociología como herramienta de transformación de la realidad no solo de parte de estxs estudiantes. Otrxs estudiantes, que no participan de los grupos aquí descriptos, y graduadxs (algunos docentes en la facultad y otros no) también me hablaron de la sociología como herramienta de transformación. Qué significa transformar, qué es lo que se busca transformar y cómo, es algo que queda por fuera de lo que se explicita. Seguramente, si fuera posible hacer que todxs lxs actores hicieran explícitas sus ideas al respecto, encontraríamos una gran variedad de perspectivas, incluso contrapuestas.

Sin embargo, podemos pensar también que se trata, al menos en el caso de lxs estudiantes que *militan en la carrera*, de un recurso para seguir discutiendo y disputando sentidos sobre la sociología y lxs sociólogxs, seguir involucrándose en espacios académicos y de militancia. Como sostuvo Agustín, es abrir una y otra vez la pregunta.

> *Para qué la sociología (...) para qué la sociología también es cómo (...) si a la sociología le das un para qué (...) creo que esto también es una autocrítica (...) esta pregunta, en nosotros, que la venimos pensando y cada año la volvemos a instalar en el primer año (...) nosotros seguimos sin dar una respuesta; quizás porque todavía no estamos tan cerca de (...) recién ahora estamos un poco más cerca de hacer sociología, hacer algo con la sociología. Pero (...) seguimos sin darle una respuesta, le damos una respuesta un poco vaga, un poco idealista (...) eso que te decía hoy, sociología que nos dé herramientas para transformar (...) ¿qué? bueno, no sé, en donde cada uno esté, qué se yo. Son esas cosas que siguen abiertas, no hay un nivel muy profundo en esa respuesta. Donde cada uno esté, bueno, pero ahí donde cada uno esté, ¿dónde? Bueno, en el Conicet, ¿cómo? Ahí aparece esto de lo individual.* (Entrevista 20/05/2011).

Lo que me interesa destacar es que los cuestionamientos y argumentos de lxs estudiantes y sus proposiciones de una "*sociología para la transformación*" muestran que las preguntas "¿sociología para qué?" y "¿qué es ser sociólogo?" atraviesan de diversas maneras a lxs actores de la carrera[90].

---

90    La pregunta *sociología para qué*, que desde diferentes lugares se formula hoy, puede estar relacionada con una búsqueda de legitimación de la disciplina en relación a sus objetivos, usos, aplicaciones. Para lxs sociólogxs el campo laboral hoy es difuso en su definición y delimitación en relación con profesionales de otras disciplinas sociales. Este hecho, entre otros, hace que gran parte de las disputas más o menos explícitas al interior de la carrera empiecen o terminen en la discusión del sentido y rol social que la sociología y lxs sociólogxs cumplen o deberían cumplir. Es interesante pensar que esta pregunta tuvo, con el auge de la sociología científica promovida por Germani desde mediados de la década de 1950, una respuesta clara: sociología como saber necesario para el conocimiento de la estructura social del país y la formulación de políticas de desarrollo del Estado moderno.

También sugieren que la militancia en sus distintos modos forma parte, en la Facultad de Humanidades, de los sentidos asociados a qué es "ser sociólogx".

## 5. Las militancias en la constitución de una "comunidad de sociólogxs platenses"

Este capítulo aborda prácticas de militancia que no se constituyen en los objetos y espacios sobre los que las ciencias sociales en Latinoamérica mayoritariamente han analizado la militancia política, tales como movimientos sociales, organizaciones de derechos humanos, partidos políticos, movimientos revolucionarios de los años sesenta y setenta[91]. Aquí describí y analicé la militancia estudiantil en una carrera universitaria, partiendo de la necesidad de entender a la militancia política en su diversidad de sentidos y modos de actuarla, sin asumir de antemano las prácticas y espacios que deben quedar incluidos o excluidos de su definición. La militancia que aquí me propuse comprender debe ser entendida en sus relaciones con otros procesos sociales, como la formación universitaria y la propia constitución del campo de la sociología en Argentina.

De acuerdo a lo que vengo planteando, entre *los sociólogos* de *Humanidades* no es posible hablar de militancia en singular, sino que es apropiado hablar de variadas formas de militancia. Al explorar estas formas aparecen no sólo organizaciones políticas constituidas como *agrupaciones*; también otros modos y grupos, como la *comisión* y el *ENES*, que además son vinculados por lxs mismxs estudiantes con su proceso de formación como sociólogxs. Se trata, entonces, de militancias variadas y variados grupos que definen su militancia, sus prácticas y objetivos de manera diferente.

Propuse comprender la complejidad que supone aprender a "ser sociólogo o socióloga" en la carrera de sociología de la Facultad de Humanidades a través del concepto de *comunidad de práctica*, propuesto por Jean Lave y Etienne Wenger (1991). Este concepto permite dar cuenta del aprendizaje como una dimensión constitutiva de cualquier práctica social y como el proceso de incorporación creciente de sujetos a comunidades de práctica. En el análisis desarrollado en este capítulo, se trata de comprender la incorporación de lxs estudiantes de sociología a una *comunidad de sociólogxs* en la que se despliegan prácticas, maneras de relacionarse, valores, roles, saberes, actividades que construyen u organizan un proceso de formación en el que las militancias quedan articuladas al "ser sociólogx".

¿Por qué *militar en la carrera* es, para lxs estudiantes, parte de su formación como sociólogxs? En el desarrollo de las actividades que llevan a cabo

---

91 En referencia a estos análisis se encuentran, entre muchxs otrxs autores en América Latina: Revilla Blanco, 1996; Tortti, 1999; Zibechi, 2003; Svampa y Pereyra, 2004; Calveiro, 2005; Vecchioli, 2005, 2009, 2012; Ferreira de Oliveira, 2008.

y de las relaciones que construyen en ese proceso, aprenden cosas: a discutir con profesores y graduadxs sobre aspectos del currículum (materias optativas, talleres de investigación, condiciones para las tesinas finales, curso de ingreso, entre otros), de la designación de docentes, de las relaciones del Departamento con asociaciones profesionales y agencias estatales; aprenden a expresar sus posiciones y argumentos por escrito (en comunicados a otrxs estudiantes y boletines), a escribir proyectos (como el proyecto del curso de ingreso a la carrera), informes y balances (de los delegados *en Junta*, de los encuentros del *ENES*); aprenden a organizar debates, talleres, encuentros, jornadas; aprenden sobre política universitaria, sobre la situación e historia de otras carreras y universidades. También, como parte de las actividades de militancia, conocen a diversxs actores de la carrera, la facultad, la política universitaria, regional, nacional, sus posiciones y relaciones.

Es decir, que a través de la *militancia* van construyendo una participación más plena en la comunidad, en los términos en que ésta propone la participación o intentando generar otras formas. Participan crecientemente y aprenden a participar, no sin conflictos entre ellxs y con otrxs actores.

Las actividades que lxs estudiantes realizan como parte de la *militancia en la carrera* ingresan en la definición de prácticas académicas propuesta en esta investigación, ya que configuran relaciones, saberes e identidades asociadas a un grupo, una comunidad de práctica donde *formación* y *militancia* recorren caminos muy cercanos.

Lave y Wenger destacan que en cualquier comunidad de práctica concreta el proceso de reproducción –una estructuración históricamente construida, permanente, conflictiva, de las actividades y relaciones entre lxs actores– debe ser descifrado en orden de entender las formas específicas de participación periférica legítima a través del tiempo.

Entre lxs "sociólogxs platenses", las militancias, si bien fueron cambiando las maneras en que se manifiestan, así como las prácticas que las constituyen, siguen asociadas a un sentido que lxs actores le dan a la sociología y al "ser sociólogx". Ese sentido es definido hoy por muchxs estudiantes y graduadxs jóvenes como el de *transformar la realidad*. En los años sesenta y setenta, la relación entre sociología y militancia, tal como la han definido quienes se acercaban a las cátedras de sociología que funcionaban en *Humanidades* como alumnxs o como docentes, y que recuperé en el capítulo 1, estaba articulada al marxismo, la participación en partidos políticos de izquierda y a la revolución.

Hoy, en el marco de una carrera de grado que expide títulos profesionales (lo que no ocurría en los años sesenta) y que se constituye a partir de objetivos académicos, se conforman grupos de estudiantes que discuten esos objetivos (con mayor o menor grado de eficacia) a través de la *militancia en la carrera*. En los años sesenta la impronta militante impulsó el cuestionamiento a la concepción de la "sociología científica" que había logrado instalarse.

Las concepciones de la sociología como herramienta para la militancia entran en tensión con otras formas de entender el para qué de la sociología y qué es "ser sociólogx". El proceso de formación y constitución permanente de la "comunidad de sociólogxs platenses" está atravesado por estas luchas.

En el caso de la *militancia en la carrera*, lxs estudiantes plantean no sólo que la sociología debe ser una herramienta de transformación de la realidad, sino también otro sentido: el de la militancia para la sociología o, en realidad, para transformar su formación como sociólogxs, el uso de la sociología y el "*rol de los sociólogos en la sociedad*".

Las militancias resultan ser un organizador fundamental de la formación académica de lxs sociólogxs, ya que se constituyen en formas de disputa sobre el sentido de la sociología y el "ser sociólogx"; y, al mismo tiempo, en formas de participación a través de las cuales lxs estudiantes aprenden algo sobre en qué consiste ser sociólogxs en esta carrera, en esta facultad.

# Capítulo 4

## Ser sociólogx no es "tener el título". Aprendiendo a participar en clases de sociología

Este capítulo se centra en el análisis de un relato basado principalmente en dos clases a las que concurrí poco después de iniciado mi trabajo de campo. Allí se desarrollaron situaciones de discusión, levantamientos de voz, amenazas de terminar la clase antes de tiempo, acusaciones, silbidos y aplausos relacionados con las intervenciones de una estudiante, Celeste, que generaron en el docente y muchxs de sus compañerxs de clase reacciones de risa, hastío, rechazo, asombro y en algunos casos de cierto cuidado o infantilización.

Conocí a Celeste en estas clases, aunque luego encontré que otras personas hablaban de ella en diferentes situaciones, que también recupero como parte del relato porque descubrí que eran parte de la construcción de las posiciones de lxs actores en el campo.

Las situaciones que narro serán analizadas como situaciones de interacción en las que las prácticas de lenguaje se muestran como medio de producción de las prácticas académicas de la *comunidad de sociólogxs*. Al referirme a prácticas de lenguaje, procuro dar cuenta del lenguaje en relación a sus condiciones de producción, reproducción y utilización. Pierre Bourdieu (2001) ha sugerido que resultaría útil pensar que la comunicación opera dentro de campos o mercados lingüísticos. En estos campos, no todxs lxs participantes ejercen el mismo grado de control sobre los procesos de comunicación y no todxs son igualmente competentes al perseguir sus propios intereses en el intercambio de las acciones lingüísticas. Algunxs sobresalen en el conocimiento de lo que puede intercambiarse de manera apropiada y con quién/es.

Intentaré mostrar cómo, en las clases de sociología, se enseña y se aprende a hablar y a participar como parte de la formación de *los sociólogos* y de la reproducción de la comunidad. *"Para los recién llegados el propósito no es aprender* de *lo que se dice como sustituto de la participación periférica legítima; es aprender* a *decir o hablar, como una llave para la participación periférica legitima*" (Lave y Wenger, 1991: 109[92]). Según Pennycook (2010), el lenguaje puede ser conceptualizado como una práctica local a través de la cual los lenguajes son el producto de las actividades sociales y culturales en las que las personas se involucran. Así, el lenguaje es comprendido como una forma de acción en un tiempo y lugar específicos; no en sentido opuesto a lo global o lo abstracto, sino en un sentido que requiere examinar las interacciones ya que, desde la perspectiva que recupero de Pennycook, lo que las personas hacemos con el lenguaje en un espacio y tiempo particular es el resultado de nuestra interpretación de ese espacio y tiempo y a su vez los construye.

## 1. Las escenas y los personajes

La estrategia de organización del relato consiste en mostrarlo como una escena teatralizada, en la que construyo a sus participantes como personajes que actúan diversas posiciones en el desarrollo de la acción. Esta estrategia me ayudó a mostrar posiciones de lxs actores en situaciones en las que se manifiesta cierta conflictividad y tensión. Presentarlas como escenas protagonizadas por personajes me permite dar cuenta de cierta secuencialidad en la que hay un inicio, un nudo conflictivo y cierto desenlace, que de hecho en este caso se marca con aplausos y "bravos". En cuanto al enfoque dramático, cabe destacar que éste "*(...) deriva de formas de existencia de las interacciones sociales* [y] *es antes una categoría de la vida social que un género literario. (...) El esquema dramático es, en todo caso, uno de los modos de construir sentidos sobre lo real y de volverlo inteligible*" (Milstein, 2009: 48). Elaborar este relato en términos dramáticos hizo posible comprender el desenlace como cierre de la escenificación que reconstruyo pero no de las relaciones y prácticas que están en el principio de la explicación que intento desplegar. De esta manera, procuro mostrar las interacciones que allí tuvieron lugar como "puestas en escena" de las relaciones, saberes y valores que se movilizan en el proceso de formación de sociólogxs. Por ello, el relato está organizado para mostrar la acción de los personajes y el clima y las sensaciones que se fueron generando en el aula.

En estas escenas hay dos personajes principales y otros que funcionan de manera secundaria, pero sin los cuales no habría desarrollo posible de la acción. A continuación presentaré esos personajes, con intención de recuperar los aspectos que son relevantes para comprender el desarrollo de las interacciones y las posiciones que se fueron ocupando en las situaciones que me propongo analizar.

Las dos clases teóricas corresponden a una asignatura del último año de la carrera de sociología (5to año) que estuvieron a cargo del profesor

---

92    Destacado en el original.

    Aprendiendo a ser sociólogxs

Titular de la cátedra[93], Jorge. Las clases teóricas en *Humanidades* se caracterizan por ser en su mayoría expositivas; también por dirigirse a un mayor número de estudiantes que las clases de trabajos prácticos. En este caso, ambos *teóricos* fueron numerosos, con más de 60 asistentes[94]. Se trataba, en su mayoría, de estudiantes de entre 23 y 26 años y muy pocos de más edad.

En ambas clases el tema tratado fue, según la propia definición del profesor, "*el kirchnerismo*" o el "*pos 2001*". Al decir "pos 2001" el profesor se refería a lo sucedido luego de la crisis del año 2001 en Argentina. En un contexto de empobrecimiento de grandes grupos de población y desprestigio de la política y lxs políticxs, miles de personas salieron a las calles a manifestarse y pedir la renuncia del entonces Presidente de la Nación, Fernando De la Rúa. A esa jornada le siguieron otras de enorme inestabilidad política, sucediéndose varios presidentes en pocos días. En 2003 ganó las elecciones presidenciales Néstor Kirchner, que fue presidente hasta el año 2007, año en que su esposa Cristina Fernández triunfó en las elecciones presidenciales y lo reemplazó en el cargo. El "kirchnerismo" es el término usualmente utilizado para designar al mismo tiempo los años de gobierno de "los Kirchner" –que continuaban mientras realicé mi trabajo de campo y lo hicieron por cuatro años más[95]–, y las medidas y el estilo de gobierno de los Kirchner. Como argumentaré luego, el tema del que trataron las clases no es menor a la hora de comprender las interacciones, las posiciones de lxs actores y los sentidos y saberes que estuvieron en juego sin ser explicitados.

Además, se trata de un tópico de debate siempre presente en el contexto académico y político de la facultad, así como en los medios de comunicación. Por ello, las discusiones que se desataron excedieron en gran parte el contexto inmediato de las clases, pudiendo ser ubicadas en la trama de disputas que se amplían al ámbito de la política estudiantil, académica y nacional.

Uno de los personajes centrales del relato es Jorge, el profesor a cargo de la clase y titular de la cátedra. Jorge es sociólogo egresado de una de las primeras promociones de la carrera que se inició en 1985. Se desempeña

---

93 Puesto más alto en la estructura de cátedra, esto es, quien define la orientación académica de la materia y dirige el funcionamiento de la cátedra.

94 Vale aclarar que si la comparamos con los números habituales de otras carreras de la facultad, o incluso de carreras de sociología de otras universidades como la UBA, esta clase no fue particularmente numerosa. Sin embargo, en el contexto de esta carrera de sociología sí puede ser considerada como muy concurrida. En esos meses asistí también a un *teórico* de una materia del segundo año, en el que había una cantidad similar de estudiantes. Debido a que en los últimos años de las carreras universitarias el número de estudiantes que sostienen las cursadas tiende a disminuir y que las clases teóricas suelen no ser de asistencia obligatoria, la concurrencia a esta clase puede considerarse numerosa.

95 Cristina Fernández fue presidenta de la Nación hasta diciembre de 2015, cuando fue reemplazada por Mauricio Macri, nuevo presidente electo y uno de los principales opositores políticos al *kirchnerismo*.

como docente en *Humanidades* desde hace más de 20 años y en cargos de gestión desde hace al menos 10 años, por lo que es una persona muy conocida en la facultad, no sólo entre *los sociólogos*. En la carrera, es un profesor muy querido y admirado entre lxs estudiantes y la materia que dicta es valorada entre ellxs como una de las más interesantes y aquella donde se debaten temas de actualidad. Muchos de lxs estudiantes y graduadxs con los que conversé durante mi trabajo de campo destacaron, además, que en sus clases se "*arman debates*" donde se pueden manifestar distintas posiciones.

Algunos de ellxs también participaron de las clases que relato en este capítulo, como Nadia, con quien dialogué durante un intervalo en el que me dijo: "*Este tipo es un capo, me encanta, lo admiro un montón*".

La buena reputación de Jorge como profesor circula no sólo entre quienes ya han tomado o están tomando clases con él, sino también entre quienes todavía no han cursado su materia. En diversos diálogos con estudiantes de cuarto año (la asignatura que él dicta es del quinto año) y también con graduados recientes, éstos marcaron algunas críticas a la carrera, manifestando que "*nunca se discute nada*" y que "*es muy teórica y está muy alejada de la realidad*". Estxs estudiantes y graduadxs valoran la asignatura que dicta Jorge y particularmente sus clases, porque escapan a esa característica, proponiendo temas de discusión actuales y habilitando la participación[96].

Además de docente en sociología, Jorge es profesor de materias de posgrado, por lo que muchos de lxs graduadxs de otras carreras lo conocen y fueron sus alumnxs, como era mi caso. Dado que lo conocía ya, me contacté con él por mail y le conté sobre mi investigación, por lo que, cuando concurrí a sus clases, él sabía de antemano que yo iría.

Otro de los personajes de las escenas es Celeste, una estudiante de sociología que, cuando la conocí, había empezado la carrera hacía unos cinco años. En el momento en que cursaba la materia a cargo de Jorge con lxs estudiantes con quienes había ingresado, también cursaba asignaturas de cuarto año. Algunas de sus características la hacen bastante diferente de la mayoría de sus compañerxs, no sólo por su edad, sino también por su forma de vestirse y de hablar. Es una mujer de unos 50 años, de pelo de tonos grises largo hasta la cintura que, en las clases que registré, llevaba atado con una cinta de color rojo. Estaba vestida con pantalones de color bordó, botas chatitas blancas y saco de lana blanco. De tez blanca y mejillas gordas y rosas, casi coloradas, tenía una expresión sonriente. Sin embargo, las veces que intervino, lo hizo en tono peleador, como si quisiera poner en evidencia sus desacuerdos con lo que se decía en la clase. Cada vez que hablaba lo hacía en voz muy alta, logrando superponerse si alguien estaba hablando.

---

96    En el capítulo 3 me referí a algunxs de ellxs, como Romina y Lucas, quienes manifestaron la necesidad de encontrar formas de "*vinculación con la práctica*" y de "*materializar lo que aprendían*"; esta articulación ellxs la encontraron en la militancia.

En diálogos con algunxs estudiantes que estuvieron en estas clases y también con estudiantes de la *comisión*, supe que Celeste iba a la facultad a cursar pero no realizaba allí otras actividades, por lo que fuera de las obligaciones académicas era difícil encontrarla en *Humanidades*. Aun así, muchxs la conocen y hablan de ella cuando surge alguna anécdota de situaciones que protagonizó en diferentes clases. En las conversaciones que presencié, pude ver que genera irritación y algo de risas entre lxs demás estudiantes. Además, en esas charlas me llamó la atención que algunxs estudiantes y graduadxs manifestaran ciertas preocupaciones por la inminente graduación de Celeste. Sobre estas preocupaciones también me habló Jorge luego de la primera clase de la que participé.

Lxs estudiantes presentes en las clases son personajes secundarios del relato. Muchxs de ellxs participaron proponiendo términos, planteando preguntas, haciendo chistes. Otrxs no lo hicieron en voz alta. También algunxs dialogaron conmigo o con Celeste, que estaba sentada delante de mí. Algunxs también le reclamaron a Celeste que no dejaba hablar a lxs demás, se enojaron con ella y se negaron a saludarla y otrxs se acercaron a contarle que estaban de acuerdo con algunas cosas que decía o a charlar con ella amigablemente.

Las reacciones de rechazo que despertaba Celeste entre algunxs de sus compañerxs y algunxs docentes, quienes llegaban a mostrarse disconformes con la idea de que ella se reciba de socióloga, fueron las que inicialmente me produjeron gran asombro e inquietud y no lograba comprender. Fueron estas reacciones las que impulsaron mis preguntas acerca de qué podía entender del proceso de formación de sociólogxs, a través del análisis de estas escenas.

## 2. Clases "alteradas"

Promediando el mes de junio de 2011 asistí a una clase teórica a cargo de Jorge. Fui a la facultad un rato antes del comienzo, como hacía siempre. Unos minutos antes de las 18hs comenzaron a llegar estudiantes, que al espiar por la puerta del aula y ver que estaba ocupada por otra clase, se quedaban cerca de la puerta esperando. Éramos varixs aguardando cuando, pasadas las 18hs, llegó Jorge, taciturno, caminando lento. Pasados pocos minutos la gente que utilizaba el aula se fue, y todxs entramos. Tomé un banco en el medio del aula a la derecha, a unos dos metros de las ventanas que dan a la calle. Empezaron a entrar los chicos y chicas, cada vez más. Algunxs estaban en grupos, otrxs solxs o de a dos. Muchxs charlaban y en general se reían. En breve el aula quedó colmada, restaban pocos asientos desocupados.

Mientras todxs nos acomodamos, Jorge tomó un pañuelo de papel y limpió el escritorio. Organizó sus cosas allí y devolvió exámenes corregidos entre algunxs estudiantes presentes, mientras los iba nombrando en voz alta. Luego hizo aclaraciones sobre lo que significaban las calificaciones que había adjudicado. Todxs los que habían rendido miraban su parcial, nadie dijo nada al respecto y el profesor dijo:

*Nos quedan un par de clases, dos o tres. Me gustaría entrar en el pos 2001, que podemos llamar kirchnerismo. Puede ser esta la parte más polémica, si ustedes tienen ganas de polemizar, claro. En esta primera parte no quiero aportar datos, sino trazar o encuadrar por dónde puede pasar el debate sobre el tema, cómo analizarlo (…). Podemos pensar en dos grandes títulos: el kirchnerismo y "el modelo"[97], que iría entre comillas porque es toda una expresión, quien la use quiere significar ciertas cosas (…). ¿Qué ideas, calificativos, etcétera les remite el kirchnerismo? Vamos a ir enunciando todas las etiquetas o calificativos que suelen estar asociados al kirchnerismo. Esto es todo lo contrario de la perspectiva académica que quiero darles. Pero para empezar de cero con el tema (…) ¿qué adjetivos?*

Después de unos segundos, dijo que empezaría proponiendo algunos y puso bien a la izquierda del pizarrón algunas palabras, que suscitaron risas bajitas entre algunxs estudiantes. Escribió:

- *populismo*
- *neo desarrollismo*
- *izquierda*
- *nacional-popular*
- *autoritarismo*

Una chica dijo "*sustentabilidad económica*". Él atinó a incorporarla a la lista, pero dijo: "*esto iría del lado de los problemas*". Entonces abrió otra columna a la derecha del pizarrón y lo anotó allí.

Varixs estudiantes propusieron términos, y también Jorge anotó algunos más; un estudiante dijo "*estatismo*" y otro "*hegemonismo*". Un chico sentado entre los primeros bancos propuso "*latinoamericanismo*". Jorge lo escribió en el pizarrón y en la columna de la derecha escribió: "*alineamientos internacionales*". Y dijo: "*Esto no lo había pensado, pero me está resultando interesante esto de pensar etiquetas fáciles y pensar qué problemas suponen*".

---

97    La expresión "el modelo" se ha utilizado como intento de conceptualización y caracterización de los objetivos, concepciones, acciones y políticas de los gobiernos en Argentina. Esta expresión se ha utilizado particularmente en los últimos 15 o 20 años en ámbitos como el académico y el periodístico, pudiendo encontrarse referencias al "modelo neoliberal" de la década de 1990. Durante los años de gobierno de Néstor Kirchner y Cristina Fernández, se había ido instalando un uso de la expresión "el modelo", sin calificativos agregados, para referirse a este conjunto de aspectos que caracterizan la línea de gobierno *kirchnerista*.

Celeste, que estaba sentada delante de mí, agregó *"corrupción"*, y dio el ejemplo del caso de Schoklender y la Asociación Madres de Plaza de Mayo, que recientemente había sido conocido en los medios de comunicación[98].

*"Progresismo"*, dijo otra chica y luego otra a su lado dijo *"enfrentamiento"*. El profesor indicó que prefiere *"crispación"*. Luego agregó al lado de esa palabra: *"//polarización"*.

Celeste hablaba de la justicia y "los jueces kirchneristas", aludiendo a que existe un grupo de jueces cuya parcialidad hace que cuando un caso toca intereses del gobierno se lo asignan *"a un juez kirchnerista"*. El profesor eludía sus intervenciones no confrontando y avanzando con el tema.

Jorge destacó que el objetivo del ejercicio era *"pensar quién habla, define, califica y qué dicen de los hablantes los calificativos, más que del objeto de calificación"*.

Después de un rato, en la "fila de los problemas", a la derecha del pizarrón, se había agregado:

- *Rol de seguridad*
- *Rol de liderazgo*
- *Discurso como problema*

Del lado de los calificativos un alumno propuso *"propagandismo"* y una chica sentada bien adelante agregó *"militancia"* y *"juventud"*.

Celeste comenzó entonces a hablar, levantando la voz. El profesor le daba la palabra a otrxs que también querían hablar, haciendo caso omiso de su voz que tendía a imponerse.

> *— No se olvide que quiero hablar yo ⸗le dijo ella al profesor en un momento.*
>
> *Cuando él le dio la palabra, ella dijo que estaban surgiendo "nuevas formas de hacer política, nuevos políticos".*
>
> *— ¿Por ejemplo? –preguntó Jorge.*
> *— Y, no la quiero nombrar, pero (...) la mujer participa en la política, por ejemplo la doctora Carrió[99] (...) –se escucharon risas por lo bajo.*

---

98    Acababa de salir al conocimiento público, a través de un tratamiento insistente de parte de los principales medios de comunicación, una causa por tratamiento fraudulento de fondos públicos por parte de uno de los más importantes asesores de Hebe de Bonafini (la presidenta de la Fundación Madres de Plaza de Mayo). Sergio Schoklender (ahora acusado de estafa por enriquecerse con fondos destinados a un programa estatal de viviendas que coordinaba de Bonafini), había sido muy conocido décadas atrás por asesinar a sus padres y había pasado preso muchos años. El caso sirvió a algunos medios de comunicación para cuestionar seriamente a Hebe de Bonafini, explícita y ferviente aliada del gobierno kirchnerista (si bien no pudo comprobarse que estuviera vinculada al fraude).

99    Elisa Carrió es una abogada y política argentina, fundadora y presidenta del partido Coalición Cívica. Desde diciembre de 2009 es diputada nacional de la Coalición Cívica por la Ciudad de Buenos Aires. Su actividad política comenzó en el radicalismo y también fue parte de la Alianza que llevó como candidato a presidente de la nación en 1999 a Fernando de la Rúa, en los últimos años fue parte de la alianza Cambiemos, que disputó y ganó el gobierno nacional en 2015 y en

*— Bueno –contestó él– podemos poner*[la] *acá como problema.*

*Miró con una sonrisa divertida al resto de los presentes y escribió: "CARRIÓ", en la columna de los problemas, a la derecha del pizarrón. Se escucharon risas generales.*

La clase continuaba y varixs estudiantes (no todxs, muchxs se mantenían en silencio) seguían proponiendo términos y calificativos. Escuché que desde el otro lado del aula una estudiante decía que con el kirchnerismo la política se asocia a *"dejar de ver los problemas como técnicos y verlos como políticos"*. Otra chica, sentada a mi derecha, planteó con cierta molestia que la vuelta a la discusión pública sobre la política *"es de 2002, no patrimonio del kirchnerismo"*[100]. Además de Celeste, fue la única persona que explicitó cierto desacuerdo con lo que decían algunxs compañerxs. Hasta el momento, quienes proponían calificativos no hacían comentarios sobre los propuestos por otrxs estudiantes.

El profesor marcó que con eso ya estaban *"entrando en análisis"*, de lo cual se ocuparían después. En ese momento Celeste seguía hablando, tendía a gritar para imponerse mientras lxs demás también hablaban. Las discusiones sobre el papel del *kirchnerismo* en "la vuelta de la política" se fueron acalorando.

Jorge dijo que el ejercicio que estaban realizando en esta parte de la clase era una manera elegante de poner las cosas sobre la mesa *"haciéndonos los nabos"*. Hubo risas generales y Celeste, indignada, empezó a gritar: *"¡¡Pero los argumentos hay que fundamentarlos, profesor!! Si queremos hacer ciencia social"*.

Y continuó hablando, posesionada, indignada con *"el kirchnerismo que se roba la plata"*, diciendo que ella quiere la plata *"para los pobres, para igualar la sociedad"*. En ese momento muchxs de lxs estudiantes comenzaron a pedirle que bajara la voz o que se callara. Mientras hablaba se puso de pie, gritaba, levantaba el dedo como si estuviera dando un discurso político en un acto. Caminó dos pasos, como si pensara caminar entre los bancos. Se paró delante de otra compañera, Eliana, que estaba sentada en su banco y, mirando por sobre su cabeza hacia atrás del aula donde estaban lxs demás, siguió hablando en tono muy alto sobre la corrupción del

---

la actualidad forma parte de la alianza Juntos por el cambio, que perdió el gobierno nacional en 2019. Es una de las figuras públicas de la política nacional que se presentan y son reconocidas como opositoras al gobierno kirchnerista y al "kirchnerismo", y una de las que se muestra más frecuentemente en los medios de comunicación. Es conocida también por sus creencias y convicciones católicas. En muchos contextos, el académico incluido, Carrió posee una imagen muy deslegitimada y asociada a cierto desequilibrio mental, que su estilo místico contribuye a reforzar.

100   La estudiante se refería a hechos ocurridos entre fines de 2001 y el año 2002, como la conformación de asambleas barriales en los principales centros metropolitanos, la realización de manifestaciones que visibilizaron a grupos y actores sociales como los movimientos piqueteros, el asesinato de dos militantes piqueteros a manos de la policía bonaerense, entre otros.

         Aprendiendo a ser sociólogxs

gobierno de los Kirchner, del caso Schoklender, decía que no se puede hablar *"en el aire"*, que ella sabía porque estuvo en tal fundación o en tal comedor o en tal marcha. Eliana comenzó a inclinarse hacia atrás, ya que parecía que Celeste se le iba a tirar encima. Cuando hablaba, se dirigía a la clase con el término *"compañeros"*, y siempre con la mano en alto y un dedo levantado, parecía que estuviera ensayando un discurso de campaña política. Todxs estaban calladxs.

Pasados unos pocos minutos, Jorge empezó a intentar frenarla, pero ella continuaba hablando. Él le hablaba más fuerte, y de repente gritó: *"¡Celeste, basta! ¡Si esto va a ser así terminamos la clase ya!"*.

En cuestión de un segundo, ella paró de gritar, se hizo un silencio mínimo, marcado por la tensión y la estupefacción de lxs presentes; y entonces Celeste, mientras se sentaba dijo, en tono incluso dulce y marcadamente contrastante con el tono anterior: *"No, lo que pasa es que yo soy política y me gusta la política, no para ocupar una banca (...) pero me gusta"*.

Todxs se reían y se miraban entre sí, muchxs con los ojos bien abiertos dando muestras de su asombro. Pero otrxs no se veían tan asombradxs, quizás yo haya sido la más sorprendida allí.

A los pocos minutos se repitió una situación similar, y ya no sólo el profesor sino muchxs compañerxs intentaron pararla. Ella dijo que había estado en una marcha y *"no vi a ninguno de ustedes ahí"*, como desafiando a sus compañerxs, en relación a cierto compromiso social y político que habría que demostrar en las calles, las marchas, las asambleas. Estaba haciendo una acusación que, al menos sus compañerxs que estaban sentadxs cerca tomaron como tal, porque se mostraron enojadxs, asombradxs, otrxs le contestaron negando lo que decía. Pero al mismo tiempo, algunxs mostraban una actitud de cierta protección e infantilización, explicándole con paciencia a Celeste que todxs tenían derecho a hablar y participar en la clase y que ella no dejaba hablar a lxs demás.

A partir de esta primera situación de gritos, la sensación era que en cualquier momento Celeste iba a "saltar" nuevamente. En algunxs estudiantes aparecía cierto enojo, no supe bien si con la situación en general o con Celeste puntualmente, o con ambas. Ella volvió a ponerse de pie varias veces más y Jorge no terminaba de ponerle un límite que frene esas reacciones, quizás porque no quería hacerlo, quizás porque no sabía cómo.

Absolutamente sorprendida, le pregunté a Leandro, que estaba sentado a mi izquierda, si conocía a Celeste y si estas situaciones eran habituales. Él me contó que había cursado toda la carrera con ella y que *"en los últimos dos años estuvo más violenta"*.

Por momentos todo se tornaba hasta cómico. En un momento Celeste se dirigió al profesor diciendo:

> — *Sr. Profesor, Sr. Jorge, escúcheme –lo dijo en tono jovial, con cierta sonrisa en los ojos.*

> *Todxs se rieron. Jorge también, y luego dijo:*

*— Quiero avisar que yo estoy con la crispación (señalando lo anotado en el pizarrón[101]).*

*— ¡Yo también! –dijo Celeste.*

*— ¡¿Cómo?! –contestó el profesor asombrado y sonriente. Todxs volvieron a reírse.*

*— ¡No! yo estoy con la de-mo-cra-cia –reaccionó ella, levantando el dedo y en un tono entre discurso político y discurso de directora de escuela.*

Habiendo transcurrido unas dos horas, Jorge dispuso hacer un recreo y continuar en diez minutos. Casi todxs nos levantamos de nuestras sillas para salir del aula, algunxs a fumar, otrxs a comprar algo para tomar o comer o simplemente charlar.

Mientras me disponía a ir al bufet, Celeste saludó a uno de los chicos que estaba sentado detrás de ella y lo hizo llamándolo por su nombre y en tono cariñoso. Él le contestó *"no, no"*, con una expresión muy seria, manifestando que no aceptaba que lo saludara y mostrando su enojo. Ella le dijo: *"es que soy política, hago política"*.

Cuando iba saliendo del aula vi que Celeste se acercaba a Jorge hablando y él le decía:

*— ¿Me quiere escuchar dos segundos a mí?*

*— Sí, sí –dijo ella, pero siguió hablando.*

*Salí del aula y volví en unos cinco minutos. Encontré que Celeste y el profesor seguían hablando. Ella se quejaba de que "no la dejan hablar".*

*— ¿Pero usted acepta el trato? –preguntaba él– cuando yo le hago así (gesto con las manos de esperar) usted para.*

*— Sí, sí –contestó ella y se vino al banco justo delante de mí.*

*Se quedó leyendo o mirando su cuaderno y cuando Jorge estaba saliendo del aula, volvió a acercársele. Lo interceptó diciéndole que ella tiene derecho a hablar, que ella quiere "estudiar y ser socióloga" y que los demás actúan en su contra, "ellos son los sociólogos", dijo en tono marcadamente irónico. Sin darle mucha cabida, Jorge le dijo: "bueno, ¿puedo ir al baño?". Y salió.*

Celeste volvió a su banco y comenzó a hablar conmigo. Me decía casi lo mismo que le acababa de decir al profesor: que tiene derecho a hablar y

---

101 Se trataba en realidad de un juego de palabras. Muchos sectores críticos y opositores al gobierno han marcado que el estilo de gobierno de Cristina Fernández genera un clima de crispación, por su tono confrontativo. A raíz de esas críticas, distintas organizaciones, militantes y periodistas kirchneristas comenzaron a utilizar la palabra "cris-pasión" como un juego desde el cual aludir a la crítica y al mismo tiempo a su lealtad con la presidenta, las políticas que su gobierno lleva adelante y su estilo confrontativo. "100% cris-pasión" se convirtió en un lema que puede leerse escrito con aerosol en las calles y espacios públicos de las ciudades.

   

que *"no la quieren dejar hablar"*, que *"se enojan"* cuando habla *"porque ella discute"*.

Celeste se refería en términos generales al profesor y sus compañerxs. Al escuchar esas quejas, parecía que eran todxs los que no la dejaban hablar y se ponían "en su contra" porque "discute". Pero si esto era así, ¿qué era lo que ella "discutía" en las clases? ¿Había algo que a lxs demás no les gustaba escuchar de boca de Celeste?

Mientras la escuchaba, un chico desde el fondo se acercó y le preguntó si no había pensado en militar en la Coalición Cívica[102], y le dijo que él milita allí. Ella le dijo que estuvo un tiempo con la organización de mujeres de ese partido y le preguntó al chico: *"¿Por qué no te manifestás?"* (en las clases), *"Nooo, ¿para qué?"*, le respondió él y le recomendó a Celeste que cuide las formas, que no se quiera imponer; aunque él acordaba con su planteo sobre la corrupción, que *"no es ideológico para nada"*, entendía que debía cuidar las formas, porque eso *"hace resentir a los chicos"*. *"Nooo, estos ya son resentidos"* –le contestó ella y se dio vuelta para volver a mirar su cuaderno–.

El chico se fue y ella se puso a hablar con otra estudiante, a la que también llamaba por su nombre. La chica le dijo que tiene que dejar hablar a lxs demás, y Celeste le contestó: *"Ay, Laura, ¿y vos por qué no hablás, Laura?"*. Entonces Laura se acercó y charlaron unos minutos sobre esto. Laura estaba comiendo una mandarina y se fue a tirar las cáscaras a la basura, pero no volvió hasta que terminó el intervalo.

De vuelta en la clase, Jorge planteó que *"ahora hay que analizar todo lo que quedó en el pizarrón. Muchos usamos el 'se dice que'* (risas de muchxs) *ahora podemos tirar más carne al asador y empezar a colgar todo lo que dijimos de un punto de vista. ¿Desde qué lugar político ideológico se está diciendo qué cosa?"*. Propuso luego un esquema de análisis que plasmó en el pizarrón, y discutió la pertinencia, o no, de ciertas categorías para efectuar un estudio del periodo que delimitó. Indicó que él otorga primacía en el análisis al proceso de la lucha de clases y que otras dimensiones, las que definió como "político-institucional" y "de las prácticas políticas", deben ser leídas desde el problema de la lucha de clases. Dijo:

> — *Si me dicen que Kirchner es autoritario, a mí no me dicen nada (y pasa una mano por la garganta, como diciendo "¿y?"). No encontraría datos empíricos que lo comprobaran. Incluso si alguien construye datos de prácticas políticas que muestren el autoritarismo de Kirchner es una construcción discursiva intencionada políticamente.*

*Celeste intervino diciendo:*

> — *¿Y si lo muestra empíricamente?*

---

102   La Coalición Cívica es el partido político fundado y liderado por Elisa Carrió desde 2009.

— *Ahí tendremos que ver qué significa demostrar empíricamente –respondió él.*
— *Habría que hacer una etimología del lenguaje que se utiliza –contestó ella.*
— *No, pero eso ustedes ya lo saben, yo apelo a eso. Si le adjudico determinadas prácticas al kirchnerismo ya habrá que ver la intencionalidad política desde la que se habla –alegó él.*

Hacia el final de la clase, cuando casi todxs se habían ido y yo terminaba de guardar mis cosas, se acercó Jorge diciéndome: "*No sé cuál será tu objeto de observación, pero acabas de presenciar una situación muy particular*". Sonriendo le dije que sí (la verdad es que casi no salía de mi asombro). Me contó entonces que en sus más de veinte años dando clases nunca vio algo así,

*(...) porque yo trato de frenarla, pero no puedo hacer mucho más, no puedo prohibirle que hable. Los chicos me piden que haga algo, que no deja hablar a nadie y yo hago lo que puedo. No la puedo callar; en realidad hago algo que nunca hago, que es mofarme. A veces tomo a risa algunas cosas que dice, un poco para generar cierta jovialidad entre nosotros como para ir llevándola mejor, y ella ni lo registra. En el intervalo le propuse un trato, que cuando yo le hago así [gesto de que pare] ella deja de hablar. Me dijo que sí, y recién estuvo bastante más tranquila, pero no va a durar. Nunca me había tocado un caso tan patológico.*

Le pregunté cómo era su rendimiento en los exámenes, porque algunxs estudiantes me habían contado que hizo toda la carrera con ellxs. Me comentó que en el parcial "*le puse un ocho, porque por ahí se cuela algún delirio pero lo sustancial que hace a la respuesta lo pone y se nota que leyó los autores, entonces (...) los chicos me decían que haga algo para que no apruebe, que se va a recibir (...)* [hizo un gesto de que no puede evitarlo] *y bueno (...)*".
También me contó que en general las clases anteriores fueron menos conflictivas:

— *No se habían dado estas situaciones porque fueron más expositivas de mi parte, entonces por ahí ella acotaba algo y hablaba pero me era más fácil pararla. Pero cuando hay debate* [Jorge movía la cabeza de un lado a otro, como pensando en algo inevitable]. *Y ella tiene algo medio paranoico, porque piensa que los compañeros la discriminan, no la dejan hablar. Y yo en el intervalo le dije: la única que fue violenta y discriminadora con sus compañeros fue usted. Y los chicos bastante paciencia le tienen.*
— *Se le acercan, la retan casi como a una niña –dije.*
— *Si –contestó él sonriendo.*

En la clase siguiente Jorge continuó con el tema. Comenzó invitando a lxs estudiantes a "*analizar y organizar todo lo que salió la clase pasada*" y pidiéndoles que *"no se borren, que intervengan. Intentemos separar el dato de la lectura y de la lectura a favor o en contra. Y que no [se] pierda el carácter discutido o polémico, el equilibrio entre la crítica y el elogio"*.

Durante las primeras dos horas de clase Celeste no estuvo, aunque el profesor y algunxs estudiantes hicieron alusiones a los episodios del último *teórico*, en cierto tono de broma. Con ironía, recordaron algunas de sus intervenciones y opiniones sobre la corrupción del gobierno de los Kirchner y marcaron la diferencia que se notaba en el clima de la clase con su ausencia.

Efectivamente, el tono de los diálogos era más relajado. En mi caso, había desaparecido la sensación de que en cualquier momento se desarrollaría alguna escena como la que me había sorprendido tanto la vez pasada. Al mismo tiempo, algo de lo que me había inquietado de esas escenas y de las interacciones de la clase anterior, no se percibían en esta oportunidad. Como si la presencia de Celeste generara reacciones y situaciones de tensión, de inquietud, que no se producían ahora.

Jorge habló sobre algunas medidas económicas tomadas por el gobierno desde 2003 y las analizó en función del esquema que había propuesto la clase pasada. Leandro le preguntó quién maneja los fondos de las retenciones[103]. Jorge contestó que *"la nación, y no es coparticipable. Ahí uno tiene que decidir en qué punto va a criticar las retenciones. Si lo va a hacer desde la cartera de Cristina, como paradigma, cobrar para pagar carteras de Cristina, como extremo (...)"*[104].

---

103 Las retenciones son un mecanismo impositivo que se aplica a gran parte de las exportaciones argentinas de productos primarios –principalmente las del sector agropecuario y el petróleo– y consiste en gravar el valor de las ventas al exterior con un porcentaje pre-establecido de su valor, incorporando esos recursos al fisco nacional.

En 2008 se desarrolló un resonante conflicto entre dirigentes de asociaciones de productores agropecuarios y el gobierno, a raíz de una medida anunciada por éste, que incluía el aumento de las retenciones a las exportaciones de algunos productos agropecuarios. Este conflicto, conocido como "el conflicto gobierno-campo" tuvo alta repercusión y fue uno de los más importantes que el gobierno de Cristina Kirchner enfrentó, y a partir del cual se instaló en los medios de comunicación una lógica según la cual hay dos posturas posibles en el mapa político nacional: a favor o en contra del gobierno kirchnerista. Esta lectura binaria del mapa político se mantuvo incluso luego de cambio de gobierno, y se instaló una figura para nombrarla, muy utilizada tanto en medios académicos como periodísticos: "la grieta".

104 Jorge estaba haciendo alusión a un comentario crítico muy extendido en distintos ámbitos (en los medios de comunicación, en diálogos que pueden oírse en la calle, en los lugares de trabajo, etc.), que se queja de que la presidenta se compra carteras valuadas en dólares, que valen mucho más de lo que gana una persona de ingreso promedio en Argentina. El comentario tiene como base una posición muy instalada en el país, al menos desde los años noventa, que adjudica a los políticos motivaciones de enriquecimiento personal con los fondos del Estado y "de la gente". La referencia al "paradigma de la cartera" se utiliza para marcar el simplismo de algunos análisis, que tienden a reducir el debate político a la discusión sobre el vestuario de la presidenta y su valor monetario. Hay que decir, no obstante, que la creencia de que "los políticos" se enriquecen con fondos públicos encuentra fundamento en hechos de corrupción y grandes negociados que efectivamente existieron en distintos momentos de la historia nacional.

Se escucharon risitas por lo bajo. Entonces Jorge, al ver que había resultado gracioso su comentario, dijo:

*Sí, hoy estamos en un clima apacible* [haciendo un gesto como abarcando a lxs presentes, en alusión a que no estaba Celeste entre ellxs]. *Pero si vamos a discutir que sea desde un punto de vista sociológico, incluso políticamente serio. Porque si van a sostener algo desde el neoliberalismo sean coherentes con ese punto de vista neoliberal y si no lo son, ¡cuidado!*

En la segunda parte de la clase, luego del intervalo, Celeste llegó y se sentó nuevamente en un banco adelante. Se dieron en un par de oportunidades situaciones similares a las de la clase anterior y, esta vez, cuando Celeste logró copar la clase con su voz fuerte, muchxs estudiantes comenzaron a aplaudirla para que se calle. Entre palmas, silbidos, "bravos" y risas armaron un bullicio mayor y lograron que Celeste quedara desconcertada y en silencio por unos minutos. En la siguiente oportunidad que tuvo volvió a hablar, intentando imponer su voz para ser escuchada. Muchxs volvieron a aplaudir y silbar. "*Ya se ganó el aplauso de la noche*", le dijo Jorge en un intento de persuadirla para que se calle. Celeste parecía desconcertada.

Era la última clase del curso y unos minutos después Jorge agradeció a todxs "*porque hacía bastante que no tenía clases tan participadas*" y dio por terminado el *teórico* y la cursada. Todxs comenzamos a levantarnos y a irnos; faltaban unos minutos para las 22hs.

## 3. Hablando sobre Celeste

Luego de estas clases y en varias oportunidades participé en diversas conversaciones con estudiantes y graduadxs en las que se habló sobre Celeste. En estas conversaciones volvió a surgir el hecho de que Celeste logra buen rendimiento en las evaluaciones y también surgieron anécdotas, opiniones sobre su condición mental, discusiones sobre qué decisiones deberían tomar lxs docentes o el Departamento en relación a ella, su recorrido en la carrera y su inminente graduación. Estas expresiones, los relatos de anécdotas en las que Celeste actuaba "como loca" y en las que lxs demás hacían todo lo posible por deshacerse de ella (no hablándole, juntándose en lugares sin avisarle, dejando para cuando no estuviera algunas conversaciones), los términos y las opiniones que tanto estudiantes como docentes utilizaban para hablar de Celeste como estudiante de sociología fue lo que inicialmente me produjo mucha curiosidad. Saber qué pensaban "ellxs" de Celeste, qué les molestaba e irritaba tanto, ocupó mis búsquedas durante los siguientes meses. Detectaba en esos dichos, anécdotas y calificativos ciertos mecanismos de distinción puestos en juego entre sociólogxs cuyo sentido no lograba comprender. Algo de esa distinción se hacía evidente en que, si bien Celeste era una estudiante que había logrado transitar la carrera con cierto éxito y estaba a punto de obtener el título de socióloga, estxs estudiantes, docentes y graduadxs con los que yo dialogaba no consideraban que pudiera ser reconocida como una más entre ellxs. ¿Qué era, entonces, lo que los distinguía? y ¿cuál era el sentido de la distinción?

Unos días después de conocer a Celeste asistí a una reunión de *comisión* en la que Mariano, un estudiante delegado *en Junta*, les dijo a sus compañerxs que quería que hablaran *"de lo de Celeste, porque vino a bardearme*[105]*, vah, no me bardeó a mí sino a todos pero me bardeó a mí porque habló conmigo. Me dijo que los delegados estamos haciendo todo mal porque (...)"*.

> — *Pará, pará –intervino Pablo (estudiante de 2do año)–. ¿Quién es Celeste?*
> — *¿No la conocés? –preguntó Luciana–. ¡Qué suerte! –y se tapó la cara con las manos.*

Entre todxs le contaron a Pablo quién es Celeste; le dijeron que es una mujer *"de unos 50 años, muy rara"*, que cursó con casi todxs los que estaban en esa reunión porque ingresó con quienes en ese momento transcurrían el 5to año, pero cursaba también algunas materias con chicxs que todavía correspondían a 4to.

Mariano continuó:

> — *Es que vino a decirme eso, y si llega a ir con el quilombo al departamento nosotros vamos a quedar mal parados.*
> — *¡Pero ni le prestes atención! –dijo Eliana–. Está yendo a la materia de Jorge conmigo, la clase pasada se armó un quilombo, ella gritaba y Jorge le decía "¡Celeste, corto la clase acá!" (...) hasta Jorge la tiene calada, ni te preocupes porque no lo toman en serio.*

Mariano dijo entonces que *"será muy loca"* pero le faltan tres materias para terminar. Eliana agregó que *"aprueba bien los parciales, con 8, con 9 (...) y le queda la tesina que capaz que la hace, entonces están todos viendo qué hacer"*.

Comentaron cuál era el reclamo de Celeste ante los delegados *en Junta*. En una materia que algunxs de los chicxs presentes estaban cursando con Celeste, el profesor titular tomó examen parcial recuperatorio a algunxs estudiantes, mientras daba clase a otrxs en la misma aula. Celeste en la clase gritaba, como aparentemente suele hacerlo (hablaban de burocracia y gritaba algo sobre Weber) y lxs que rendían el examen estaban enojadxs con esa situación. Franco se quejó diciendo que *"ella defiende tanto sus derechos y mientras ella gritaba no le importó el derecho de los demás a rendir"*. Y Luciana dijo que en esa situación fue el profesor quien había sido responsable porque no puede tomar parcial mientras da una clase.

---

105  "Bardear" o "hacer bardo" es un término utilizado popularmente para indicar que una persona o grupo provoca o ataca a otras, o que genera desorden en alguna situación.

Después de esa discusión, contaron otras anécdotas y se rieron un poco de las situaciones que había protagonizado Celeste en diversas ocasiones. Paola dijo que *"encima con Jorge estamos viendo temas re actuales, pos 2001, kirchnerismo, te imaginás (...) la corrupción (...)"*.

> — *¡Uf! –exclamó Eliana– eso la detona.*
> — *¡Si hablar de Weber la detona! –agregó Luciana.* (Registro de campo, 23/06/2011).

En otra reunión, tiempo después, algunxs volvieron a manifestar su preocupación porque Celeste *"se va a recibir"*. Fernando dijo:

> — *¿Pero vos te creés que va a conseguir trabajo?*
> — *Pero le van a tener que dar el título –contrapuso Candela.*
> — *Yo lo que pienso es quién va a querer ser director de tesina de esa mujer –intervino Luciana.* (Registro de campo, 09/11/2011).

Lo que se articulaba aquí es algo de lo inevitable que contiene la situación. Es decir, lxs estudiantes manifiestan sus preocupaciones porque no la consideran una igual que puede tener el mismo título que ellxs, y aparentemente algunxs docentes también tienen preocupaciones parecidas. Pero nadie puede "hacer nada" para evitar que se reciba: *"le van a tener que dar el título"* y, además, alguien tendrá que hacerse cargo de ser *"director de tesina de esa mujer"*. Es clara aquí la molestia de algunas personas con la perspectiva de que Celeste obtenga el título de socióloga y se pone de manifiesto una acción de diferenciación: será socióloga, pero no va a conseguir trabajo como socióloga.

Entre algunxs docentes jóvenes aparecieron visiones similares sobre la locura de Celeste, e incluso algunxs me interpelaron en calidad de pedagoga para decirme que *"habría que armar un gabinete psicopedagógico para esta gente en la facultad"*.

En esos relatos y conversaciones se ponía en juego el mecanismo de distinción que estaba en el nudo de mis preguntas sobre lo que había pasado en las clases, y persistía aquí. El discurso de la distinción presentaba una oposición entre "ella" y "nosotrxs". Al definirla como loca, violenta, patológica, psicótica, entre otros calificativos, mis interlocutores marcaban su distancia con ella y al mismo tiempo quitaban legitimidad a todo lo que Celeste decía, cuestionaba, gritaba, reclamaba, acusaba. Desde la perspectiva de "ellxs", *los sociólogos*, la locura de Celeste era evidente y esa evidencia era la explicación y fundamento de que, en palabras de Celeste, "no la dejaran ser socióloga".

Ahora bien, lo que yo no estaba reconociendo en mi curiosidad por la mirada de *los sociólogos* sobre Celeste, era que yo misma la estaba viendo de igual manera. Prueba de esto es que, fuera de algún diálogo breve en las clases que presencié, nunca hablé con Celeste. Si bien las situaciones que relaté me produjeron gran asombro, en ningún momento di cabida a la posibilidad de preguntarle a Celeste qué pensaba ella de las interacciones en las clases de Jorge, o de qué es hacer sociología y ser sociólogx.

Relaté en forma oral a muchas personas (amigxs, colegas, familiares) lo que había experimentado durante estas clases y otras conversaciones. Todxs coincidieron en una explicación similar a la que me ofrecían lxs mismxs estudiantes de sociología, Jorge y otrxs graduadxs, y también similar a las primeras disquisiciones que yo misma había formulado: la explicación de las escenas ocurridas era la locura de Celeste. Aun más, en los diálogos con otrxs compañerxs que conocen *Humanidades* surgían como ejemplos otros "personajes", los "locos" que casi todos tuvimos de compañeros en la facultad. Por lo general bastante mayores que la mayoría de lxs estudiantes, estos "personajes" tienen dificultades para participar adecuadamente en las clases, dicen cosas que resultan descontextualizadas, interrumpen a lxs profesores, etc.

Pero si ésta era una situación que podía entenderse como habitual y "típica de *Humanidades*", entonces se hacía necesario explorar por qué mi desconcierto y describirlo, para reconocer y analizar las perspectivas en juego. Si Celeste era un personaje más de esos que todxs nos cruzamos en la facultad, seguía sin entender qué era lo que me había sorprendido tanto, lo que hacía que relatara las escenas a cuanta persona se mostrara dispuesta a oírme y que me traía una y otra vez el interrogante sobre qué era lo que a docentes y estudiantes molestaba tanto de lo que Celeste decía y hacía en las clases. Sólo después de varias lecturas y relecturas de mis registros y de analizar las situaciones vivenciadas, logré entender cómo Celeste, su forma de actuar, las cosas que decía y lo que representa para sus compañerxs y profesores pone en contraste los valores que lxs demás, *los sociólogos*, sostienen sin explicitar. Se hizo preciso entonces entender el contexto significativo a partir del cual comprender estos episodios, en los que se ponía en juego una perspectiva desde la cual "ser sociólogx" no equivale a que *"te den el título"*.

Para ello, exploré la oposición entre "ella" y "nosotrxs" o "yo" y "ellxs" que estructuraba las perspectivas con las que hablaban algunxs estudiantes, docentes y también Celeste; tomando esa oposición como parte de un discurso performativo que tiene por efecto establecer distinciones entre estudiantes de sociología y establecer ciertas prácticas y saberes como legítimos.

## 4. Discurso performativo de oposición

En una primera lectura del relato puede parecer que la oposición está en la base de las relaciones entre las personas que participan de estas situaciones: Celeste contra "lxs demás" y "lxs demás" contra Celeste. En mi caso, a medida que escuchaba las conversaciones durante las clases y veía las reacciones de Celeste y las de otrxs estudiantes y el profesor, parecía claro que había una cierta oposición entre ella y "el resto", que Celeste marcaba diciendo que *se ponen en su contra*, que *ellos* actúan como si fueran lxs sociólogxs y *no la dejan* a ella serlo y que *son resentidos*.

Otrxs estudiantes marcaban esa oposición con las risas ante sus intervenciones, calificándola de loca o violenta y también cuando se acercaban a retarla como si fuera una nena traviesa que tiene que aprender modales, todo lo cual mostraba cierta subestimación. En una primera mirada, todo parecía indicar que existen posiciones opuestas: "ella", por un lado, y "lxs demás", "lxs chicxs" o "nosotrxs", por otro.

Sin embargo, es importante recordar que en las escenas relatadas también se dieron diálogos que muestran que la oposición no es total ni supone que Celeste está "en contra" de "todxs" ni que "todxs" están "en contra" de Celeste, en todos los aspectos y todo el tiempo. Las interacciones con Laura y el chico que le habló sobre la Coalición Cívica muestran que algunxs estudiantes no están tan en desacuerdo con la posición de Celeste sobre el *kirchnerismo* y sí quieren escucharla. También muestra que Celeste tiene relación con muchxs de sus compañeros, está interesada en dialogar con ellxs y algunxs, como Laura, también se interesan por hablar con ella. De modo que la diferencia que parecía tajante entre "ella y lxs demás" puede relativizarse, y permitir hacer aparecer matices al interior de ese "todxs" o "nosotrxs".

¿Cuál es, entonces, la oposición y cómo se construye? Se trata de un *discurso de oposición* que resulta performativo en la interpretación y producción de prácticas y relaciones sociales. Este discurso es puesto en juego por muchas de las personas con las que dialogué, incluida Celeste: las formas de interacción en tono de enojo y enfrentamiento, así como algunas expresiones (*"ellos se ponen en mi contra"*; *"no me dejan hablar"*; *"generamos jovialidad entre nosotros y ella no lo registra"*; *"es discriminadora y paranoica con sus compañeros"*; *"debe haber un gabinete psicopedagógico para esta gente"*) construyen diferenciaciones y posiciones que tienen efectos en la generación de relaciones y prácticas sociales.

Si un discurso es un conjunto de enunciados relacionados que se constituye en medio y objeto de lucha, se trata de comprender la circulación y los procesos de apropiación de discursos sociales sobre qué es ser sociólogx y cuáles son los saberes y prácticas legítimas para este grupo social, y no de desentrañar las intenciones de los personajes particulares del relato. De manera que el interés del análisis que aquí realizo no radica en el sujeto hablante sino en

> *(...) las diferentes maneras en las que el discurso cumple una función dentro de un sistema estratégico donde el poder está implicado y por el cual el poder funciona. El poder no está, pues, afuera del discurso. El poder no es ni la fuente ni el origen del discurso. El poder es algo que funciona a través del discurso, porque el discurso es, él mismo, un elemento en un dispositivo estratégico de relaciones de poder.* (Foucault en Castro, 2004: 95).

  APRENDIENDO A SER SOCIÓLOGXS

En este sentido, el discurso como hecho performativo construye relaciones y prácticas, es un dispositivo a través del cual éstas se significan, se producen y reproducen. El discurso performativo de oposición entre "nosotrxs" y "ella" realiza una operación de distinción entre "lo que ella hace" y lo que "nosotrxs hacemos", instalando prácticas, saberes y valores legítimos e ilegítimos.

Este *discurso de la oposición* funciona como dispositivo de lucha por el habla sociológica y la participación legítimas y tiene por efecto distinguir un *punto de vista sociológico* de uno que no lo es. En este discurso, Celeste (y, podemos decir, quien actúe como ella) queda ubicada en la segunda posición. El suyo no sería un *punto de vista sociológico*, ni *políticamente serio*. Celeste aparece en el discurso de oposición como lo inverso a la sociología, la seriedad y la coherencia. En este juego, los puntos de vista y perspectivas del resto quedan uniformados bajo la suposición de que comparten horizontes políticos y enfoques analíticos.

## 5. *"Discutir de política"* en las clases: prácticas de lenguaje y disputas sobre el *kirchnerismo*

Nuestro relato puede mostrar aspectos de las prácticas académicas en la formación de *los sociólogos* si lo analizamos haciendo foco en las prácticas de lenguaje, en las situaciones de interacción que se desarrollaron y en las posiciones que lxs actores fueron tomando en ellas. La primera cuestión importante es el tema sobre el que se desarrollaron las clases relatadas: *"el kirchnerismo"*, definido como polémico por el mismo profesor, quien también habló del debate que esperaba que se dé. Es preciso poner en evidencia, para comprender el fervor que adquirió el debate durante las clases, que el tema del "kirchnerismo", su caracterización y valoración era en ese momento y lo es actualmente asunto de debate público en muchos ámbitos, no sólo el universitario. Definiciones y evaluaciones sobre el *kirchnerismo*, el *gobierno kirchnerista* o *el modelo* se suceden permanentemente y así ha sido durante los últimos quince años, por ejemplo, en los medios de comunicación. Allí pueden encontrarse dos principales posiciones: las claramente críticas hacia "el gobierno kirchnerista" y las claramente favorables. Varios aspectos de lo que se discutía en estas clases tienen como interlocutor no mencionado a los medios de comunicación. Desde el principio, cuando Jorge solicitó que lxs estudiantes propongan calificativos que *"suelen adjudicarse"* al *kirchnerismo*, se estaba refiriendo a lo que circula principalmente en los medios; y los términos que lxs estudiantes propusieron surgen en gran parte de allí. Al mismo tiempo, los argumentos que opuso Celeste también están informados por dichos y análisis que se difunden en los medios, como sus apelaciones al "caso Schoklender", a la corrupción y los "jueces kirchneristas".

Asimismo, todas las agrupaciones políticas estudiantiles de *Humanidades* tienen posición tomada respecto del tema, ya que en ese nivel también éste es motivo de debate y lucha por votos en las elecciones estudiantiles.

Por lo tanto, el tema del que trató el *teórico* interpelaba a lxs participantes no sólo en términos académicos ni sólo como estudiantes de sociología, sino también como militantes y como ciudadanxs que votan en elecciones. Hay que agregar además que en octubre de ese año se realizaron elecciones presidenciales, por lo que las discusiones podían estar directamente ligadas a la decisión del voto que se haría unos meses después.

Es central entonces, para comprender el desarrollo de las interacciones, no perder de vista el tema sobre el que se habló, ya que se trataba de la definición de un objeto de análisis sobre un tema en franca disputa, no sólo sociológica, y de una forma de analizarlo. En este caso, la definición del tema de las clases supuso dos cuestiones: su delimitación, es decir, qué se analizaría y qué no; y también supuso la valoración del *kirchnerismo*. Puntualmente, en estas clases se estaba discutiendo sobre política y sobre posiciones político-ideológicas respecto de un gobierno y sus políticas. El profesor intentó mostrar y enseñar una manera *"académica"* y *"sociológica"* –tal como él la definió– de hacerlo; al mismo tiempo, Celeste presentó una manera contrastante de entender y definir el *kirchnerismo* y la mayoría de lxs estudiantes restantes tendieron a acordar con las lecturas que presentó Jorge o a no ponerlas explícitamente en cuestión[106].

Por ello, uno de los objetos de disputa en estas clases fue la definición y valoración del gobierno kirchnerista. Como dijo Jorge, se puede pensar qué dicen de lxs hablantes los calificativos utilizados y, de hecho, lxs participantes, incluido el mismo profesor, hicieron exactamente eso: proponer términos calificativos para hablar del *kirchnerismo*. La pregunta es si todxs lxs actores contaban con el mismo poder de establecer adjetivaciones que resultaran aceptadas. En relación con esto, y como veremos en lo que sigue, a través de la discusión sobre *el kirchnerismo* y de los términos en que se fue dando, se pusieron de manifiesto otras disputas.

Desde el inicio las palabras, calificativos y formas de nombrar adquirieron un rol central en las clases, ya que el profesor solicitó a lxs estudiantes que propongan adjetivos, empezando él por aclarar que el uso de algunas palabras *"quiere significar ciertas cosas"*. La atención a lo que lxs hablantes querían significar con determinadas palabras nos deja en claro que estábamos en el terreno de la disputa por la definición del *"kirchnerismo"*. Pero además las palabras que se propusieron nunca fueron definidas, sino que se asumieron significados compartidos. No se trató de adjetivos, sino de

---

106 Hubo una estudiante que manifestó no acordar con la idea de que el *kirchnerismo* es responsable de la "revalorización de la política" y vinculó ese fenómeno con un efecto de la crisis de 2001 y los sucesos de 2002. También un compañero se acercó a Celeste para manifestarle su acuerdo con lo que decía en clase. Y hubo muchas personas que no hablaron para todo el grupo de la clase.

 Aprendiendo a ser sociólogxs

conceptos y categorías de clasificación, "ismos". Con estas categorías lxs participantes clasificaron pero también calificaron (Bourdieu y de Saint Martin, 1998; Bourdieu, 2007). Estos "ismos" pueden suponer el manejo de lenguajes y discusiones académicos específicos, aunque este manejo no haya sido estrictamente necesario para su uso en las clases relatadas. Es decir, que los términos propuestos no hayan requerido explicación indica que circulan y son utilizados y significados en otros contextos, y que estos significados y usos también funcionan en el ámbito académico. Son parte del lenguaje compartido. En todos los casos, los términos arrastran historias y aglutinan sentidos articulados a la historia nacional, que allí no se nombraron pero que estaban jugando. Para dar un ejemplo, "autoritarismo" en Argentina puede querer decir mucho más que una forma unilateral de ejercer la autoridad; puede querer decir dictadura, represión, despotismo ejercidos por unos grupos sociales a otros. "Populismo" también es un término que se ha usado para defenestrar o rescatar estilos de gobierno y gobiernos particulares en Argentina.

En las escenas descriptas se estaba calificando al *kirchnerismo* a través de categorías clasificatorias que lxs participantes han aprendido a utilizar y que tienen aceptación en este contexto. En algunos casos, como los mencionados, esas categorías funcionan normativamente. Su aprendizaje y su uso es parte de la incorporación de un discurso académico y principalmente de un sentido práctico (Bourdieu, 2007) a través del que lxs participantes determinan qué discusiones pueden darse o no (son aceptadas o no) en determinados contextos, y en qué términos. La apropiación de ese discurso y la incorporación de los estilos de lenguaje adecuados a situaciones, constituyen el proceso de aprender a hablar en las clases de sociología. Desde la perspectiva de Bourdieu, en lo que se pronuncia y en lo que se calla el lenguaje se encuentra en el principio de la práctica: *"ese lenguaje, que no se le dirige al recién llegado, deja en silencio todo lo que no hace falta decir porque se da por sentado"* (Bourdieu, 2007: 145). En este sentido, parte de lo que es necesario saber, producir, predecir, interpretar para participar de forma apropiada en un grupo social tiene que ver con el manejo de lenguajes compartidos y adecuados a situaciones.

Este proceso de aprendizaje no se produce sólo escuchando el habla legítima y legitimada (como la de lxs docentes), sino también hablando, y por tanto presentando un habla determinada en un contexto o, al decir de Bourdieu, un mercado determinado, que define las condiciones de recepción del discurso (1990, 2001). Esto es, que la competencia del habla legítima se adquiere por la práctica (es decir, por la participación en un grupo social y sus situaciones de interacción) e *"(...) implica inseparablemente el dominio práctico de un uso de la lengua y el dominio práctico de las situaciones en las que ese uso de la lengua es socialmente aceptable"* (Bourdieu, 2001: 56).

Como planteé antes, en estas clases se estaba discutiendo sobre política y es importante destacar que Celeste entendió eso, e incluso adquirió un tono que en ese momento yo definí como "de campaña", y que ella misma justificó diciendo que "le gusta la política". Sin embargo, Celeste decía exactamente lo que a muchxs no les gusta escuchar en este espacio, de una manera muy alejada de la considerada académica (que es más cercana al uso de categorías clasificatorias), mientras muchxs de sus interlocutores la escuchaban desde la risa o el hastío, lo que llevaba a que su actuación resulte absurda.

En cuanto a que en estas clases se hablaba de política, no se trataba de algo excepcional. Escuché más de una vez a estudiantes y graduadxs contar que en las clases es usual que "se hable de política" y que algunxs profesores "bajen línea"[107]. Por ejemplo, durante el Curso de Ingreso lxs estudiantes de la *comisión* les contaron a lxs ingresantes cómo es "hablar de política" en las clases de sociología:

*Luciana y Leandro dijeron que, a diferencia de otras carreras, en sociología se puede discutir en las clases, en parte porque los mismos profesores tienen posturas más o menos claras, están informados e incluso muchos fueron militantes o aún lo son. Luciana dijo que en las clases de sociología se abre el espacio para manifestar lo que uno piensa o "discutir de política", y que "a lo sumo el profesor hará el esfuerzo para que lo que se discute tenga que ver en algo con su materia".*
*Candela sin embargo relativizó un poco eso, y dijo que no siempre se abre al debate, y que suele pasar que algunos profesores "bajan línea y si no estás atento no te das cuenta".*
*Luciana intervino diciendo que "una de las cosas que vas aprendiendo en la carrera es a diferenciar y detectar desde qué postura política habla el otro, y podés hacer algo con eso. Ves dónde lo metés, si estás de acuerdo o no, eso se aprende".*
*Entonces habló Oriana, una docente, y dijo: "en todas las carreras pasa que los profesores toman posiciones políticas, realizan actos políticos y bajan línea; la diferencia es que en sociología eso se problematiza".*
(Registro de campo, 05/03/2012).

¿Cómo se aprende a identificar posturas políticas o a detectar cuando lxs docentes *bajan línea*? El diálogo de arriba, así como las escenas que estamos analizando, permiten advertir que se trata de un saber que se adquiere en la experiencia de la participación, "*lo vas aprendiendo*". A través de la práctica de escuchar a profesores, de interpretar lecturas y discursos, de "*manifestar lo que uno piensa y discutir de política*" en situaciones de

---

107   Con la expresión "*bajar línea*" lxs estudiantes se refieren a que, bajo el nombre del conocimiento académico, el o la docente presente ideas que justifican intereses personales sobre un asunto en disputa.

interacción, como las clases, estos saberes se ponen en juego. Es decir, se aprende en el proceso de hablar e interpretar lo dicho de las maneras definidas por la comunidad.

Identificar, leer y detectar posturas políticas y "bajadas de línea", así como "discutir de política", es parte de las prácticas académicas y de las formas de participación que se desarrollan en las clases de sociología; lxs estudiantes las reconocen como prácticas con las que aprenden a ser sociólogxs, las presentan como características de la carrera y las muestran a lxs nuevxs estudiantes.

Pero aprender a leer entrelíneas la *"postura política desde la que habla el otro"* es sólo una parte de esta práctica de lenguaje. Se aprende a detectar la postura y también a clasificarla, a *"meterla en algún lado"* y a ponerla en relación con la propia o con la de tercerxs. De esta manera, descubrir la posición política del otrx supone definirla, adjetivarla y/o ubicarla en una serie clasificatoria. En este sentido, recordemos que las clases de nuestro relato estuvieron plagadas de categorías de clasificación que adjetivan posturas políticas, como por ejemplo *neoliberal, kirchnerismo, neo desarrollismo, latinoamericanismo, nacional-popular*; y que el profesor planteó claramente que debían definir *"desde qué lugar político-ideológico se está diciendo qué cosa"*.

Durante las escenas relatadas, el asunto que resultó más conflictivo fue quién hablaba, quién podía hacerlo y por qué, y qué se decía cuando se hablaba. Esta fue otra de las disputas desarrolladas, y estuvo directamente ligada con la definición del *kirchnerismo* que se estaba jugando. En relación a esta disputa y a la manera en que se desplegó a partir de las intervenciones de Celeste, uno de los primeros aspectos que me impactaron fue cierta inadecuación de su parte respecto de lo que puede decirse y la mejor manera de hacerlo en situaciones como estas clases. ¿Por qué Celeste no es reconocida por muchxs de sus compañeros como interlocutora legítima? Y ¿quién/es sí tiene/n derecho a hablar y ser escuchadx/s *"como sociólogo/s"* y por qué? Por lo pronto, en la disputa por la definición del *kirchnerismo* Celeste no propuso categorías clasificatorias sino una denuncia: *corrupción*. No se colocó en una postura analítica/clasificatoria sino denunciante, participante, y diciendo *"soy política, hago política"*. En realidad, al clasificar y calificar todxs estaban siendo partícipes de la disputa por la definición del *kirchnerismo*; lo que hizo Celeste fue desnudar sus propias intenciones, al contrario de lo que había sido la propuesta de Jorge: poner elegantemente las cartas sobre la mesa *"haciéndonos los nabos"*, para después *"colgarlas de un punto de vista"*.

Recordemos, además, que el profesor había propuesto pensar qué dicen de lxs hablantes los calificativos que utilizan. Si nos preguntamos qué es lo que genera risa y fastidio de las intervenciones de Celeste, debemos tener en cuenta que ella repuso en estas clases los discursos de ciertos sectores de los medios de comunicación y puntualmente del periodismo que, como veremos luego, quedan marcados como "de sentido común". También reivindicó personajes de la política mal conceptuados en el ámbito académico, como Elisa Carrió[108].

De esta manera, las actuaciones de Celeste resultaban absurdas e inadmisibles porque de hecho lo eran en este "mercado" específico. Si una parte constitutiva del aprendizaje del lenguaje y las formas de interacción legítimas en un contexto y un grupo social es el aprendizaje de sus condiciones de aceptabilidad y de las situaciones en que éste resulta redituable y aceptable, es claro aquí que las intervenciones de Celeste mostraban su débil apropiación del discurso y las prácticas de interacción legítimos, incluso cuando todxs estaban hablando de política.

En la base de las intervenciones de Celeste, como en las de todxs lxs participantes, hay una lectura del lugar, del espacio de la clase y de las relaciones que constituían esas situaciones y su propia posición allí.

> *El sentido del valor de los propios productos lingüísticos es una dimensión fundamental del sentido del lugar ocupado en el espacio social; indudablemente la relación originaria con los diferentes mercados y la experiencia de las sanciones impartidas a las propias producciones constituyen (...) una de las mediaciones a través de las cuales se constituye esa especie de* sentido personal del propio valor social *que regula la relación práctica con los diferentes mercados.* (2001: 56. Destacado en el original).

Podemos pensar que parte de la irritación y la risa que causó, radicaba en la lectura errónea que Celeste ponía constantemente de manifiesto, insistiendo en decir lo que casi nadie quería escuchar, porque no tenía nada que ver con lo que había que decir.

Ahora bien, también podemos notar que la insistencia de Celeste no sólo mostraba su inadecuación, sino que también ponía en escena una disputa sobre las prácticas discursivas legítimas entre *los sociólogos* y las relaciones de poder que están en la base de los mecanismos que distinguen las formas legítimas de las que no lo son.

---

108 De hecho, cuando Celeste la mencionó el profesor la ubicó en la columna de los problemas, en broma y acompañado por risas generales, marcando la baja valoración de que goza Carrió en este contexto. Es probable que no fuera la primera vez que Celeste la nombrara, ya que sabía que no sería bien recibido su comentario cuando dijo *"bueno, no la quiero nombrar (...)"*. El compañero que se acercó a ella en el recreo a hablarle de la Coalición Cívica también sabía que las opiniones favorables a Carrió no serían bien recibidas y, ante la invitación de Celeste a "manifestarse" en la clase él respondió *"Noooo (...). ¿Para qué?"*. Es interesante notar también que este compañero, que sabía que sus posiciones no serían fácilmente adecuables al discurso académico legítimo, también le indicó a Celeste la importancia de cuidar las formas de hablar para lograr ser escuchada, mostrando haber comprendido la diferencia, en este "mercado lingüístico", entre las prácticas de lenguaje legítimas de las que no lo son.

# 6. Distinción, poder y participación en la *comunidad de práctica*

¿Qué es necesario saber, producir, predecir e interpretar para participar de formas apropiadas entre *los sociólogos* y puntualmente en estas clases? Siempre existe un conocimiento lingüístico y socio-cultural que subyace a la capacidad de participar de eventos del propio grupo cultural e interpretarlos (Briggs, 1986). Es decir, participar de formas apropiadas en estas clases supone el manejo de la competencia lingüística legítima. Cuando me refiero a la competencia legítima pretendo afirmar que una competencia suficiente para producir frases susceptibles de ser comprendidas puede ser completamente insuficiente para producir frases susceptibles de ser escuchadas, atendidas en contextos específicos. La apropiación de esa competencia y del discurso sociológico válido es parte fundamental del proceso de formación y de incorporación a la *comunidad de práctica*. Desde el absurdo y la inadecuación, las intervenciones de Celeste pueden mostrar los valores y saberes establecidos como legítimos, que se pusieron en juego durante las escenas relatadas a través de las actitudes, respuestas y reacciones de algunxs estudiantes y el docente.

También a través del absurdo, los dichos de Celeste muestran otra característica de las prácticas de lenguaje: no todxs lxs participantes en la interacción ejercen el mismo grado de control sobre los procesos de comunicación. Qué significa hablar y, de igual forma, quién habla, dónde, cuándo y qué dice tienen que ver con el poder y la jerarquía en las relaciones y las prácticas sociales. Esto es claro en el reclamo de Celeste respecto de que *"hay que hacer una etimología del lenguaje que se utiliza"*. Se hace patente en ese diálogo la presencia de un uso del lenguaje cuyas "reglas" no son explícitas, pero se espera que lxs participantes manejen. Emerge también, a través de sus palabras, lo que de otra forma no era necesario decir: aquellos significados que se asumen compartidos, que no se explicitan ni se explican y que no todxs tienen el poder de definir o redefinir. Así, como afirma Wolf, *"la competencia para expresar el habla performativa es tanto una fuente de poder como una demostración del mismo"* (2001: 82). Concebir el lenguaje como recurso de poder supone además entender las interacciones lingüísticas como relaciones de poder en las que no todxs lxs participantes se encuentran igualmente posicionadxs. Es claro en este caso que el profesor se encuentra autorizado institucionalmente y cuenta con credenciales que legitiman su acto de habla, a través del cual presenta una visión particular sobre un objeto previamente delimitado y construido y define con qué términos y categorías debe ser analizado.

Celeste planteó explícitamente la disputa por tener la palabra: *"no se olvide que quiero hablar yo"*, le dijo a Jorge varias veces. También Jorge y otrxs estudiantes disputaron la palabra aunque, claro está, el primero es quien decidía quién hablaba[109]. Concretamente, se trataba de una disputa por las formas de participación, en estas clases y entre *los sociólogos*, en la que Celeste también intervenía.

¿Por qué es tan importante para Celeste poder hablar? ¿Por qué recurre a tapar con su voz a los demás? Varixs de sus compañerxs reclamaban a ella y al profesor *"que no deja hablar a nadie"*; Celeste entendía que sus compañerxs actuaban en su contra, que no le reconocían el derecho a hablar, estudiar y ser socióloga. Y dijo irónicamente *"ellos son los sociólogos"*. Aquí se puso en juego el discurso performativo de la oposición entre "ella" y "ellxs". Es necesario destacar que este discurso es puesto en escena tanto por Celeste como por el docente y otrxs estudiantes (en las clases relatadas y en otras situaciones descriptas), pero tiene para cada actor efectos distintos.

Para Celeste funciona como un reclamo ante la no aceptación de sus dichos (*"no me dejan hablar"*, *"se ponen en mi contra"*, *"son resentidos"*) y, en este caso, su lectura del espacio y de las relaciones es correcta: esa no aceptación estaba directamente ligada a que quienes no la escuchan no la reconocen como interlocutora legítima y autorizada para hablar de sociología y desde la sociología. El recurso a la oposición "ellos contra mí" le permite presentar la situación como una injusticia y un desconocimiento a sus derechos.

Por su parte, Jorge marcó un "nosotrxs" en contraposición con "ella" cuando me dijo al final de la primera clase que a veces recurría a mofarse para *"generar jovialidad entre nosotros"*. A lo largo de ambas clases se mantuvo la situación de risa (junto con cierto hastío y molestia): entre "ellxs" se reían de cosas que Celeste decía en serio, hacían chistes a raíz de sus intervenciones o tapaban su voz con aplausos, es decir, deslegitimaban sus dichos. De hecho, si bien Celeste logró cierta persistencia en la clase con su voz y su presencia, nada de lo que dijo fue tomado en serio y su posición, que resultó absurda, dejaba en evidencia para Jorge y quienes sostienen el discurso de oposición desde el "nosotrxs", que esta forma de hablar sobre el kirchnerismo *no es* sociológica, en contraposición con la que el profesor presentó.

Esto tiene implicaciones importantes, porque se trata de presentar como sociológica (es decir, válida y valorada) una definición del *kirchnerismo* (que, vale recordar una vez más, es objeto de disputa en esta clase y en otros espacios en la facultad y la sociedad), sancionando los términos adecuados o inadecuados para su análisis. Pero en el mismo acto, a través de esas disputas (quién habla y qué dice del *kirchnerismo*), se estaban discu-

---

109 Incluso cuando parecía que Celeste dominaba la escena en el momento en que se paró y se dirigió a toda la clase, Jorge decidió parar esa actuación (fue la primera y única vez en ambas clases que le ordenó callarse) y Celeste respondió rápidamente obedeciendo su orden y dando explicaciones, después de lo cual todo continuó como se venía desarrollando.

 

tiendo otras cosas, relacionadas con la dilucidación de cuál sería un análisis sociológico del tema (y, por su intermedio, definir cómo debe analizar un sociólogx este tema) y, con eso, quién es y puede *ser sociólogx.*

Las apelaciones que el docente y algunxs estudiantes hicieron en la segunda clase, mientras Celeste no estaba presente, a ella y sus intervenciones de la clase anterior avanzaban sobre algunas maneras de entender qué es una lectura sociológica. Allí Jorge habló de la importancia de sostener un punto de vista coherente en el análisis de las políticas del gobierno y lo contrapuso con los análisis realizados *"desde el paradigma de la cartera de Cristina"*; aludía así a Celeste para hablar, por oposición, de lo que sería un *punto de vista sociológico,* serio y coherente (contrario al *"paradigma de la cartera"*). Y no se lo decía a Celeste sino a otrxs estudiantes, lo que nos muestra que estamos ante la transmisión de prácticas de lenguaje y valores dirigidos a todxs, que toman relieve en el contraste con el punto de vista del sentido común que, en este discurso, representa Celeste.

Estas apelaciones en su ausencia nos dan un indicio de que mucho más que generar malestar, su presencia y actuación reafirmaba la jerarquía de las prácticas y valores sostenidos por el profesor y otrxs estudiantes.

## 6.1. El beneficio de la distinción

Bourdieu afirma que *"la constitución de un mercado lingüístico crea las condiciones de una rivalidad objetiva en la cual y por la cual la competencia legítima puede funcionar como capital lingüístico que produce, en cada intercambio social, un* beneficio de distinción" (2001: 29. Destacado en el original). ¿Qué significa, en el contexto de estas clases y de la carrera de sociología, es decir, en este mercado lingüístico, nombrar a lxs estudiantes de sociología como *sociólogxs*? En el reclamo de Celeste, ser nombrado como sociólogx se relaciona con la inclusión en un grupo social. Que el asunto sea planteado en términos de quiénes son o pueden ser y quiénes no pueden ser sociólogxs es sugestivo si recordamos que el único sociólogo aquí es el profesor, lxs demás participantes son estudiantes de sociología.

En este punto, es interesante recordar la operación de lxs estudiantes que *militan en la carrera* de llamarse a sí mismxs y a sus compañerxs *"sociólogos y sociólogas"*, como estrategia para marcar que pueden pugnar por los sentidos asociados a la sociología y al "ser sociólogx" al entender que no es necesario *"tener el título"* para hacer sociología. A través de estos planteos, como vimos en el Capítulo 3, lxs estudiantes participan de la comunidad y se constituyen en ese proceso en miembros de ésta, aprendiendo a ser sociólogxs.

En el contexto de estas clases, la ironía con que Celeste les llamó *"sociólogos"* a sus compañerxs se constituye en una forma de marcar que existen distinciones entre estudiantes; hay quienes pueden llamarse *sociólogos* y hay quienes no. Con este reclamo, Celeste también intenta, con bastante menos éxito que sus compañerxs que *militan en la carrera*, disputar sentidos sobre el "ser sociólogx" para ser incluida en la comunidad.

Para Celeste "hablar" viene junto con "estudiar y ser socióloga". Efectivamente, al negarle legitimidad para discutir los temas (retándola y definiéndola como loca o violenta, aplaudiendo para tapar su voz), le niegan la posibilidad de *ser* socióloga. No estrictamente de graduarse como socióloga, sino de discutir y ser escuchada *como socióloga*, de la misma manera que lo hacen *"ellos"* y entre ellxs.

La pugna que en esta clase se planteó entre quién puede hablar y ser escuchadx como sociólogx, tiene que ver con que lxs estudiantes que participaron de la clase no son sólo estudiantes de sociología; son actores que están construyendo una nueva identidad y pueden imaginarse a sí mismxs con una nueva identidad y como parte de una comunidad de práctica. *Ser sociólogx* no significa aquí simplemente obtener el título correspondiente, sino pertenecer a lo que he llamado *"la comunidad de los sociólogxs platenses"*. Esa pertenencia se construye mucho antes de la obtención del título y de manera mucho más compleja y rica, y menos lineal, que cursando y aprobando materias.

Me interesa marcar, junto con Pennycook (2010), que aquello que hacemos con las palabras produce lenguaje y a través de ello podemos crear objetos e imaginar comunidades. De esta manera, el lenguaje se constituye en prácticas a través de las cuales es posible describir y comprender procesos educativos. En este caso, hablar y ser reconocido como portador de un *punto de vista sociológico* adquiere central importancia y depende de las prácticas de lenguaje que se dominen, de las formas de habla con las que se aprende a participar y de la apropiación de un discurso académico sociológico legítimo y pasible de ser receptado.

### 6.2. *La construcción de un punto de vista sociológico*

En varias situaciones que presencié, algunxs profesores y docentes jóvenes mencionaron a la construcción de un *punto de vista sociológico* como un objetivo de la formación de sociólogxs. Hacia el final de la segunda clase del relato Jorge indicó que *"si vamos a discutir, que sea desde un punto de vista sociológico"*, marcando la diferencia con otros posibles puntos de vista y la diferencial valoración que adquieren en el contexto de su clase. Ahora bien, ¿qué es un *punto de vista sociológico*, desde la perspectiva de lxs docentes que aquí podemos recuperar? Si bien nadie lo explicitó en estas clases, las interacciones que se desarrollaron allí nos proporcionan algunas pistas.

En primer lugar, la construcción de un *punto de vista sociológico* aparece ligada a la argumentación en el contexto de una discusión y la coherencia interna con una perspectiva que lo informa. Las contradicciones o incoherencias en la argumentación minan el reconocimiento de quien participa en la discusión. En su intervención, Jorge continuó diciendo: *"si van a sostener algo desde el neoliberalismo sean coherentes con ese punto de vista neoliberal y si no lo son, ¡cuidado!"*.

Esta coherencia hace que el *punto de vista* sea también *políticamente serio*. Es que la perspectiva que informa un *punto de vista sociológico* puede ser conceptualizada en términos políticos. La pregunta que el profesor propuso a lo largo de la primera clase fue *"¿Desde qué lugar político ideológico se está diciendo qué cosa?"*. Esta preocupación marca que el *"lugar político ideológico"* define un punto de vista y que la coherencia con ese lugar político ideológico caracteriza, entre otras cosas, a un *punto de vista sociológico*.

Estas clases no fueron la única situación en la que mis interlocutores hablaron de la importancia de la construcción de un *punto de vista sociológico*. Estos elementos también aparecieron claramente durante el Curso de Ingreso, en el cual lxs docentes enfatizaron constantemente la importancia de *argumentar sociológicamente* las propias afirmaciones. En ese contexto, lxs docentes hablaban de *argumentación sociológica,* y la entendían como una práctica necesaria para hacer sociología, ya que caracteriza a las tareas y saberes de lxs sociólogxs y debe ser aprendida por lxs estudiantes.

Una de las docentes de los talleres en los que participé explicitó la importancia de la práctica de la argumentación, resaltando su centralidad para *"la tarea sociológica"*:

> *El ejercicio de debate también es una parte importante de la tarea sociológica. La argumentación oral es importante y se aprende con la práctica, al igual que leer textos académicos. ¿Cómo argumentamos sociológicamente? si él me dice algo poder responderle con otros argumentos.* (Registro de campo, 01/03/2012).

Aquí, la *argumentación sociológica* se constituye en una práctica que moviliza saberes que se construyen a través de esa misma práctica.

La argumentación aparece conectada con posturas, y esas posturas son entendidas como políticas. De esta manera, la consistencia de la argumentación que construye un *punto de vista sociológico* no radica sólo en la coherencia lógica, sino en la relación que la argumentación establece con una perspectiva política. Esa relación debe ser de coherencia, tal como advirtió Jorge, pues la incoherencia está vinculada, en esta visión, al *sentido común*.

¿Cuál es la conexión entre la *argumentación sociológica* y el *sentido común*? Un *punto de vista sociológico* se construye distanciándose del *sentido común*. La contraposición que hace Jorge entre el *punto de vista sociológico* y el *"paradigma de la cartera de Cristina"* muestra que lo que se espera que lxs estudiantes de sociología aprendan y manejen es, primero, la diferenciación de ambos "puntos de vista" o "paradigmas". Segundo, la construcción de argumentos distanciados de lo que se define como *sentido común*, es decir, coherentes lógicamente entre sí y con una concepción social y política que "está detrás" de esos argumentos.

De manera que la construcción de este punto de vista constituye un saber valorado entre *los sociólogos*, que debe ser incorporado y practicado para lograr el reconocimiento como interlocutor sociológico legítimo. De forma mucho más compleja e informal que "tener el título", "ser sociólogx" se relaciona con la apropiación de saberes valorados, entre ellos ciertas prácticas de lenguaje y el manejo de un discurso académico que toma el nombre de *punto de vista sociológico*.

## 7. Procesos de formación, lenguaje y sentido práctico

Intenté mostrar en este capítulo que, en esta carrera, en esta facultad, en tanto participantes de una *comunidad de práctica* cuyos miembros comparten "*formas de entender qué están haciendo y qué significa en sus vidas*" (Lave y Wenger, 1991: 98), ser sociólogx no equivale a "tener el título". ¿Cuál es la importancia de destacar esto? Si la pregunta que atraviesa esta etnografía apunta a comprender el proceso de formación de sociólogxs en esta facultad, establecer que formarse como sociólogx es algo más que cursar y rendir exámenes nos remite nuevamente a poner el foco en los saberes necesarios y valorados por este grupo social.

He entendido aquí esos saberes en términos del concepto bourdieano de *sentido práctico*. Las situaciones que se desarrollaron en las clases sobre las que construí el relato en el que se basa este capítulo pusieron en evidencia algunas prácticas de lenguaje y discursos sociológicos legítimos que constituyen formas de funcionamiento en la práctica, del sentido práctico de "ser sociólogx". Según Bourdieu (2007), uno de los efectos fundamentales del acuerdo entre el sentido práctico (incorporado por lxs agentes) y el sentido objetivado en las instituciones es la producción de un "mundo de sentido común", que asegura el consenso sobre el sentido de las prácticas y del mundo.

En las escenas relatadas, Celeste actuaba como si no hubiera incorporado ese sentido práctico de "ser sociólogx", ese sentido compartido por el grupo social. De esta manera, sus intervenciones, sus formas de hablar y discutir, sus reclamos, gritos, enojos pusieron de manifiesto, por contraste, algunos de los valores, saberes y prácticas necesarios para la participación social y culturalmente apropiada en la *comunidad de práctica*.

Una dimensión fundamental del sentido práctico es la relación que las personas establecemos con el lenguaje, el que resulta ser, precisamente, uno de los instrumentos fundamentales de incorporación práctica de los esquemas de acción y percepción que constituyen el sentido práctico. Al mismo tiempo, "*el poder constituyente del lenguaje y de los esquemas de percepción y de pensamiento que procura nunca están tan claros como en las situaciones de crisis; esas situaciones* paradójicas extra-ordinarias"

   

(2001: 97. Destacado en el original). Procuré mostrar en el relato de las clases una situación de crisis en la que entraron en disputa las prácticas de interacción legítimas, las interpretaciones "sociológicas" sobre un objeto y, a través de ellas, quién y de qué maneras puede hablar en nombre de la sociología o de un *punto de vista sociológico*. Esa situación paradójica fue la que puso en funcionamiento el poder performativo de un discurso que se basa en la oposición "nosotrxs-ella" para afianzar y jerarquizar el "sentido común" instituido de "ser sociólogx" y sancionar negativamente las conductas de Celeste, ubicándolas en el terreno de la locura y la violencia.

Por ello, pensar en las prácticas académicas en clave de prácticas locales de lenguaje y formas de participación entre *los sociólogos* arroja algunos elementos para delinear las principales coordenadas de este proceso educativo. La *argumentación sociológica* y la construcción de un *punto de vista sociológico*, así como la lectura entrelíneas de posturas políticas son prácticas de lenguaje que se enseñan, se aprenden y se valoran como parte de la participación en la comunidad y de los saberes que ésta produce.

# Conclusiones

Al inicio del libro planteé el propósito de saber más acerca de los procesos educativos en el nivel universitario, intentando abordar algunas dimensiones de lo cotidiano de esos procesos y asumiendo que se definen de manera específica en cada institución y carrera universitarias. Así, me propuse hacer foco en las prácticas académicas y las tramas de relaciones que estructuran la formación de sociólogxs en la UNLP y comprenderla como un proceso de incorporación de grupos y sujetos a una *comunidad de práctica* (Lave y Wenger, 1991) y al mismo tiempo como parte de la constitución permanente y conflictiva de esta comunidad. Algunas preguntas direccionaron la indagación: ¿A través de qué prácticas y espacios acceden lxs estudiantes de sociología a la participación en la *comunidad de práctica*? ¿Qué prácticas y saberes se valoran y asocian en la comunidad al ser sociólogx?

En lo que sigue recuperaré los principales hallazgos que se desprenden de los capítulos para retomar la pertinencia y productividad de pensar el proceso de formación de sociólogxs en términos de producción y reproducción de una *comunidad de práctica*, que construye saberes específicos y legitimados, formas de participación promovidas y desvalorizadas, formas de sociabilidad, objetos de disputa, prácticas y sentidos compartidos, relaciones de poder y formas de distinción.

Asimismo, presentaré algunos aportes que esta investigación puede realizar, a través de sus hallazgos sustantivos y particulares, al estudio de los procesos educativos en la universidad y al campo de la etnografía educativa.

## 1. Aprender a ser sociólogx

Presenté mi llegada al tema de investigación a través de los consejos de una profesora que me decía que para saber investigar había que estudiar sociología. Debido a la corta vida que en ese momento tenía la carrera de sociología (menos de diez años), ese consejo era indicio de un ingreso mucho más antiguo de la sociología a la facultad y de su sólida instalación allí. Interpreté que esa firme instalación estaba articulada a la pertenencia previa de lxs docentes y estudiantes de sociología a *Humanidades*. Así, en el capítulo 1 me propuse dar cuenta de algunas prácticas y sentidos actuales en el proceso de formación de sociólogxs a través de la reconstrucción de los modos de ingreso de la sociología a *Humanidades*, desde mediados del siglo XX.

Para desentrañar las principales coordenadas del proceso educativo que me proponía comprender, resultó necesario pensar la constitución de la *comunidad de sociólogxs* rastreándola históricamente y en relación con otrxs actores y carreras de la facultad. Allí apareció una temprana relación en tensión entre el enfoque de las humanidades, tradicionales en la facultad, y la perspectiva de la sociología como ciencia social. El discurso de mi profesora actualizaba esta tensión y me retrotraía a la historia del ingreso de la sociología a *Humanidades* y lxs actores que participaron.

En la década de 1950, en un contexto de primacía del enfoque de las humanidades en la institución, la sociología se presentaba a sí misma como ciencia social modernizadora que pretende estudiar científicamente la sociedad. En el marco de un clima nacional de modernización de la universidad, la sociología adquiriría un creciente protagonismo en la facultad expresado en el interés de estudiantes y graduadxs recientes de diversas carreras por la disciplina, por las cátedras que la dictaban y por la creación de una carrera que no se concretó hasta décadas después. Allí, la centralidad de las cátedras de Sociología General y Sociología de la Educación, y de lxs docentes y estudiantes que dictaban clases y cursaban, muestra que este ingreso de la sociología se había efectuado no como algo completamente nuevo y externo para la facultad, sino a través de actores de carreras ya existentes, como ciencias de la educación, historia y filosofía.

Durante la década de 1960 se fue fortaleciendo una vinculación entre sociología, política y militancia, en la que la sociología se constituyó para docentes y estudiantes de estas cátedras en un conocimiento a enseñar, una ciencia desde la cual realizar investigación social y una herramienta de militancia política y denuncia social. En este contexto, las cátedras de sociología tuvieron una importante participación en la radicalización del discurso académico que se efectuó en los años sesenta y setenta.

De esta manera, al sentido que vincula a la sociología con la ciencia "empírica y moderna" y la contrapone a las humanidades "tradicionales y especulativas", se sumaba otro, que la vincula a la militancia política y la transformación social en dirección, durante los años sesenta y setenta, a la revolución social.

En los años ochenta, a partir del impulso del proyecto de creación de la primera carrera de sociología que llevó adelante Alfredo Pucciarelli, comenzó a tomar fuerza la vinculación de la sociología con el trabajo académico, y el quehacer de sociólogos y sociólogas se fue definiendo cada vez más claramente en articulación a este ámbito y a las tareas de enseñanza, investigación y crítica social desde la academia. Así, fue mutando el sentido de la sociología como herramienta científica para el cambio social, a la sociología como disciplina de formación académica y difusa definición profesional, articulada a la construcción de una perspectiva crítica desde la producción de conocimiento.

A lo largo de ese primer capítulo y los siguientes puse de relieve la permanencia y significatividad en el presente de estas ideas y sentidos sobre la sociología y lxs sociólogxs en *Humanidades*. Creo necesario resaltar nuevamente que estos sentidos no se construyen y circulan sólo entre "sociólogxs". Al contrario, adquieren su fuerza de representación al funcionar y reproducirse entre diversos actores de *Humanidades* y al producir, en este funcionamiento, significaciones tanto sobre la sociología y lxs sociólogxs como de otras disciplinas y actores en la institución. Los dichos y consejos de mi profesora expresan esos significados. De modo que adquiere relevancia la comprensión de *Humanidades*, sus espacios físicos e institucionales, sus actores, la historia de sus grupos y relaciones, como la trama contextual en la que se despliega y constituye el proceso de formación de sociólogxs.

Me preguntaba, entonces, sobre las características de este proceso. En la indagación, me encontré con redes de relaciones, de significados y prácticas que sustentan sentidos sobre ser sociólogx y hacer sociología que pueden estar en pugna. Por ello propuse pensar la producción y reproducción de la *comunidad de práctica* a través del recorrido por las formas de sociabilidad y las redes de relaciones personales que promueven y sostienen diversas formas de participación de lxs actores en la vida cotidiana de la facultad y entre *los sociólogos*.

En el capítulo 2, expuse que los procesos educativos en la universidad están caracterizados por tramas de relaciones personales que son constitutivas de la formación académica y se entrelazan con los mecanismos institucionales formales de acreditación y mérito. Las tramas de relaciones y prácticas en el proceso de formación incluyen pero exceden las actividades y contenidos curriculares, las evaluaciones y las *cursadas*. Estas son prácticas que se conectan con otras prácticas a través de redes relacionales, y las significaciones sobre el ser sociólogx y sobre el proceso de formación académica entran en pugna a través de esas redes.

Estas tramas, como los lazos de amistad, parentesco y origen geográfico común, a las que caractericé como *figuraciones*, se pusieron en juego ligando a mis interlocutores entre sí y conmigo a través de estos lazos y de espacios generados por la participación política en la facultad.

Asimismo, estas relaciones personales se encuentran atravesadas por dinámicas de diferenciación jerárquica que también se constituyen en formas de sociabilidad académica. Las relaciones de poder y jerarquía intervienen en el desarrollo cotidiano de las prácticas de estudiantes y docentes y son un marco en el que se producen espacios de intimidad entre compañerxs. Estos espacios son construidos por lxs estudiantes a partir de experiencias compartidas y en diferenciación con otrxs actores, y forman parte de su experiencia académica.

Lo que destaqué con este análisis es que las formas de sociabilidad descriptas atraviesan y forman parte del trabajo y la formación académicos. En este punto, me interesa marcar la importancia de sostener una perspectiva que se pregunte no cómo deben ser las relaciones, organizaciones, prácticas y procesos sociales, sino cómo son. En esa búsqueda, advertí la centralidad de la política y la militancia entre lxs estudiantes de sociología y de algunas formas de vínculo basadas en la confianza y la desconfianza.

Esta perspectiva entra en consonancia con un enfoque de la antropología social que evita establecer normativamente el significado de la política y las prácticas políticas, y se pregunta por las relaciones y hechos sociales con los que éstas se vinculan y los sentidos que adquieren en contextos específicos y que le otorgan actores específicos (Fortes y Evans Prittchard, 1979; Abélès, 1997; Neiburg, 1999; Frederic y Soprano, 2005; Milstein, 2009). De modo que resulta necesario tomar en cuenta no sólo la política institucional y estudiantil desde su organización formal, sino las formas en que cotidianamente la política se procesa y las relaciones, representaciones y sentidos que los mismos actores ligan a la política, la militancia y a su formación como sociólogxs. Al hallar un nexo fuerte entre las prácticas de militancia y las actividades y saberes académicos, comprendí la relevancia que adquieren la militancia y los vínculos de identificación política entre muchxs estudiantes, lo que me mostró una dimensión política central en la formación de *los sociólogos*.

A través de explorar la variedad de modos militantes y la diversidad de sentidos que la militancia adquiere en la facultad, términos como "militancia", "militar" y "militante" se revelaron como categorías nativas que permitían formular nuevas preguntas sobre el proceso de formación de sociólogxs. En el capítulo 3 analicé puntualmente el lugar que adquiere una serie de actividades, grupos y espacios que lxs propixs estudiantes identifican con la *militancia en la carrera*.

Los grupos de la *comisión de sociología* y el *ENES* están integrados por estudiantes de sociología que se presentan a sí mismxs como interesadxs en pensar y replantear "*el sentido de la formación académica*". Y lo hacen a través de las actividades de reflexión, debate y organización; también a través de la discusión con otrxs actores, como docentes y graduadxs, y de la participación en la toma de decisiones que afectan directamente al desarrollo de la carrera. A partir de la participación en esos grupos construyen posiciones que disputan los sentidos de esa formación con otrxs actores de la comunidad.

Es por ello que, para comprender una dimensión fundamental de la formación de sociólogxs en esta facultad, es necesario vincular las militancias (diversas) con la constitución de la *comunidad de sociólogxs* y entender lo que dicen lxs estudiantes que militan, como un hacer. ¿A quién/es les hablan? Les hablan a otrxs estudiantes, que no militan, y a lxs profesores. Intervienen desde diversos lugares y con variados recursos en las disputas sobre la formación, su orientación, sobre qué hacen y saben y qué deberían saber y hacer lxs sociólogxs. Buena parte del proceso de participación en la comunidad y de su incorporación a ella se da a través de estas actividades. En esas disputas también están incluidos quienes no militan, porque son un interlocutor privilegiado de lxs militantes y de lxs docentes.

De manera que entender las prácticas de militancia como prácticas académicas permitió comprender la importancia, en este proceso educativo, de la militancia como recurso, para lxs estudiantes que *militan en la carrera*, de disputa con otrxs actores de la universidad (docentes, graduadxs, otrxs estudiantes) sobre los sentidos de la sociología y el "ser sociólogx", intentando imprimir a la sociología de *"un espíritu militante"* y militando para poner en el debate público esa noción. Así, la militancia se constituye en recurso de la formación académica.

Esos saberes que se construyen a través de las militancias, constituyen una de las coordenadas de este proceso educativo, y se articulan a otras prácticas como las formas de sociabilidad analizadas en el capítulo 2 y las prácticas de lenguaje y de construcción y circulación de discursos sociológicos legítimos y legitimados, que son analizados en el capítulo 4. Allí mostré algunas prácticas de lenguaje que se constituyen en medio de producción de las prácticas académicas en el proceso de formación de sociólogxs. En ese relato, construido como escenas protagonizadas por personajes, las actuaciones de una estudiante, Celeste, a la que muchxs de sus compañerxs y docentes no reconocen como una igual ni como una interlocutora legítima, mostraron algunos saberes, valores, prácticas y relaciones que se aprenden y se enseñan en el proceso de formación.

Este análisis me permitió constatar que el proceso de formación no se constituye en la sola transmisión y adquisición de habilidades para el ejercicio profesional de determinadas tareas. En el núcleo de sentidos construidos sobre "ser sociólogx" se halla la producción y reproducción de estos saberes, prácticas, valores y relaciones que no se plasman necesariamente en la obtención de un diploma. Así, aprender a hablar de política e identificar posiciones políticas; *argumentar sociológicamente*; construir un *punto de vista sociológico*; incorporar y manejar un discurso sociológico legítimo son saberes y prácticas cuyo aprendizaje supone la apropiación de una competencia lingüística legítima que es parte fundamental del proceso de formación.

Para comprender la significatividad analítica que adquieren en esta investigación las clases en las que se basa el último capítulo, así como las situaciones que analizo en articulación con esas clases, es importante volver a situar un elemento central del enfoque etnográfico. Lxs etnógrafxs no estudiamos "el" caso sino "en" el caso. Seleccionamos hechos, secuencias de interacción y otras unidades menores del discurso y la práctica social como delimitaciones necesarias para distinguir lo significativo de la acción humana. Esos recortes están guiados por el problema de investigación y en diálogo con conceptos teóricos. Tomar esas dos clases fue útil para dar cuenta de saberes y prácticas valiosos en la *comunidad de sociólogxs*: se trata de una materia del final de la carrera, a la que muchxs se refieren como de "aplicación", por centrarse en análisis sociológicos de la historia, la política y la sociedad argentinas; el profesor goza de alto reconocimiento como sociólogo y como docente entre una diversidad de estudiantes y graduadxs. Tales elementos permiten asumir que lo que se explicita o se da por sentado allí es significativo para entender cómo se define el "ser sociólogx", que no se origina ni se agota en lo que sucede en esas clases, sino que se "pone en escena" allí. Se manifiesta como problema y conflicto, poniendo en evidencia lo común no explicitado.

De esta manera, participar de las prácticas de lenguaje que se enseñan y aprenden entre *los sociólogos* implica la incorporación de un discurso académico sociológico y principalmente de un sentido práctico (Bourdieu, 2007) basado en la construcción de un sentido común compartido.

## 2. Formación profesional como proceso colectivo

A través del concepto de *comunidad de práctica* (Lave y Wenger, 1991) es posible preguntarse, conocer y comprender cómo son los procesos de incorporación de nuevxs sujetxs a una comunidad profesional que produce y desarrolla determinados saberes y prácticas.

El concepto es empleado en las áreas de estudios sobre formación profesional y docente, frecuentemente de manera prescriptiva. Es decir, proponiendo construir comunidades de práctica, como proyecto pedagógico que apunta al mejoramiento de la formación y la práctica de determinado grupo profesional; se habla entonces del *desafío* de *construir* comunidades de práctica. Desde estas perspectivas, las comunidades de práctica pueden ser creadas con una finalidad, explicitada generalmente en términos de superar el individualismo que caracteriza el trabajo y la formación en diversas áreas profesionales y fomentar el intercambio de conocimiento y la cooperación en la tarea.

En esta investigación, el uso del concepto fue realizado con otros objetivos, fundamentando su productividad en un sentido analítico que nos permite iluminar mejor algunas dimensiones centrales que adquieren (sin establecer las que *deberían* adquirir) los procesos educativos en la universidad. El empleo del término *comunidad* no implica hablar de un grupo homogéneo, con límites identificables y finalidades uniformes, sino de personas conectadas entre sí por la participación en un sistema de actividad (Lave y Wenger, 1991) sobre el que comparten y disputan sentidos y construyen relaciones sociales, prácticas y saberes.

   

Así, se trata de comprender el proceso de formación profesional como un *proceso colectivo en el que se producen y disputan identidades profesionales asociadas a una comunidad*. Como proceso por el cual se incorporan nuevxs miembrxs a través de la participación en sus prácticas y relaciones. Esto supone afirmar que el proceso de formación profesional consiste en aprender a participar participando, desarrollar la pertenencia a una comunidad profesional involucrándose en sus prácticas desde el inicio y no una vez obtenido un título que objetive esa pertenencia.

Ahora bien, esa participación, como vimos, es al principio periférica y puede ser o no legítima. *La forma que reviste la legitimidad de la participación en una comunidad constituye uno de los elementos centrales para comprender las características de los procesos de formación que ésta despliega*. La estructura social de la práctica que se desarrolla, se enseña y se aprende en una comunidad profesional, sus relaciones de poder, y sus condiciones de legitimidad definen las posibilidades de participación por parte de quienes se están formando.

Me interesa destacar el carácter de proceso colectivo que desde esta perspectiva adquiere la formación universitaria y que resulta novedoso para las conceptualizaciones y estudios clásicos sobre la *formación*. En el campo de la pedagogía, la formación ha sido frecuentemente analizada en términos de proceso personal, desde la clásica idea alemana de *bildung*[110] hasta elaboraciones más actuales. Por ejemplo, según Gilles Ferry, *"formarse es adquirir cierta forma. Una forma para actuar, para reflexionar y perfeccionar esta forma"* (1997: 53). Se trata de un desarrollo personal que consiste en encontrar formas para cumplir con ciertas tareas de una profesión, oficio o trabajo. Según el autor, de este proceso forman parte la enseñanza y el aprendizaje, pero éstos no son sinónimos de formación. *"El sujeto se forma solo y por sus propios medios (...) pero uno se forma sólo por mediación"* (1997: 54 y 55). De esta manera, los dispositivos, los contenidos de aprendizaje, el currículum son medios para la formación pero no la formación en sí; ésta es el proceso que cada persona realiza.

La perspectiva antropológica que propone el concepto de *comunidad de práctica* parte de considerar el aprendizaje no simplemente como la incorporación de conocimientos definidos como "contenidos curriculares", sino como dimensión de la práctica social y permite pensar la formación no sólo como el proceso que desarrolla una persona en un periodo de tiempo dado y con una finalidad específica, sino primordialmente como proceso colectivo, que involucra a una comunidad, sus luchas y su historia; que involucra relaciones con conocimientos, actividades, valores y tramas de

---

110 La de *bildung* es una noción de la tradición idealista alemana del siglo XVIII, que fue retomada por la pedagogía espiritualista que se desarrolló durante el siglo XX en nuestro país. La noción alude a la formación integral del hombre, entendida ésta como un proceso con fines trascendentes que conduce a la plenitud humana. Este proceso consiste en lograr el desarrollo de la personalidad por medio de la formación del espíritu.

vínculos entre personas. No se trata entonces de pensar al individuo como aprendiz, sino de pensar el aprendizaje como participación de las personas en el mundo social.

Incorporar el concepto al estudio de procesos educativos asociados a la formación profesional contribuye a comprender las dinámicas que caracterizan la construcción de identidades profesionales, evitando pensar la formación como procesos individuales agregados y la comunidad como muchas personas sumadas. Lo que hace al proceso y la comunidad son los lazos y prácticas que ligan a las personas.

De manera que pensar la formación universitaria en estos términos pone el foco en aquello que lxs participantes deben aprender para pertenecer a una comunidad; no sólo para obtener un título o para desempeñar funciones y tareas específicas. Así, da lugar a la pregunta por cómo una comunidad profesional se construye y reproduce a sí misma siempre en relación con su historia, con otras comunidades y con la institución universitaria.

El presente estudio puso de relieve que la formación de sociólogxs en *Humanidades* supone la construcción de un sentido común, un *sentido práctico* asociado a "ser sociólogx" que excede las definiciones curriculares y pedagógicas, de incumbencias profesionales y objetivos de enseñanza. Los significados sobre "ser sociólogx" se comparten, se transmiten, se aprenden, se disputan. Comprender quiénes y de qué formas desarrollan esas disputas resulta crucial para dar cuenta de los saberes, prácticas y relaciones a través de los que se configura la formación profesional.

## 3. Aportes a la etnografía educativa y al estudio de procesos educativos en las universidades

Me interesa fundamentar aquí la necesidad y relevancia de desarrollar investigación etnográfica sobre procesos educativos en las universidades. Para ello, quisiera sintetizar algunos aportes de esta investigación que, más allá de los aspectos sustantivos del caso concreto, pueden permitirnos formular y reformular preguntas y líneas de análisis tanto en las áreas de la antropología de la educación y la etnografía educativa, como de la reflexión y estudio de procesos educativos universitarios.

En la introducción al libro planteé que las miradas sobre las universidades en nuestro país escasamente se han detenido a analizar lo cotidiano como dimensión constitutiva de los procesos sociales y educativos que producen estas instituciones. Con excepción de las investigaciones sobre la construcción, reproducción y lucha de grupos académicos y sus formas de sociabilidad señaladas en los antecedentes de este estudio (Visacovsky, Guber y Gurevich, 1997; Guber, 2005, 2008, 2009a; Soprano, 2005, 2006, 2009; Soprano y Ruvituso, 2009; Gil, 2009, 2010, 2018; Garatte, 2012; Felipe, 2018), sostuve que las clases y otras prácticas de formación cotidianas, las relaciones sociales que se construyen, el papel del conocimiento académico en esos espacios y la presencia de otros saberes, continúan opacados y operando como "caja negra" a la hora de comprender las características de los procesos educativos.

Realicé esta investigación con la convicción de que un enfoque etnográfico resulta altamente productivo para el conocimiento de estas dimensiones, si bien los campos de la antropología de la educación y la etnografía educativa raramente se han aproximado a la investigación sobre este objeto, en contraste con el profuso desarrollo que han tenido en otras áreas de la investigación educativa.

Paralelamente al crecimiento de los estudios antropológicos en educación primaria y media durante las últimas décadas, podemos constatar la escasez de este tipo de investigaciones en los niveles superiores del sistema educativo. Una explicación posible de este fenómeno es que la agenda del campo de investigación educativa estuvo centrada desde la vuelta de la democracia en los niveles iniciales del sistema y no en la universidad, cuyo campo de estudios empezó a desarrollarse con mayor fuerza hacia los años noventa, aunque con más atención en las políticas y la gestión institucional que en las prácticas y los procesos de formación.

Posiblemente este magro interés entre lxs etnógrafxs por el estudio de procesos educativos en la universidad haya tenido que ver con un mayor compromiso político-educativo con los sectores populares, que no tienen presencia significativa en las universidades, nivel del sistema históricamente caracterizado como de elite y habitado por sectores de clase media y alta. Así, la agenda política y de investigación sobre la universidad ha estado más preocupada por políticas de financiamiento, evaluación y control de la masividad, o por la indagación sobre el movimiento estudiantil entre la Reforma Universitaria y la década de 1970 (Carli, 2012), que por la dimensión cotidiana de las prácticas.

En este sentido, la primera contribución que esta investigación realiza es al campo de la etnografía educativa, al mostrar que se puede hacer etnografía de la vida académica y que es relevante hacerla. Esta relevancia radica, por un lado, en que puede ser una vía fructífera para pensar la producción misma de conocimiento etnográfico, pues nos pone en situación de hacer etnografía "en casa" y problematizar el lugar del investigadxr como participante de un universo académico al que también pertenecen sus interlocutores. Hacer etnografía educativa en la universidad supone construir como objeto de estudio el mismo espacio social en el que trabajamos y por el cual somos investigadores.

Por otro lado, la relevancia de que lxs etnógrafxs dediquen esfuerzos a investigar las universidades reside justamente en una de las características propias de la etnografía: que posibilita *documentar lo no documentado de la realidad social*" (Rockwell, 2008: 21), y dar cuenta de la dimensión cotidiana de las prácticas, relaciones y procesos que se desarrollan en las universidades, dando peso a las perspectivas que lxs propixs actores elaboran, tal como hicieron y hacen los estudios antropológicos sobre la escuela primaria que fueron retomados en los antecedentes y orientaciones teóricas de esta investigación (Levinson, 1991; Milstein y otros, 2006; Rockwell, 1991).

De esta forma, recuperar el conocimiento acumulado por la perspectiva etnográfica construida sobre educación básica resulta de suma importancia si pretendemos dar cuenta de la construcción social de la universidad en su complejidad. Si advertimos la relevancia de conocer los procesos educativos que se desarrollan allí, los grupos sociales que se constituyen, las relaciones que se establecen, reconoceremos los aportes que realiza un enfoque etnográfico que se pregunta por las prácticas académicas, por las relaciones sociales y los saberes que movilizan esas prácticas y relaciones.

Esto último nos conduce a señalar los aportes de esta etnografía al estudio de procesos educativos en la universidad. Sus hallazgos permiten afirmar que es necesario, a la hora de proyectar estudios sobre procesos educativos vinculados a la formación profesional, poner entre paréntesis tanto la idea normativa de que las prácticas, relaciones y saberes involucrados se desarrollan sólo en las aulas y en instancias institucionalmente definidas como educativas, así como la convicción de que el horizonte fundamental de la educación universitaria es la reproducción de las desigualdades sociales. Este poner entre paréntesis no significa negar de plano el potencial explicativo de estas dimensiones, sino transformarlas en objetos de análisis y reflexión, formulando preguntas tales como qué otros aspectos son constitutivos de las universidades y la vida académica y cuáles son los procesos sociales y educativos que allí se desarrollan.

Por ejemplo, para el caso aquí estudiado, estas preguntas guiaron mi indagación y permitieron conocer mejor la experiencia académica de lxs estudiantes que están aprendiendo a ser sociólogxs y entender que esa experiencia está fuertemente constituida por la diferenciación jerárquica, la construcción de espacios de intimidad entre compañerxs y la identificación política. Por ello, esta etnografía muestra que, para dar cuenta de procesos de formación y aportar conocimiento sobre la construcción social de la universidad, resulta indispensable pensar y preguntarnos cuáles son los modos de sociabilidad que se sostienen en contextos y entre actores específicos, y cómo la formación y las prácticas académicas cotidianas están atravesadas por estos modos.

Asimismo, es preciso considerar que existen distintas representaciones sobre los procesos de formación y sobre lo que sucede en la universidad, que construyen diversos actores. Vimos, entre otras cosas, que una de las disputas sobre qué es "ser sociólogx" y hacer sociología que se plantea en la carrera de sociología de *Humanidades* está atravesada por relaciones de jerarquía entre estudiantes y docentes y también por visiones distintas respecto de qué es lo que se aprende y debe aprenderse en la universidad. Esto muestra que se trata de procesos multidimensionados, que se definen por la diversidad de relaciones y saberes que incorporan y también por aspectos cuya definición está en disputa. Los análisis que desarrollé apuntan a señalar la necesidad de explorar y comprender el potencial educativo de esas disputas, sin definir en términos valorativos este potencial, sino en su poder de direccionar procesos de formación. Si desconocemos las maneras en que las luchas se despliegan y cuáles son los objetos de lucha que se ponen en juego en la incorporación de nuevxs miembrxs a diversas *comunidades de práctica*, difícilmente entendamos qué se aprende en la universidad.

En cuanto a la pregunta por qué se aprende en la universidad, un elemento central que destaca esta etnografía es el desenvolvimiento, la transmisión y apropiación de prácticas locales de lenguaje que, si evitamos definirlas a priori como constitutivas del "lenguaje académico", permiten comprender mejor qué se enseña y qué se aprende en la formación universitaria.

Las universidades son instituciones que se definen a sí mismas en relación con la producción y transmisión de conocimiento, con la construcción de lenguajes específicos y especializados. Con todo, las prácticas locales de lenguaje y de producción de discursos académicos legítimos no están documentadas y desconocemos las maneras en que se incorporan a la formación profesional.

Otra de las contribuciones de este estudio reside en el análisis de las maneras en que las militancias se articulan cotidianamente con la formación académica, permitiendo pensar de nuevas formas las vinculaciones entre academia y política. El análisis de estas articulaciones puede ser ubicado en el marco de la pregunta por las relaciones entre academia/universidad y política/militancia. Esta relación ha sido pensada desde algunas figuras como la del intelectual, el experto y el técnico (Neiburg y Plotkin, 2004; Suasnábar, 2004) que intervienen en la vida pública y política a partir de saberes específicos relacionados con su formación académica y la legitimidad que ésta les otorga; o, como mencioné en el capítulo 3, a través de la producción universitaria de líderes políticos, que algunxs autores destacan en Latinoamérica (Lomnitz, 1977, 1998; Tiramonti, 1999). En el segundo argumento, la participación en la vida política universitaria funcionaría como espacio-tiempo de entrenamiento de líderes que luego se desempeñan en el ámbito político nacional. En el análisis de todas estas figuras, "la política" aparece como una lógica que se apropia de la vida académica politizándola o que lxs intelectuales transitan una vez graduadxs a través de la participación en organizaciones sociales y el Estado.

Pero vale preguntarnos: ¿cómo se relacionan en las prácticas académicas cotidianas "lo académico" y "lo político"? ¿Qué tienen que ver la política, las prácticas políticas, las relaciones políticas con la formación académica? ¿Es posible plantear que la vida académica *produce* prácticas y representaciones políticas y es producida por ellas, y que formación académica y prácticas políticas pueden constituirse mutuamente?

La relación entre la experiencia universitaria y la política, así como con espacios de inserción laboral y organizaciones ligadas a la profesionalización aparecieron como especialmente significativas en la indagación sobre la formación de lxs sociólogxs. El reclamo de lxs estudiantes por la "*falta de práctica*" y en algunos casos de pensar en "*prácticas sociológicas*" sigue mostrando la disputa por lo que lxs sociólogxs saben, hacen y deberían saber y hacer. En base a estas cuestiones podemos plantear algunas preguntas que permitan abrir nuevas indagaciones: ¿cómo juega la militancia y la inserción en espacios políticos, en la incorporación de lxs sociólogxs a otros ámbitos no universitarios? ¿A través de qué relaciones, prácticas, significaciones se construye el "ser sociólogx" en ámbitos laborales?

Del análisis del proceso educativo que efectué en esta etnografía se desprenden líneas de análisis y preguntas cuyo interés excede el caso puntual de la formación de sociólogxs en *Humanidades*. Los principales aportes de esta etnografía, que sinteticé en esta última sección, nos conducen a plantear la posibilidad de acceder a la comprensión de las funciones sociales que desarrolla la universidad pública a través de los procesos formativos que despliega. Ponen en evidencia la relevancia de pensar esos procesos desde las prácticas de lxs actores que construyen cotidianamente la universidad. Muestran que estos procesos formativos no pueden ser comprendidos sólo a través del análisis de planes de estudio, sino desentrañando una diversidad de prácticas, su constitución histórica y los sentidos que adquieren para lxs actores. También describiendo de qué maneras lxs actores que construyen cotidianamente la vida académica y participan de procesos de formación, establecen vínculos con otros espacios y actores sociales y qué redes se arman a partir de esos vínculos.

Las investigaciones que se realicen desde estas perspectivas pueden ayudarnos a comprender la dimensión política de los procesos educativos universitarios; las luchas a través de las cuales la vida académica en la que se despliegan los procesos de formación profesional tiene efectos en la construcción de grupos y actores sociales y en el desarrollo de la vida pública.

Comprender las características de los procesos educativos en la universidad da lugar a conocer mejor las relaciones de esta institución con la sociedad; es decir, entendiendo que los procesos de formación que se ponen en juego son parte constitutiva de su función social. Desde esta perspectiva, la investigación educativa en estos contextos se despliega como un campo de exploración necesaria y como una apuesta que asume el lugar de la universidad y sus intelectuales en la definición de procesos sociales que van más allá de lo que sucede puertas adentro de las aulas, pasillos y oficinas académicas.

# Bibliografía


**Abélès**, Marc (1997) "La antropología de la política: nuevos objetivos, nuevos objetos". En *Revista Internacional de Ciencias Sociales*, N° 153. Disponible en: [http://www.unesco.org/issj/rics153/titlepage153.html]. Consultado el 07/05/2013.

**Achilli**, Elena (1988) "Práctica docente: una interpretación desde los saberes del Maestro". En *Cuadernos de Antropología Social* V1, N° 2. Buenos Aires: FFyL UBA.

**Altamirano**, Carlos (2004) "Entre el naturalismo y la psicología: el comienzo de la 'ciencia social' en la Argentina". En Neiburg y Plotkin (comps.), *Intelectuales y expertos. La constitución del conocimiento social en la Argentina*. Buenos Aires: Paidós.

**Becher**, Tony (1993) "Las disciplinas y la identidad de los académicos". En *Revista Pensamiento Universitario*, Año 1, N° 1. Buenos Aires. Noviembre.

**Bertely**, María (2000) *Conociendo nuestras escuelas. Un acercamiento etnográfico a la cultura escolar*. México: Paidós.

**Blanco**, Alejandro (2004) "La sociología: una profesión en disputa". En Neiburg, F. y Plotkin, M. (comps.), *Intelectuales y expertos. La constitución del conocimiento social en la Argentina* (pp. 327-370). Buenos Aires: Paidós.

—— (2006) *Razón y modernidad. Gino Germani y la sociología en la Argentina*. Buenos Aires: Siglo XXI Editores.

**Blois**, Pedro (2012) *Obligados a elegir "entre el sacerdocio y la prostitución". Socialización universitaria y prácticas profesionales de los sociólogos de la UBA*. Tesis Doctoral. Facultad de Ciencias Sociales. UBA.

—— (2013) "La trayectoria de la sociología en Brasil y Argentina y las prácticas profesionales de los sociólogos. Un estudio comparado". En *Documento de Trabajo CLACSO*. Buenos Aires. Disponible en: [http://biblioteca.clacso.edu.ar/clacso/becas/20131008013058/Blois.pdf].

—— (2018) *Medio siglo de sociología en Argentina. Ciencia, profesión y política (1957-2007)*. Buenos Aires: Eudeba.

**Bonavena**, Pablo; **Califa**, Sebastián y **Millán**, Mariano (comps.) (2007) *El movimiento estudiantil argentino. Historias con presente*. Buenos Aires: Ediciones Cooperativas.

**Bourdieu**, Pierre (2001) *¿Qué significa hablar?* Madrid: Akal.

—— (2007) *El sentido práctico*. Buenos Aires: Siglo XXI.

**Bourdieu**, Pierre y **de Saint Martin**, Monique (1998) "Las categorías del juicio profesoral". En *Propuesta Educativa*, Año 9, N° 19. Buenos Aires: FLACSO-Ediciones Novedades Educativas. Original en *Actes de la recherche en Sciences Sociales*, N° 3. París, 1975.

**Bourdieu**, Pierre y **Passeron**, Jean-Claude (2003) *Los herederos. Los estudiantes y la cultura*. Buenos Aires: Siglo XXI.

**Briggs**, Charles (1986) *Learning how to ask. A sociolinguistic appraisal of the role of the interview in the social science research.* Cambridge: Cambridge University Press.

**Buchbinder**, Pablo (2010) *Historia de las universidades argentinas.* Segunda Edición. Buenos Aires: Editorial Sudamericana.

**Calveiro**, Pilar (2005) *Política y/o violencia. Una aproximación a la guerrilla de los años '70.* Buenos Aires: Grupo Editorial Norma.

**Candela**, Antonia (1994) "Argumentación y conocimiento científico escolar". En Candela, Antonia *et al., La construcción social del conocimiento en el aula: un enfoque etnográfico.* Documentos DIE. CINVESTAV-IPN. México.

**Carli**, Sandra (2012) *El estudiante universitario. Hacia una historia del presente de la educación pública.* Buenos Aires: Siglo XXI.

**Castro**, Edgardo (2004) *El vocabulario de Michel Foucault. Un recorrido alfabético por sus temas, conceptos y autores.* Buenos Aires: Prometeo-Universidad de Quilmes.

**Edwards**, Verónica (1995) "Las formas de conocimiento en el aula". En Rockwell (coord.), *La escuela cotidiana.* México: Fondo de Cultura Económica.

**Elías**, Norbert (1998) "Ensayo teórico sobre las relaciones entre establecidos y marginados" y "Hacia una teoría de los procesos sociales". En Elías, N., *La civilización de los padres y otros ensayos* (pp. 79-197). Santa Fe de Bogotá: Grupo Editorial Norma.

—— (1999) *Sociología fundamental.* Barcelona: Gedisa.

**Fabian**, Johannes (1983) *Time and the other. How Anthropology makes its objet.* New York: Columbia University Press.

—— (2006) "The other revisited. Critical afterthoughts". En *Anthropological Theory*, Vol. 6 (2). 139-152. London: Sage.

**Felipe**, Celeste (2018) "Políticas académicas y estrategias de legitimación disciplinar de la Educación Física en la Universidad Nacional de La Plata (1992-2004)". Tesis de maestría. FAHCE-UNLP. Julio.

**Ferreira de Oliveira**, Wilson (2008) "Gênese e redefinições do militantismo ambientalista no Brasil". En *Dados. Revista de Ciências Sociais*, Vol. 51, N° 3, pp. 751-777. Rio de Janeiro.

**Finocchio**, Silvia (coord.) (2001) *Facultad de Humanidades y Ciencias de la Educación. Documentos y notas para su historia.* La Plata: Ediciones Al Margen.

**Fortes**, Meyer y **Evans-Prittchard**, Edward (1979) "Sistemas políticos africanos". En Llovera, J., *Antropología política.* Barcelona: Anagrama.

**Frederic**, Sabina y **Soprano**, Germán (2005) "Introducción". En Frederic y Soprano (comps.), *Cultura y política en etnografías sobre la Argentina.* Bernal: Universidad Nacional de Quilmes Editorial.

**Furlán**, Alfredo y **Pasillas**, Miguel Ángel (1993) "Investigación y campo pedagógico". En *Revista Argentina de Educación*, Año 11, N° 20. 7-26. Asociación de Graduados en Ciencias de la Educación.

**Garatte**, Luciana (2008) *Grupos académicos y cambios curriculares durante la normalización universitaria en Argentina. 1983-1986.* Tesis de maestría no publicada. FLACSO Argentina. Noviembre.

—— (2012) *Políticas, grupos académicos y proyectos curriculares de Ciencias de la Educación en la Universidad Nacional de La Plata (1966-1986).* Tesis Doctoral no publicada. Argentina: Universidad de San Andrés. Marzo.

**Gil**, Gastón (2009) "Una facultad que no fue. Las ciencias sociales en la universidad de Mar del Plata (1968-1877)". En *Revista Propuesta Educativa*, N° 31, 81-89. Argentina: FLACSO. Junio.

—— (2010) "Ethnography among 'experts': notes on collaboration and sabotage in the field". En *Qualitative Research*, Vol. 10 (1), 49-69. Sage.

**González**, Horacio (2000) "Cien años de sociología en la Argentina: la leyenda de un nombre". En González, Horacio (comp.), *Historia crítica de la sociología argentina. Los raros,* *los clásicos, los científicos, los discrepantes* (pp. 15-100). Buenos Aires: Ediciones Colihue Universidad.

**Grupo Taller Pensar la Facultad** (2009) *Aprendiendo Sociología. La impronta de la Carrera en la experiencia de los estudiantes.* Buenos Aires: Facultad de Ciencias Sociales. UBA.

**Guber**, Rosana (1995) "Antropólogos nativos en la Argentina. Análisis reflexivo de un incidente de campo". En *Publicar en Antropología y Ciencias Sociales*, IV (5): 25-46. Colegio de Graduados en Ciencias Antropológicas de la República Argentina.

—— (2001) *Etnografía: método, enfoque y reflexividad.* Buenos Aires: Grupo Editorial Norma.

—— (2005) "Linajes ocultos en los orígenes de la antropología social de Buenos Aires". En *Avá. Revista de antropología*, N° 8, 26-55. Posadas, Misiones, Argentina. Diciembre.

—— (2008) "Antropólogos-ciudadanos (y comprometidos) en la Argentina. Las dos caras de la 'antropología social' en 1960-70". En *Journal of the World Anthropology Network-Red de Antropologías del Mundo*, N° 3. Publicación electrónica disponible en: [http://www.ram-wan.net/documents/05_e_Journal/jwan-3.pdf]. Consultado el 04/08/2010.

—— (2009a) "Política nacional, institucionalidad estatal y hegemonía socio-antropológica en las periodizaciones de la antropología argentina". En *Cuadernos del IDES*, N° 16. Buenos Aires. Julio. Publicación electrónica disponible en: [http://www.ides.org.ar/wp-content/uploads/2012/03/cuader16.pdf]. Consultado el 21/02/2013.

—— (2009b) *De chicos a veteranos. Nación y memorias de la Guerra de Malvinas.* La Plata: Ediciones Al Margen-Cas/IDES.

**Gutiérrez**, Talía Violeta (1998) "Los estudios históricos en la etapa fundacional de la Universidad Nacional de La Plata, 1905-1943". En Zarilli, A.; Gutiérrez, T. y Graciano, O. (comps.), *Los estudios históricos en la Universidad Nacional de La Plata 1905-1990.*

Argentina: Academia Nacional de Historia y Fundación Banco Municipal de La Plata, pp. 23-80.

**Hammersley**, Martyn (2006) "Ethnography: problems and prospects". En *Ethnography and Education*, Vol. 1, N° 1. 3-14.

**Hernando**, Gabriela (2015) "Trayectorias de formación de un grupo de pedagogos en la Universidad Nacional de La Plata entre 1957 y 1983: utopías, imaginarios revolucionarios y exilios". Tesis de Maestría. FFyL-UBA.

**Karabel**, Jerome y **Halsey**, A. H. (1976) "La investigación educativa: una revisión e interpretación". En Karabel y Halsey (comps.), *Poder e ideología en educación.* Nueva York: Oxford University Press.

**Krotsch**, Pedro (org.) y **Pratti**, Marcelo (ed.) (2002) *La universidad cautiva. Legados, marcas y horizontes.* La Plata: Editorial Al Margen, UNLP-FAHCE.

**Lave**, Jean y **Wenger**, Ettiene (1991) *Situated learning. Legitimate peripheral participation.* Cambridge: Cambridge University Press.

**Levinson**, Bradley (1991) "Para una etnografía de los estudiantes universitarios". En *Universidad Futura* 3 (6-7), pp. 56-67. Disponible en: [http://profile.educ.indiana.edu/brlevins/OldResearch/tabid/10261/Default.aspx]. Consultado el 27/01/2012.

**Lomnitz**, Larissa (1977) "Conflict and mediation in a Latin American University". En *Journal of Interamerican Studies and Word Affairs*, Vol. 19, N° 3. 315-338. Center for Latin American Studies. University of Miami.

—— (1998) "Relaciones horizontales y verticales en la estructura social urbana de México". En Lomnitz, Larissa, *Redes sociales, cultura y poder. Ensayos de antropología latinoamericana.* México: FLACSO, pp. 217-274.

**Marano**, María Gabriela (2010) "¿Hacia una universidad pulpo? La apertura de sedes: expansión, tramas políticas y mercado universitario". En *Revista Argentina de Educación Superior*, Año 2, N° 2. 10-36. Octubre 2010.

**Milstein**, Diana (2003) *Higiene, Autoridad y Escuela: Madres, maestras y médicos. Un estudio acerca del deterioro del Estado.* Buenos Aires: Miño y Dávila.

—— (2009) *La nación en la escuela. Viejas y nuevas tensiones políticas.* Buenos Aires: Miño y Dávila Editores.

**Milstein**, Diana y **Clemente**, Ángeles (2018) "Latin American Educational Ethnography". En Beach, Dennis; Bagley, Carl y Marques Da Silva, Sofía, *The Wiley Handbook of Ethnography of Education* (s/d).

**Milstein**, Diana; **Fernández**, Isabel; **García**, Alejandra; **García**, Stella Maris y **Paladino**, Mariana (2006) "Panorama de la antropología y la educación escolar en la Argentina: 1982-2006". En *Anuario de Estudios en Antropología Social.* Buenos Aires: CAS-IDES.

**Milstein**, Diana y **Mendes**, Héctor (2017) *La escuela en el cuerpo. Estudios sobre el orden escolar y la construcción social del alumno en escuelas primarias.* Buenos Aires: Miño y Dávila.

**Murmis**, Miguel (2007) "Sociología, ciencia política, antropología. Institucionalización, profesionalización e internacionalización en Argentina". En Trindade, Hélgio (coord.), *Las ciencias sociales en América Latina en perspectiva comparada.* México: Siglo XXI.

**Neiburg**, Federico (1998) *Los intelectuales y la invención del peronismo.* Buenos Aires: Alianza Editorial.

—— (1999) "Politización y universidad. Esbozo de una pragmática histórica de la política en la Argentina". En *Prismas. Revista de historia intelectual*, N° 3, pp. 51-71.

**Neiburg**, Federico y **Plotkin**, Mariano (comps.) (2004) *Intelectuales y expertos. La constitución del conocimiento social en la Argentina.* Buenos Aires: Paidós.

**Noé**, A. (2005) *Utopía y desencanto. Creación e institucionalización de la Carrera de Sociología en la Universidad de Buenos Aires: 1955-1966.* Buenos Aires: Miño y Dávila.

**Novaro**, Gabriela (1999) "El tratamiento de la migración en los contenidos escolares. Nacionalismo, integración y marginación". En Neufeld, M. R. y Thisted, J. A., *'De eso no se habla…' los usos de la diversidad sociocultural en la escuela.* Buenos Aires: Eudeba, pp. 57-89.

**Pennycook**, Alistair (2010) *Language as a local practice.* London: Routledge.

**Pereyra**, Diego (2007) "Cincuenta años de la Carrera de Sociología de la UBA. Algunas notas contra-celebratorias para repensar la historia de la Sociología en la Argentina". En *RAS*, V. 9. 153-159.

—— (2008) "Distinguido Sr. Durkheim: Ud. está equivocado (pero pensamos lo mismo). El hecho social y la sociología en la Argentina del Centenario". En *Estudios Sociales*, XVIII, 34. 85-104.

—— (2017) "Reflexiones sobre el uso y la aplicación del conocimiento sociológico. Desafíos de inserción profesional de los graduados en sociología en Argentina". Ponencia presentada en *XII Jornadas de Sociología de la UBA.* Agosto.

**Pinedo**, Jerónimo (2009) *"Hacer lo que otros, por el momento, no pueden hacer". Proyecto militante, prácticas de anclaje territorial, relaciones de interdependencia y noción de compromiso en un Movimiento de Trabajadores Desocupados.* Tesis de Maestría en Ciencias Sociales, FAHCE-UNLP. Disponible en Memoria Académica: [www.memoria.fahce.unlp.edu.ar]. Consultado el 15/02/2013.

**Pozzio**, María (2011) *Madres, mujeres y amantes. Usos y sentidos de género en la gestión cotidiana de las políticas de salud.* Buenos Aires: Antropofagia-IDES.

**Prego**, Carlos y **Estévanez**, Elina (2002) "Modernización académica, desarrollo científico y radicalización política". En Krotsch, Pedro (org.) y Pratti, Marcelo (ed.), *La universidad cautiva. Legados, marcas y horizontes.* La Plata: Editorial Al Margen, UNLP-FAHCE.

**Prego**, Carlos y **Tortti**, Cristina (2002) "Introducción". En Krotsch, Pedro (org.) y Pratti,

Marcelo (ed.), *La universidad cautiva. Legados, marcas y horizontes.* La Plata: Editorial Al Margen, UNLP-FAHCE.

**Revilla Blanco**, Marisa (1996) "El concepto de movimiento social: acción, identidad y sentido". En *Última Década*, N° 005. Chile: Centro de Investigación y Difusión Poblacional de Achupallas Viña del Mar, pp. 1-18. Disponible en: [http://redalyc.uaemex.mx/redalyc/pdf/195/19500501.pdf]. Consultado el 10/12/2008.

**Rocha Pinto**, Paulo Gabriel Hilu (1999) *Práticas acadêmicas e o ensino universitário. Uma etnografia das formas de consagração e transmissão do saber na universidade.* Niterói: EdUFF, Brasil.

—— (2000) "Saber ver: recursos visuais e formaçao médica". En *Phycis. Revista Saúde Coletiva*, 10 (1). 39-64. Rio de Janeiro.

—— (2009) "Açao afirmativa, identidades e práticas acadêmicas: uma etnografía das cotas para negros na UERJ". Disponible en: [http://w3.ufsm.br/afirme/ARTIGOS/ensino-superior/es03.pdf]. Consultado el 23/08/2009.

**Rocha Pinto**, Paulo Gabriel Hilu y **Clemente Junior**, Paulo Eugenio (2004) "Políticas públicas e políticas identitárias: uma etnografía da acoçao das cotas na UERJ". Disponible en: [http://urutau.proderj.rj.gov.br/isp_imagens/Uploads/Artigo2005005.pdf]. Consultado el 24/08/2009.

**Rockwell**, Elsie (1991) "Etnografía y conocimiento crítico de la escuela en América Latina". En *Revista Perspectivas*, Vol. XXI, N° 2. UNESCO.

—— (coord.) (1995) *La escuela cotidiana.* México: Fondo de Cultura Económica.

—— (2008) *La experiencia etnográfica. Historia y cultura en los procesos educativos.* Buenos Aires: Paidós.

**Rockwell**, Elsie y **Mercado**, Ruth (1999) *La escuela, lugar del trabajo docente.* México: DIE-Cinvestav.

**Rubinich**, Lucas (1999) "Los sociólogos intelectuales: cuatro notas sobre la sociología en los años '60". En *Apuntes de investigación del CECYP*, Año 2, N° 4.

—— y Beltrán, G. (2010) "Cómo relatar aquello que hacen los sociólogos". En Rubinich, L. y Beltrán, G. (eds.), *¿Qué hacen los sociólogos?* Buenos Aires: Aurelia Rivera.

**Savloff**, Guillermo (1962) "Situación y tendencias educativas de los diversos estratos sociales de un suburbio popular de La Plata". En *Archivos de Ciencias de la Educación*, 3era. época, N° 4, pp. 9-26. Julio-Diciembre.

—— (1965) "Informe sobre el estado de las investigaciones en marcha en la Sección de Sociología y Política Educacional". La Plata: Instituto de Pedagogía, Facultad de Humanidades y Ciencias de la Educación.

**Sidicaro**, Ricardo (1993) "Reflexiones sobre la accidentada trayectoria de la sociología en la Argentina". En *Cuadernos Hispanoamericanos*, N° 517-9. 65-76. Madrid.

**Silber**, Julia (2004) "A propósito de la cátedra de Sociología de la Educación de G. Savloff". Presentado en las *Jornadas: 90 años de Ciencias de la Educación en La Plata*. Noviembre. Mimeo.

—— (2011) "Tendencias pedagógicas en la carrera de Ciencias de la Educación. La incorporación y el desarrollo de las pedagogías tecnocráticas (1960-1990)". En Silber, Julia y Paso, Mónica (coords.), *La formación pedagógica. Políticas, tendencias y prácticas en la UNLP.* La Plata: Edulp, pp. 19-45.

**Silber**, Julia; **Citarella**, Paula; **Faba**, Maximiliano y **García-Clúa**, Noelia (2011) "La antesala de la dictadura. Quiebres con el pasado y continuidades con el régimen militar en el Departamento de Ciencias de la Educación". En Silber, Julia y Paso, Mónica (coords.), *La formación pedagógica. Políticas, tendencias y prácticas en la UNLP.* La Plata: Edulp, pp. 47-74.

**Soprano**, Germán (2005) "Política y formas de sociabilidad académica en la universidad argentina. Antropólogos y antropología en la Facultad y el Museo de Ciencias Naturales de la Universidad Nacional de La Plata (1930-

1955)". Ponencia presentada en: "Política y Educación. Los desafíos de la Universidad". IDH-UNGS.

—— (2009) "Política, instituciones y trayectorias académicas en la universidad argentina. Antropólogos y antropología en la Universidad Nacional de La Plata entre las décadas de 1930 y 1960". En Mazzola, C.; Marquina, M. y Soprano, G., *Proyectos, instituciones y protagonistas de la universidad argentina*. Universidad Nacional de General Sarmiento /Universidad Nacional de San Luis/Prometeo Libros, pp. 111-152.

—— (2010) "Clientelismo y facciones: del estudio de la política en el peronismo al conocimiento de las formas de sociabilidad universitaria. Potencialidades y limitaciones de conceptos clásicos". En Aelo, O. (coord.), *Teorías y prácticas políticas en América Latina. Cambios y continuidades en el escenario regional*. Editorial de la Universidad Nacional de Mar del Plata.

**Soprano**, Germán y **Ruvituso**, Clara (2009) "Gobierno universitario, enseñanza e investigación entre el movimiento de la reforma y el primer peronismo: un análisis comparado de grupos académicos de ciencias humanas y naturales en la Universidad Nacional de La Plata. 1918-1955". En Marquina y Chiroleu (comps.), *A 90 años de la Reforma Universitaria: memorias del pasado y sentidos del presente*. Buenos Aires: UNGS, pp. 37-68.

**Suasnábar**, Claudio (2004) *Universidad e intelectuales*. Buenos Aires: Editorial Manantial.

—— (2009) *Intelectuales, exilios y educación: producción intelectual e innovaciones teóricas durante la última dictadura militar*. Tesis Doctoral no publicada. Buenos Aires: FLACSO.

**Svampa**, Maristella y **Pereyra**, Sebastián (2004) *Entre la ruta y el barrio. La experiencia de las organizaciones piqueteras*. Buenos Aires: Biblos.

**Tiramonti**, Guillermina (1999) "Los cambios en la universidad: una modernización diferenciadora". En Tiramonti, G., Suasnabar, C. y Seoane, V., *Políticas de modernización universitaria y cambio institucional*. Serie Estu-

dios e Investigaciones de la FAHCE-UNLP. La Plata, pp. 9-30.

**Toer**, Mario (1988) *El movimiento estudiantil de Perón a Alfonsín*. Buenos Aires: CEAL.

**Tortti**, Cristina (1999) "Protesta social y 'Nueva Izquierda' en la Argentina del Gran Acuerdo Nacional". En Pucciarelli (ed.), *La primacía de la política. Lanusse, Perón y la Nueva Izquierda en tiempos del GAN*. Buenos Aires: Eudeba.

**Tortti**, Cristina y **Chama**, Mauricio (2003) "Constitución y desarrollo de la Carrera de Sociología de la UNLP. Entrevista a Alfredo Pucciarelli". En *Revista Cuestiones de Sociología*, N° 1. Departamento de Sociología. FAHCE-UNLP, pp. 135-173.

**Tortti**, Cristina y **Soprano**, Germán (2004) "Materiales para una historia de la sociología en la Argentina (1950-1970). Entrevista a Miguel Murmis". En *Revista Cuestiones de Sociología*, N° 2. Departamento de Sociología. FAHCE-UNLP, pp. 197-245.

**Turkenich**, Magalí (2003) "La cátedra de Sociología General en la Facultad de Humanidades y Ciencias de la Educación- UNLP". Tesis de Licenciatura. En *Licenciatura en Sociología: Trabajos Finales (1985-2003)*. CD ROM. FAHCE-UNLP. Departamento de Sociología.

**Vecchioli**, Virginia (2005) "'La Nación como familia'. Metáforas políticas en el movimiento argentino por los derechos humanos". En Frederic, S. y Soprano, G. (comps.), *Cultura y política en etnografías sobre la Argentina*. Bernal: Universidad Nacional de Quilmes Editorial.

—— (2009) "Expertise jurídica y capital militante: reconversiones de recursos escolares, morales y políticos entre los abogados de derechos humanos en Argentina". En *Pro-Posições*, V. 20, N° 2 (59), pp. 41-57. Campinas.

—— (2012) "Repertorios militantes y expertise jurídica en la defensa de la causa de los Derechos Humanos en Argentina: el caso de la Liga Argentina por los Derechos del Hombre". En *Ensemble. Revista electró-*

*nica de la Casa Argentina en París*, Año 5, N° 10. Disponible en: [http://ensemble.educ.ar/?p=3121]. Consultado el 14/02/2013.

**Verón**, Eliseo (1974) *Imperialismo, lucha de clases y conocimiento: 25 años de sociología en la Argentina*. Buenos Aires: Tiempo Contemporáneo.

**Visacovsky**, Sergio; **Guber**, Rosana y **Gurevich**, Estela (1997) "Modernidad y tradición en el origen de la carrera de Ciencias Antropológicas de la Universidad de Buenos Aires". En *Revista Redes*, Vol. IV, N° 10, pp. 213-257. Octubre.

**Williams**, Raymond (1997) *Marxismo y literatura*. Barcelona: Península.

**Willis**, Paul (1988) *Aprendiendo a trabajar. Cómo los chicos de clase obrera consiguen trabajos de clase obrera*. Madrid: Akal.

—— (2005) "Producción cultural no es lo mismo que reproducción cultural, que a su vez no es lo mismo que reproducción social, que tampoco es lo mismo que reproducción". En Velasco Maillo, García Castaño y Díaz de Rada (ed.), *Lecturas de antropología para educadores*. Madrid: Editorial Trotta.

**Wolf**, Eric (1966) "Kinship, friendship, and patron-client relations in complex societies". En Banton, M. (comp.), *Social anthropology in complex societies*. Nueva York: Frederick Praeger.

—— (2001) "Conceptos polémicos". En *Figurar el poder. Ideologías de dominación y crisis*. México: Ciesas, pp. 39-95.

**Young**, Michael (ed.) (1971) *Knowledge and control*. Londres: Collier-Macmillan Publishers.

**Zarrilli**, Adrián (1998) "Los estudios históricos platenses. De la ruptura del orden institucional al establecimiento de la democracia (1955-1983)". En Zarilli, A.; Gutiérrez, T. y Graciano, O., *Los estudios históricos en la Universidad Nacional de La Plata 1905-1990*. Premio "Enrique M. Barba" 1997. Academia Nacional de Historia y Fundación Banco Municipal de La Plata, Argentina, pp. 141-190.

**Zibechi**, Raúl (2003) "Los movimientos sociales latinoamericanos: tendencias y desafíos". En *OSAL: Observatorio Social de América Latina*, N° 9. Buenos Aires: CLACSO. Disponible en: [http://bibliotecavirtual.clacso.org.ar/ar/libros/osal/osal9/zibechi.pdf]. Consultado el 27/05/2013.

**Documentos citados**

Balance sobre la participación estudiantil en Junta Departamental de Sociología 2009-2010.

Folletos de difusión y programas del V Encuentro Nacional de Estudiantes de Sociología (ENES), septiembre de 2011.

Informe de Gestión FAHCE 2004-2007. Disponible en: Memoria Académica [www.memoria.fahce.unlp.edu.ar]. Consultado el 04/01/2012.

Memoria de Gestión FAHCE 1992-1995.

Módulos de trabajo para el Taller de ingresantes elaborados por la Comisión de Estudiantes de Sociología en 2010.

Revista *El Agitador Recontracultural*, N° 1, 2007/2008, escrita por estudiantes de la Carrera de Sociología de la UNLP.

UNLP (2013/2014) *Anuario estadístico 2012-2013*. Disponible en: [www.unlp.edu.ar]. Consultado el 6/12/2018.

UNLP (2016) *Anuario estadístico 2015*. Disponible en: [www.unlp.edu.ar]. Consultado el 6/12/2018.